MALTA

TAUCHFÜHRER

Jahr Verlag Hamburg

MALTA

TAUCHFÜHRER

Text und Fotos:
Ned Middleton

Redaktion:
Valeria Manferto De Fabianis
Viviana Valmacco

Graphic Design
Patrizia Balocco Lovisetti
Andrea Russo

Illustrationen und Karten
Cristina Franco

Fischtafeln
Texte:
Angelo Mojetta
Illustrationen:
Alessandra Arnoletti
Monica Falcone
Sabrina Moscatelli
Patrizia Pavanello

Übersetzung
Jörg Keller

Satz
Partner Satz GmbH, Hamburg

INHALT

Seite 1
Unterwasserhöhlen gehören zu den wichtigen Merkmale der Tauchgründe rund um die Maltesischen Inseln. In diesen Höhlen findet sich die typische Höhlenfauna des Mittelmeers.

Seiten 2 – 3
Dicht verflochten sind Wirbellose und Pflanzen auf diesem Fels im Freiwasser: Die leuchtenden Farben der orangen und gelben Schwämme herrschen vor. Auf ihnen weidet eine dichtgedrängte Gruppe von Diadem-Seeigeln (Centrostephanus longispinus).

Malta und Gozo
Tauchführer
Alle Rechte in deutscher Sprache 1998

Jahr Verlag GmbH & Co.
Jessenstraße 1 · 22767 Hamburg
Tel. 040/38906-0 · Fax 040/38906-302

Maltese Islands • Diving Guide
© 1997 White Star S.r.l.
Via Candido Sassone, 24
13100 Vercelli, Italien

Die Deutsche Bibliothek – CIP-Einheitsaufnahme
Middleton, Ned:
Malta : Tauchführer / [Text und Fotos: Ned Middleton. Ill. und Kt. Cristina Franco]. - Hamburg : Jahr, 1998
Einheitssacht.: Malta diving guide <dt.>
ISBN 3-86132-246-3

CHANNEL
26
28
COMINOTTO
Blue Lagoon
COMINO
27
SOUTH COMINO CHANNEL
4
3
1
2
Marfa Ridge
Mellieha Bay
5
St. Paul's Bay
12
Golden Bay
Gnejna Bay
MITTELMEER
MALTA
Marsamxett Harbour
VALLETTA
7
6
Grand Harbour
RABAT
ZURRIEQ
8
Delimara
Marsaxlokk Bay
9
11
10

A

A – Kontrastierende, leuchtende Farben sind eines der besonderen Merkmale, mit denen der maltesische Archipel die Besucher erfreut.

B – Malta aus der Luft. Die Wasserzungen, die sich zwischen den Felsen ins Land fressen, sind eine verlockende Einladung zum Tauchen.

B

C - Zahlreiche Gruppen von Brandbrassen versammeln sich vor den Höhlen von Comino, weil sie auf Leckerbissen von den Tauchern hoffen.

D - Das Vorhandensein der vielen Schwämme deutet auf Strömungen hin, die organisches Material mit sich führen, das von den zahlreichen Kanälen in den Körpern dieser primitiven Wirbellosen ausgefiltert wird.

EINLEITUNG

Als Staat umfaßt Malta die Inseln Malta, Gozo und Comino sowie kleinere Inselchen wie Cominotto und Filfla. Sie bestehen aus gelbem Kalkstein, und so ist es selbstverständlich, daß dieser auch das Hauptbaumaterial auf diesen Inseln darstellt. Am Ende eines klaren und wunderschönen Tages, wenn die Sonne untergeht und der Horizont sich tief dunkelrot färbt, wirken die der Abendsonne zugewandten Gebäude plötzlich so, als seien sie aus Gold.

In diesem Buch habe ich die – nach Ansicht vieler Menschen – hervorragendsten Tauchplätze in diesem wunderschönen mediterranen Land zusammengestellt. Bald wurde mir klar, daß der Gebrauch des Wortes „Malta" immer Verwirrung stiftet: Ist damit das Land gemeint oder nur die Insel Malta als solche? Um Verwirrung zu vermeiden, verwende ich für den Archipel als ganzen die Formulierung „Maltesische Inseln", und immer, wenn von Malta die Rede ist, betrifft es die Hauptinsel (oder das Staatsgebilde).

Die Maltesischen Inseln liegen zentral im Mittelmeer und sind von jeher schon als strategisch wichtig betrachtet worden – sowohl aus kommerzieller als auch aus militärischer Sicht. Zuletzt war dies vor allem während des Zweiten Weltkriegs der Fall, als der Kampf um Malta – eine der erbittertsten Auseinandersetzungen des gesamten Krieges – durch die Tapferkeit und die Entschlossenheit der maltesischen Bevölkerung selbst entschieden wurde. Diese Tapferkeit wurde unmittelbar danach von König George VI. anerkannt, der dem Volk den höchsten britischen Zivilorden verlieh: das George Cross, das jetzt in der maltesischen Flagge zu sehen ist.

Aus militärischer Sicht aber wurden die Maltesischen Inseln durch die moderne Technologie – genauso wie der berühmte Fels von Gibraltar – bald danach bedeutungslos. Aus diesem Grund sind die einzigen Invasoren in der heutigen Zeit die Touristen, und nahezu alle kommen hierher, um in irgendeiner Weise Wassersport zu betreiben. Egal, ob sie ihr Vergnügen auf

C

D

oder unter dem Wasser suchen, sie werden nie enttäuscht.

Jedes Land, das vollständig vom Meer umgeben ist, entwickelt unweigerlich eine umfangreiche maritime Geschichte und Tradition. Nicht anders die Maltesischen Inseln, deren erste Besiedler vor vielen tausend Jahren erst einmal das Mittelmeer durchfahren und die Inseln entdecken mußten, ehe sie sich hier niederlassen konnten. Die historischen Verbindungen der Inseln zu Großbritannien haben dazu geführt, daß Englisch die offizielle zweite Landessprache ist, aber von vielen Menschen werden auch andere europäische Sprachen gesprochen.

KURZE GESCHICHTE DER MALTESISCHEN INSELN

Der Archipel umfaßt die Inseln Malta, Gozo, Comino, Cominotto und Filfla. Wie jedes vom Meer umgebene Land sind die Maltesischen Inseln mit maritimer Geschichte förmlich beladen, und jede einzelne Facette dieser Geschichte kann für den besuchenden Taucher von Interesse sein.

Die ersten Besiedler der Maltesischen Inseln kamen wahrscheinlich um 5000 v.Chr. aus Sizilien, und viele prähistorische Plätze, die aus jener Zeit datieren, sind noch erhalten. Hierzu zählen die herrlichen Tempel von Tarxien, die Tausende von Jahren verschüttet lagen und 1913 wiederentdeckt wurden.

Um 900 v.Chr. hatten die Phönizier ein weites Handelsreich errichtet, das das gesamte Mittelmeer umfaßte, und die strategische Lage der Maltesischen Inseln wurde erkannt und genutzt. Nun begannen die vielen Kämpfe um den Besitz des Archipels und dauerten jahrhundertelang. Sobald das Römische Reich sich nach Süden auszudehnen begann, war der Zusammenstoß mit den Phöniziern unausweichlich. In diesen Punischen Kriegen wurden die Phönizier geschlagen und Malta 218 v.Chr. besetzt. Im Jahre 60 n.Chr. erlitten die Apostel Paulus und Lukas in jener Bucht Schiffbruch, die heute als St. Paul's Bay bekannt ist. Paulus blieb auf Malta und setzte seine Missionstätigkeit fort, und die Wunder, die man ihm zuschrieb, wurden so populär, daß der römische Gouverneur zum Christentum übertrat und später der erste Bischof Maltas wurde. Seit jenen Tagen ist Malta ununterbrochen ein christliches Land geblieben.

Als das Römische Reich unterging, wurden 870 n.Chr. die Araber die neuen Herrscher und viele Malteser in die Sklaverei verschleppt. Zwei Jahrhunderte arabischer Herrschaft hinterließen einen unauslöschlichen Eindruck, und dies ganz besonders in der offiziellen Landessprache, „Malti" ge-

A

B

C

D

A - Meeresgründe mit reichem Leben im kristallklaren Wasser kann man auf dieser Aufnahme erahnen.

B - Die abwechslungsreiche Landschaft der maltesischen Küste weist eine Reihe von Buchten, Höhlen und Spalten auf. Hier tummeln sich Schiffe und Boote aller Größenordnungen.

C - Blue Lagoon heißt die Lagune, die die Westküste von Comino vom kleinen Nachbarinselchen Cominotto trennt. Comino liegt zwischen den größeren Inseln Malta und Gozo.

D - Gozo, die zweitgrößte Insel des Archipels, besteht weitgehend aus Felsgesteinen, die steil in das blaue Wasser hinabfallen.

E - Der schönste Sandstrand Gozos, Ramla Beach, liegt an der Nordostseite der Insel.

F - An der Westküste Gozos liegt Azure Window, ein natürlicher Felsbogen, der einen vorgelagerten Fels mit der Insel verbindet.

G - Nicht selten findet man an den Küsten der Maltesischen Inseln befestigte Bauwerke wie dieses. Es sind Zeugen der kriegerischen Vergangenheit.

E

F

G

nannt, die mehr dem Arabischen als jeder anderen Sprache ähnelt.
Schließlich verloren die Araber ihr Interesse an den Maltesischen Inseln, und Graf Roger, dem große Flächen Süditaliens gehörten, beschloß, durch die Kontrolle über Malta seine strategische Position zu verbessern. Im Jahre 1090 wurde Malta förmlich dem Königreich Sizilien eingegliedert. Die christliche Kirche wurde nun wieder gefördert und begann zu erblühen, und Malta nahm während der Kreuzzüge eine Schlüsselposition ein. Darauf folgte eine Reihe von Feudalherren, die Malta nur als eine Einnahmequelle betrachteten, denn sie verlangten von der Bevölkerung ungeheuer hohe Steuern. Während des 15. Jahrhunderts hatte Spanien ein besonderes Interesse für Malta gezeigt, aber im 16. Jahrhundert flaute dies ab, denn Spanien war nun vorwiegend mit den riesigen Reichtümern beschäftigt, die in der Neuen Welt erworben werden konnten.
Im 10. und 11. Jahrhundert hatten gewisse Mönchsbruderschaften eine Lebensordnung begründet, die durch zahlreiche Regeln bestimmt wurde. Es bildeten sich auch geistliche Ritterorden, und viele von ihnen kämpften bei den Kreuzzügen zusammen, um die christliche Religion und die heiligen Stätten zu verteidigen. Im 11. Jahrhundert wurde in Jerusalem ein Hospiz für christliche Pilger eingerichtet, und dort entstand die Bruderschaft des Hospitals des heiligen Johannes von Jerusalem, der Johanniter-Orden. Neben den Mönchsgelübden (Armut, Keuschheit, Gehorsam) war die Aufgabe der Brüder grundsätzlich die Fürsorge für die Kranken – aber diese wurde später ausgedehnt und umfaßte auch militärische Verpflichtungen zum eigenen und zum Schutz der ihrer Obhut Unterliegenden.
1187 wurden die Johanniter aus dem Heiligen Land vertrieben und während der folgenden Jahrhunderte nacheinander aus Akko, Zypern und schließlich 1522 aus Rhodos. Sie wandten sich zuerst nach Sizilien und dann nach Italien, um eine Zuflucht zu finden, aber die südeuropäischen Länder waren zu jener Zeit in verschiedene Kriegswirren verstrickt. Schließlich gelang es

A

den Johannitern 1530 – für den jährlichen Tribut eines Falken –, Malta zu übernehmen. Damals wie heute waren die Falken als Beiztiere sehr geschätzt, und aus diesem Handel entstand der Begriff „Malteser Falke“.

Bald nach Ankunft der Malteser begannen die Türken wieder mit Angriffen auf die Maltesischen Inseln. Auch nordafrikanische Barbarenpiraten unter dem Befehl von Dragut plünderten das Land. 1546 verwüsteten sie Gozo vollständig, und 1551 nahmen sie Tausende von Gozitanen als Sklaven. Schließlich verbündete sich Dragut mit den Türken, und für die Zukunft der Maltesischen Inseln sah tatsächlich sehr schlecht aus.

B

D

C

Großmeister der nunmehr Malteser genannten ehemaligen Johanniter war zu dieser Zeit Jean Parizot de la Valette. Er erhielt Kunde von einer türkischen Armada, die nach Malta unterwegs war. Die vereinigte Flotte von Türken und Piraten, bestehend aus 138 Schiffen mit 38 000 Mann, landete am 19. Mai 1565 bei Marsaxlokk, und die große Schlacht um Malta begann. Mit nur 600 Rittern und 9000 anderen Mann führte de la Valette eine der tapfersten Verteidungsschlachten der Geschichte an. Das christliche Europa erwartete den Ausgang mit angehaltenem Atem, aber niemand reagierte auf die vielen Hilferufe Maltas!

Jeder Bürger Maltas focht mit den Rit-

A - Senglea liegt direkt gegenüber von La Valletta und blickt auf Grand Harbour hinab. Das städtische Konglomerat von Cospicua, Vittoriosa und Senglea nennt man auch „Three Cities“.

B - Die Luftaufnahme von La Valletta zeigt die Kuppel der Kirche Our Lady of Mount Carmel und den Spitzturm der anglikanischen St. Paul's Cathedral.

C - Die typischen maltesischen Häuser sind mit charakteristischen Erkern im arabischen Stil ausgestattet.

D - Das verschwenderisch gestaltete Innere der St. John's Co-Cathedral entstand zwischen 1573 und 1577.

tern in verzweifelter Abwehr, und trotz ihrer Überlegenheit an Mann und Waffen wurden die Türken langsam niedergerungen. An einem kritischen Punkt warf sich de la Valette - im Alter von 72 Jahren - selbst in den Kampf und focht im Nahkampf mit dem Feind. Am 7. September 1565 kam endlich Hilfe von Sizilien. In der irrtümlichen Annahme, die frischen Truppen seien weit zahlreicher als ihre zu diesem Zeitpunkt verbliebenen, verließen die restlichen türkischen Krieger Malta und kehrten niemals wieder zurück. Über zwei Drittel ihrer Kräfte hatten sie verloren.
Der Wiederaufbau der Befestigungs- und Verteidigungsanlagen auf den Inseln war nun zwingend geboten, und verschiedene europäische Regierungen halfen dabei. Eine völlig neue Stadt entstand zwischen den beiden langen Hafenbecken auf der Sceberras-Halbinsel und erhielt den Namen La Valletta. Der Bauboom begann 1565 und setzte sich viele Jahre lang fort. Für das heutige Aussehen La Vallettas ist in hohem Maße der maltesische Architekt Gerolamo Cassar verantwortlich.

G

H

E

F

Der Malteser-Orden regierte nun über Malta mehr als zweihundert Jahre, und in dieser Periode blühte der Handel. Im 18. Jahrhundert zeichneten sich dann wieder Veränderungen ab. Größere Schiffe und neue Handelswege bedeuteten, daß viele Kaufleute im Mittelmeer nach entfernteren Ländern suchten, um gewinnbringendere Handelsbeziehungen anzuknüpfen. Dies, zusammen mit dem Niedergang der Aristokratie in Frankreich als Ergebnis der Französischen Revolution, entzog Malta schnell einen Großteil seiner Unterstützung und seiner Einkünfte.
Im Jahre 1798 rüstete Napoleon heimlich eine große Kampftruppe und eine mächtige Armada auf in der Absicht, damit das Mittelmeer zu durchqueren, in Ägypten einzufallen und von dort aus an der Spitze seiner „Orient-Armee“ nach Indien zu marschieren. Am 2. Mai erhielt der neuernannte Unteradmiral Sir Horatio Nelson den Befehl, „mit drei Schlachtschiffen und fünf kleinen Hilfsschiffen nach Tou-

E - Der Palast der Großmeister in La Valletta ist nur wenig älter als die Co-Cathedral. Auch sein Inneres ist mit Räumen, Korridoren und Innenhöfen repräsentativ ausgestattet.

F - Nach dem Tod eines Ritters wurden dessen Rüstung und Waffen vom Orden eingezogen.

G - Vittoriosa erstreckt sich zwischen den Buchten Dockyard Creek und Kalkara Creek zum Grand Harbour hinunter.

H - Die festen Bastionen, die Vittoriosa umgeben, wurden während der türkischen Belagerung 1565 einer harten Belastungsprobe ausgesetzt.

lon zu segeln und über die Vorbereitungen und die Zielsetzung einer kraftvollen französischen Flotte zu berichten". Nelson war darüber hocherfreut und segelte sofort los.

Mehrere Wochen lang suchte Nelson vergeblich das Mittelmeer ab, wobei er von sehr ungenauen Informationen abhängig war. Dann erhielt er die Mitteilung, daß die Franzosen Malta eingenommen hätten – was richtig war – und bereits nach Osten weitergesegelt wären – was nicht stimmte –. Nelson nahm daraufhin Kurs nach Alexandria, aber als er dort ankam, hielten sich die Franzosen immer noch auf Malta auf.

Nach Jahrhunderten des Wohlstands hatten sich die Kreuzritter an einen ver-

B

A

C

schwenderischen Lebensstil gewöhnt und auf bewaffneten Widerstand verzichtet. Sie ergaben sich Napoleon, der diesen „am besten befestigten Platz in Europa" in Besitz nehmen konnte, ohne daß nennenswert Schüsse gefallen wären. Napoleon bediente sich dann am angesammelten Reichtum aus sieben Jahrhunderten, wozu auch die „Principal Treasures of the Knights of Malta" gehörten, darunter zwölf lebensgroße, massive Silberstatuen der Apostel. Am 19. Juli segelte Napoleon nach Alexandria weiter und schuf so eine der seltsamsten Situationen: Nelson jagte hinter den Franzosen her, und in Wirklichkeit fuhren die Franzosen hinter ihm her. Die beiden Flotten fuhren sogar in einer Nacht dicht aneinander vorbei – die Franzosen Richtung Kreta und die Briten Richtung Alexandria. Als Nelson in Alexandria ankam, war kein Schiff zu sehen. Da er aber immer noch glaubte, die Franzosen seien vor ihm, fuhr er sofort weiter, um weitere mögliche Landeplätze entlang der Küste zu suchen. Die Bewohner Alexandrias glaubten ihren Augen nicht zu trauen: Kaum waren die britischen Segel am östlichen Horizont verschwunden, erschienen am westlichen die französischen. Napoleon wußte noch nichts von Nelsons Gegenwart. Am 5. Juli hatte er Alexandria erstürmt, und zwei Wochen später schlug er die ägyptische Armee.

In der Zwischenzeit hatte Nelson eine lange, gründliche, aber erfolglose Suche durchgeführt und war schließlich nach Sizilien zurückgekehrt, wo er dringend benötigten Nachschub aufnahm, bevor er wieder Richtung Alexandria abfuhr. Am 1. August sichtete man die französische Flotte in der Bucht von Abukir 15 Meilen östlich von Alexandria. Dort lagen 16 französische Schiffe in einer geraden Verteidigungslinie vor Anker. 13 davon waren Linienschiffe – größer und mit schwereren Kanonen ausgestattet als die britischen – und drei Fregatten. Das riesige Flaggschiff von Admiral Brueys, „L'Orient", lag im Zentrum. Der Admiral glaubte, daß es an diesem Tag si-

A – Marsaxlokk bedeutet „Hafen des warmen Windes" und ist ein malerisches Fischerdorf an der Südostküste Maltas. Dieser Platz diente in der Vergangenheit als bevorzugter Einfallsort der Invasoren, heute aber ist es dort friedlich, und Marsaxlokk ist ein beliebtes Ausflugsziel für Einheimische und Touristen geworden.

B – Katholisch ist die offiziell anerkannte Religion der Maltesischen Inseln, die reich an schönen Kirchen und Kathedralen sind.

C – An den Küsten finden sich überall idyllische Dörfer. Obwohl vom Meer umgeben, gehört die Fischerei auf den Maltesischen Inseln nicht zu den wichtigsten Erwerbstätigkeiten.

D – Neben seinen stein- und bronzezeitlichen Überresten verfügt Birzebbuga auch über eine massive Festung.

E – Hagar Qim ist eines der wichtigsten prähistorischen Heiligtümer auf den Maltesischen Inseln. Es besteht aus drei nicht miteinander verbundenen Tempeln und stammt aus der Zeit um 3000 v.Chr.

F – Auf dieser Luftaufnahme von Mdina erkennt man deutlich die langen Mauern, denen die Stadt ihren arabischen Namen verdankt.

G – Im Zentrum von Mgarr, einem kleinen Dorf im Nordwesten Maltas, erhebt sich eine moderne Kuppelkirche.

cher keine Schlacht geben würde – es war schon später Nachmittag. Viele der französischen Seeleute waren an Land, und die Decks ihrer Schiffe waren mit Verkaufsbuden und Kriegsbeute verstopft. Brueys, der von diesen Problemen nichts wußte, verließ sich auf die Unterlegenheit der britischen Streitkräfte und schob die Schlacht bis zum nächsten Morgen hinaus.

Aber Nelson zögerte nicht. Er erkannte die Stärke und gleichzeitig Schwäche der französischen Verteidigungsposition und rechnete sich aus: Wenn Platz war für jedes der feindlichen Schiffe, um am Anker herumzuschwingen, dann war auch ausreichend Tiefe um die Schiffe herum, daß er den Feind gleichzeitig von zwei Seiten aus angreifen konnte – eine Taktik, die die reduzierten französischen Besatzungen noch mehr auseinander ziehen würde.

Es war die blutigste aller Schlachten, und die Briten verloren dabei niemals ihre Übermacht. Um neun Uhr abends stand „L'Orient" in Flammen, und das Feuer breitete sich rasch aus. Nelson, obwohl selbst verwundet, gab Order, Überlebende zu retten. Um 9.45 Uhr flog „L'Orient" mit einer gewaltigen Explosion in die Luft. Die durch die Detonation entstandenen Wellen waren noch zehn Meilen entfernt zu spüren! Dieses Ereignis demoralisierte die Franzosen, und ein Ende der Schlacht bahnte sich an.

Beim ersten Tageslicht wurde die Überlegenheit des Sieges offenkundig. Die Franzosen waren wirklich niedergerungen worden, und die Briten hatten nicht ein einziges Schiff verloren. Zwei Schlachtschiffe des Feindes waren versenkt, sechs hatten ihre Flaggen eingeholt, also kapituliert, und drei andere hatten sich den Briten ergeben. Kapitän Villeneuve und seine Fregatten waren vollkommen unversehrt, allerdings lief eine davon dann auf Grund und wurde beschossen. Nur zwei Linienschiffe, die „Guillaume Tell" und die „Généreux", waren in der Lage, zu entfliehen, und diesen schlossen sich die Fregatten schnell an. Die „Guillaume Tell" wurde später vor Malta geentert, neu ausgerüstet und in „HMS Malta" umgetauft. Villeneuve sollte später in der

D

E

F

G

A

B

C

D

A - Massive Gebäude im arabischen Stil sind überall an den Küsten und im Inland der Maltesischen Inseln zu finden.

B - Das Heiligtum Ta'Pinu auf der Insel Gozo ist der populärste Prozessionsort auf dem Archipel.

C - Die Kathedrale von Victoria ist ein schlichter Barockbau, den Gafà auf den Fundamenten eines römischen Tempels und einer mittelalterlichen Kirche errichtete.

D - Früher glaubte man, Riesen hätten die beiden steinzeitlichen Tempel in der Nähe von Xaghra errichtet. Das findet im Namen dieser Hauptattraktion Gozos seinen Niederschlag: Ggantija.

Schlacht von Trafalgar die vereinigte französische und spanische Flotte kommandieren.

Wichtiger - zumindest was Malta betrifft - ist indes, daß die Principal Treasures of the Knights of Malta an Bord der „L'Orient" verstaut waren und nun an einem weitab gelegenen Platz namens Bucht von Abukir auf dem Meeresgrund lagen - seitdem das Ziel mancher Schatzsucher. Einige Leute versteifen sich darauf, daß die zwölf lebensgroßen Apostelstatuen aus massivem Silber trotz der heftigen Explosion der „L'Orient" nicht vollständig zerstört worden sein können. Das mag möglich sein. Es gibt aber heute erhebliche Zweifel daran, ob die Ordensschätze überhaupt noch an Bord waren, als das Schiff sein Ende fand. Vielleicht liegen sie noch am Grund der Bucht, vielleicht wurden sie aber auch in kleine Stücke zerlegt und waren bereits ans Ufer gebracht worden, vielleicht waren sie nach Frankreich zurück verschifft worden, vielleicht liegen sie versteckt irgendwo in Ägypten. Eines ist sicher: Sollten sie jemals gefunden werden, ganz oder in Teilen, gibt es nur einen rechtmäßigen Eigentümer - das Volk von Malta, dem sie weggenommen wurden.

Napoleon siegte, wo viele andere gescheitert waren, und löschte den Orden der Ritter des heiligen Johannes in Malta aus. Sie kehrten niemals zurück. Sechs Tage später verließ auch Napoleon die Insel wieder, aber die Franzosen beherrschten Malta während der nächsten beiden Jahre. Der Johanniter-Orden von Jerusalem hat seinen Sitz nun in Rom und widmet sich hauptsächlich der Wohltätigkeitsarbeit. Damit spielt er eine ganz andere Rolle als der heutige, römisch-katholische „Sovereign Military Order of Malta", der ähnliche Roben und Insignien beibehalten hat. Die Ideale der alten Hospitalsritter aber blühen in vielen europäischen Ländern als moderne Träger von Krankenanstalten („The St. John's Ambulance Brigade", in Deutschland: Johanniter-Orden).

Am 10. Juni 1940 um Mitternacht erklärte Italien den Krieg und trat an der Seite Deutschlands in den Zweiten Weltkrieg ein. Zu diesem Zeitpunkt gehörte die gesamte Mittelmeerküste entweder zu den Alliierten oder war neutral, und die britischen und französischen Flotten hatten keinen Rivalen. Am 11. Juni reagierte Admiral Cunningham auf die Kriegserklärung, indem er seine Schlachtflotte auslaufen und das zentrale Mittelmeer von feindlichen Schiffen säubern ließ - eine Initiative, die während des gesamten Kriegs unübertroffen war.

In jenen Zeiten der Kriegsführung vor den Düsenjets und ferngesteuerten Raketen besaß Malta eine lebenswichtige strategische Position direkt im Zentrum des Mittelmeers. Bei den erbitterten Schlachten - an Land und in der

Luft – war seine Lage nie wichtiger gewesen. Konsequenterweise bombardierte die deutsche Luftwaffe wiederholt die Inseln und zerstörte Werften, Schiffe und U-Boote, Flugplätze, Flugzeuge und Pisten sowie alles, was sonst gesichtet werden konnte. Auf diese Weise reduzierte sie die Angriffsfähigkeit der Inseln erheblich. Die heroische Antwort Maltas auf diese Kampfperiode steht heute in den Geschichtsbüchern verzeichnet, aber in jenen frühen Tagen des Krieges war die Situation tatsächlich sehr schwierig. Der Nachschub wurde an allen Fronten knapp, und obwohl Malta die Mittel hatte, sich selbst zu verteidigen, gab es einfach nie genug Flugzeuge, Schiffe oder U-Boote – und manchmal noch nicht einmal genug Luftabwehrkanonen. Auf Malta war „Force K" stationiert, die Mittelmeer-Kampfflotte aus Kreuzern und Zerstörern. Auf der Insel Manoel wurde eine U-Boot-Basis eingerichtet, und von Flugzeugträgern wurden regelmäßig Spitfire- und Hurricane-Jäger eingeflogen, um die Verluste zu ersetzen. Eine Zeitlang waren auf Malta auch Wellington-Bomber stationiert, aber ihre großen Reichweiten wurden anderswo dringender benötigt, so daß sie schließlich abgezogen und durch die Blenheim-Bomber ersetzt wurden.

Alles in allem erbrachten diese mageren Kapazitäten Erfolge, die in keinem Verhältnis zu ihrer Größe standen. In den ersten Monaten von 1941 versenkte die Fleet Air Arm Swordfish drei Schiffe mit zusammen 16 000 Tonnen, Wellington-Bomber griffen feindliche Häfen an, und andere Bomber-Einheiten zertrümmerten in einer Reihe von Nachtangriffen Tripolis. Im Dezember 1941 versenkte die „HMS Maori" (heute eine Tauchattraktion) zusammen mit drei anderen Kreuzern zwei feindliche Kreuzer ohne eigene Verluste. Selbst die maltesische Flottille kleiner U-Boote der „S"-Klasse versenkte einen Kreuzer und ein U-Boot, bevor sie zur Störung der Nachschublinien Rommels eingesetzt wurde.

Die Antwort der Achsenmächte war der Versuch, die Maltesischen Inseln durch Bombardierung zur Aufgabe zu zwingen. Aber hauptsächlich aus diesem Grund wehrte sich die stolze und widerstandsfähige maltesische Bevölkerung selbst, die mit allen ihr zur Verfügung stehenden Mitteln zurückschlug. Diese Menschen stellten sich, nahezu alleine, gegen die konzentriertesten Bombenangriffe der Kriegsgeschichte. Die Achsenmächte versuchten wiederholt, ihren Geist der Bewunderung für

G

Freund und Feind zugleich zu brechen. Am 15. April 1942 verlieh ein sehr stolzer König George VI. der maltesischen Bevölkerung das Georgskreuz – die höchste zivile Auszeichnung seines Landes für Tapferkeit.

In den Jahren nach dem Krieg verbesserte sich die wirtschaftliche und soziale Lage auf den Maltesischen Inseln. Nachdem 1964 die Unabhängigkeit von Großbritannien erlangt war, wurde Malta 1979 zur Republik, und zum ersten Mal in ihrer Tausende von Jahren währenden, turbulenten Geschichte konnte das Land wirklich selbst über seine Geschicke bestimmen. Malta ist ein neutraler Staat, gehört keinem der Militärblöcke an und verfolgt eine erklärte Politik der Aufrechterhaltung und Verbesserung guter Beziehungen zu seinen Nachbarn. Die Malta Labour Party unter der Führung von Dr. A. Sant kam im Oktober 1996 wieder an die Regierung mit dem Mandat, die Beziehung zur Europäischen Union zu verstärken, ihr aber nicht in vollem Umfang beizutreten.

E

F

E – Diese hübsche Ansicht der Blue Lagoon zeigt den Gegensatz zwischen dem türkisfarbigen Flachwasser und dem umliegenden kahlen Land.

F – Dieses Foto zeigt einen Ausschnitt von der felsigen Küste Cominos – ein idealer Platz für einen Bootsausflug.

G – Der Turm von Santa Marija, auch Fort St. Mary genannt, liegt im Südwesten Cominos. Heute kommt ihm keine Verteidigungsfunktion mehr zu wie in den Zeiten, als der gesamte Archipel ständig türkischen Angriffen ausgesetzt war.

TAUCHEN BEI DEN MALTESISCHEN INSELN

Es gibt viel mehr lohnende Tauchplätze, als in diesem Führer vorgestellt werden können. Deshalb gibt es heute auch so viele Tauchbasen, daß manche Besucher – auch wenn sie vor ihrer Ankunft niemals an das Tauchen gedacht haben – sich spontan entscheiden, diesen Sport zu erlernen. Andere nutzen die Gelegenheit, um weitere Qualifikationen zu erwerben. Die Mehrzahl der Besucher allerdings wünscht nur eines: die erstklassigen Tauchspots hier zu genießen. Häufig werde ich gefragt, was denn das Besondere sei, das diese Inseln dem Taucher zu bieten habe, und meine Antwort ist immer die gleiche: Die Maltesischen Inseln haben für jeden etwas zu bieten – wie auch immer sein Qualifikationsstand oder seine Erfahrung sein mag. Sie weisen spektakuläre Küsten auf mit steilen bis senkrechten Klippen, in denen einige der fantastischsten Felsbogen, Höhlen, Tunnel und andere spektakuläre Felsformationen eingebettet sind. Viele dieser Klippen setzen sich unter Wasser fort und können deshalb nur von Tauchern besucht werden. Gleichgültig, ob sie tief liegen oder relativ flach, sie bereichern das Tauchen in außerordentlich beeindruckender Weise.

Wenn man zu diesen Besonderheiten die Charakteristika des Mittelmeers hinzufügt – warmes Klima, klares blaues Wasser – und weiß, daß es praktisch keine Gezeiten und keine Strömungen gibt, wenn man das üppige Unterwasserleben berücksichtigt und die Tatsache, daß alle Tauchplätze leicht erreichbar sind, dann sind dies Punkte, die klar für die Maltesischen Inseln sprechen. Eine weitere Besonderheit ist das Fehlen von Schmutzeintragungen, wie sie durch heftige Regenfälle auf Vegetation und Dünger verursacht werden. In anderen Ländern schafft dies schlechte Sichtbedingungen und fügt der Unterwasserwelt großen Schaden zu. Hier aber hat man klares Wasser und eine Unterwassersicht von 50 Meter in 20 bis 30 Meter Tiefe.

Hinsichtlich des Tauchens hat die maltesische Regierung Regelungen getroffen, die die Sicherheit der Taucher gewährleisten sollen und dem Schutz der Unterwasserwelt dienen. Wer eine Tauchausrüstung benutzen will, braucht eine Genehmigung vom Department of Health sowie eine gültige, aktuelle Tauchtauglichkeitsbescheinigung und ein Paßbild. All dies kann durch eine der Tauchbasen arrangiert werden (gegebenenfalls vorhandene Bescheinigung mitbringen!). Wer eine Gruppe betreuen und Tauchgänge führen will, benötigt die maltesische Tauchlehrerlizenz, die „C-Card". Die Regierung ist auch um den Schutz der marinen Umwelt besorgt. Das Harpunieren ist deshalb strikt geregelt und ohne spezielle Li-

A

B

C

*A – Eine Schule von Meerpfauen (*Thalassoma pavo*) umschwärmt den Gipfel eines Felsens. Diese Art ähnelt tropischen Fischen und gehört zu den farbenprächtigsten Bewohnern des Mittelmeers.*

B – Ein Taucher dringt in das Dunkel einer Höhle vor. Höhlen sind im allgemeinen stabile, wenig veränderliche Lebensräume, und das einzige vorhandene Licht bringt der Taucher mit seiner Lampe hinein.

*C – Das Prachtexemplar eines Badeschwamms (*Spongia officinalis*) thront auf einem Hügel, an dem die Wasserbewegung optimal ist.*

D – Die Höhlenwände sind häufig fast vollständig nackt. Das Fehlen von Licht und geringe Wasserbewegungen machen es für Pflanzen und Wirbellose unmöglich, sich hier niederzulassen.

E – Beim Höhlentauchen sind spezielle Sicherheitsmaßnahmen erforderlich. Ansonsten sollte man nur soweit in Höhlen eindringen, wie das Licht des Ausgangs noch zu sehen ist.

*F – Typisch für das südliche Mittelmeer ist der Feuerwurm (*Hermodice carunculata*).*

zenz streng verboten – aber richtige Taucher benutzen ohnehin niemals eine Harpune! Schließlich sind alle Fundstücke historischer oder kultureller Art durch das Gesetz geschützt, und selbst die zu Besuch weilenden Taucher müssen etwaige Funde melden. Dies kann über die örtlichen Tauchbasen erfolgen, die dabei behilflich sind.

Will man das Optimum an Taucherlebnis in den maltesischen Gewässern erreichen, sollte man sich einem einheimischen Führer anvertrauen: Wenn man nicht speziell geführt und aufmerksam gemacht wird, sieht man selten das Beste. Tauchbasen sind im allgemeinen während des ganzen Jahres in Betrieb, einige sind jedoch nur saisonal geöffnet. Diese Frage sollte man vor der Wahl seiner Unterkunft klären. Auf

E

D

den Tauchbasen kann Ausrüstung jeglicher Art gemietet werden, und außerdem gibt es Arrangements für jede Ausbildungsstufe, für den Anfänger ebenso wie für den erfahrenen Taucher.

Klima: Heißeste Monate Juli/August (Wasser 24 bis 26 °C, Luft 26 bis 30 °C); kühlste Monate Januar/Februar (Wasser 13 bis 18 °C, Luft 15 bis 25 °C); Seekarten: Nummern 2537, 2538, 974 und 195;

Währung: Maltesische Lira (häufig „Pound“ genannt);

Elektrizität: 240 Volt;

Zeitverschiebung: GMT + eine Stunde (im Sommer + zwei), das entspricht der deutschen Zeit.

F

WRACKTAUCHEN

Um die Maltesischen Inseln herum gibt es eine gewisse Anzahl von Wracks: Schiffe, U-Boote und Flugzeuge. Einige von ihnen werden hier vorgestellt. Das 40 Meter lange Wrack des Hafenschleppers „Rozi“ beispielsweise, das aufrecht und äußerlich intakt in 36 Meter Tiefe auf dem Meeresgrund thront, ist wohl eines der fotogensten Wracks der ganzen Welt. Andere zeugen von den Schrecken des Zweiten Weltkriegs: „HMS Maori“, „Carolita“ und der Blenheim-Bomber. Es ist geplant, in naher Zukunft weitere Schiffe zu versenken, insbesondere soll vor der Südwestküste von Gozo eine große Autofähre plaziert werden. Es gibt Menschen, die sich solchen Plänen widersetzen. Sie übersehen offensichtlich, daß gesunkene Schiffe eine bedeutende Bereicherung der marinen Umwelt darstellen.

Ein künstliches Wrack, das das Leben anzieht und außerdem wegen seiner mystischen Ausstrahlung eine besondere Attraktivität für Taucher hat, könnte die Tauchgewässer Gozos bereichern. Während der letzten Jahre hat sich Gozo zu einem Ganzjahrestauchziel entwickelt. Dies gilt auch für den Januar, der klimatisch mit einem englischen Sommer vergleichbar ist. Zusätzlich bleiben die Sichtbedingungen um Gozo herum während des ganzen Jahres gut, und an keiner Stelle auf Gozo ist man mehr als 20 Minuten von einem Zugang zum Meer entfernt. Gozo als Insel hat einen außerordentlichen Charme und ist noch nicht vom Massentourismus berührt. Nur 30 Minuten benötigt die Fähre von Cirkewwa aus, und doch gibt es einen bemerkenswerten Kontrast zum hektischeren Leben auf Malta. Die Gozitaner sind sehr stolz auf ihre Individualität. Dieser Unterschied zwischen den beiden Inseln macht einen Teil der Anziehungskraft des Archipels aus. In naher Zukunft werden die Taucher also noch mehr als bisher die Qual der Wahl haben, wo sie dem Wracktauchen frönen wollen!

A

B

C

Neben den modernen gibt es auch alte Wracks beziehungsweise Wrackplätze. Unabhängig davon, ob sie schon gefunden wurden oder nicht, sind sie ausnahmslos gesetzlich geschützt. Damit will man die Fehler anderer Länder vermeiden, die versäumt haben, ihre Unterwasserschätze vor jenen Tauchtouristen zu beschützen, die bedenkenlos Souvenirs sammeln. Leider gibt es solche Taucher, die glauben, eine persönliche Andenkensammlung voller alter und historischer Artefakte sei wichtiger als die Erhaltung von Fundstellen, die es einem Land erlauben, ein weiteres kleines Steinchen dem Mosaik der Kenntnisse über seine maritime Tradition und Geschichte hinzuzufügen.

E

D

F

G

A - Ein Taucher untersucht den Propeller des Blenheim-Bombers.

B - Bei größeren Wracks benötigt man häufig mehrere Tauchgänge, um einen Überblick zu bekommen.

C - Wenn Wracks noch gut erhalten sind, wie der Schlepper „Rozi“, wirken sie noch faszinierender.

D - Gelbstriemen und Laxierfische schwärmen um eine Wrackstelle herum.

E - In Schiffsrümpfen ist ähnliche Vorsicht am Platz wie beim Höhlentauchen: immer Sichtverbindung zum Ausgang halten!

F - Feines Sediment sammelt sich in den Wracks an und kann blitzschnell das Wasser trüben.

G - Ein Meeraal (Conger conger) hat sich unter dem Rumpf eines Wracks angesiedelt.

FLORA UND FAUNA

*A - Gelbe Krustenanemonen (***Parazoanthus axinellae***) bilden auf den schattigen Felspartien, die der Strömung ausgesetzt sind, ausgedehnte Teppiche.*

*B - Die Brandbrasse (***Oblada melanura***) ist ein typisch geselliger Fisch und hält sich im Schwarm auf. Charakteristisch sind der längliche Körper und der Augenfleck an der Schwanzwurzel.*

*C - Die Kleinen Sägebarsche (***Serranus cabrilla***) gehören zu den wenigen Fischen im Mittelmeer, die gleichzeitig sowohl männliche als auch weibliche Geschlechtsorgane bilden können.*

Um mit den größten Meerestieren zu beginnen: In den maltesischen Gewässern werden sehr selten Haie gesichtet. Einmal sahen wir bei einem Tauchgang ein Tier, das wir für einen Hai hielten, aber es war nicht zu erkennen, da sich das Tier am äußersten Rand der Sichtweite befand. Sicherlich handelte es sich um einen recht großen Fisch. Er verhielt sich aber nicht wie irgendeiner der Haie, die ich bisher gesehen habe – und insgesamt war diese Begegnung nur flüchtiger Natur. Wenn ich es recht bedenke, sahen wir wahrscheinlich einen Schwertfisch. Diese großen Fische kommen um Malta herum des öfteren vor, allerdings kommt es selten zu Begegnungen mit Tauchern.

Häufiger dagegen, wenn auch nicht sehr regelmäßig, sind Begegnungen mit Delphinen. Vor wenigen Jahren wurden zwei Große Tümmler aus Netzen gerettet und im Inland Sea freigelassen. Dies ist ein kleiner Meeresarm nicht weit von Azure Window entfernt, der nur durch einen höhlenartigen Eingang im umgebenden Felsgestein zu erreichen ist. Hier wurden die Tümmler regelmäßig gefüttert, bis sie sich soweit erholt hatten, daß sie wieder ins offene Meer zurückkehren konnten.

Braune Zackenbarsche können bei den meisten Tauchgängen gesichtet werden. Ihre Größe variiert von winzig klein bis zu recht groß. Eine Art der Papageifische, die anscheinend aus dem Roten Meer eingewandert ist, hat sich teilweise gut etabliert, und außerhalb des Eingangs zur Comino Cave trifft der Taucher auf Tausende von Brandbrassen, die allerdings angefüttert worden sind. Ähnlich steht es mit einem Schwarm von Mönchsfischen, die um den Schornstein des Schleppers „Rozi“ herumwimmeln. Es sind so viele, daß sie die Sicht versperren können.

Nach meiner Erfahrung hat in den letzten Jahren in vielen Bereichen des Mittelmeers die Zahl der Fische in be-

C

D

A

B

*D - Dieser Rote Einsiedlerkrebs (***Dardanus arrosor***) trägt eine Last von Schmarotzerrosen (***Calliactis parasitica***) mit sich herum. Die Menge der Seeanemonen ist wichtig für den Fortpflanzungserfolg des Einsiedlerkrebses: Wer die meisten Anemonen auf seiner Schale trägt, hat die größten Chancen, einen Paarungspartner zu finden.*

E - Der Wechsel von den hell beleuchteten zu den schattigen Plätzen bedeutet einen dramatischen Wandel der Besiedlung des Meeresgrundes. Hier grenzt eine lichtüberflutete Posidonienwiese an ein schattiges Gebiet, das mit Krustenschwämmen überzogen ist.

merkenswertem Maß zugenommen. Das mag teilweise auf ein größeres Verständnis für die Notwendigkeit von Schutzmaßnahmen zurückzuführen sein, ist aber auch den örtlichen Tauchunternehmen zu verdanken, die die kleineren Arten zu schützen versuchen, um ihren Besucher Interessantes zeigen zu können. Im Ergebnis nimmt die Zahl der Fische – sowohl der einzeln lebenden als auch der Schwarmfische – deutlich zu.

Korallen findet man im gesamten Mittelmeer nur selten. Auch im Hinblick auf sie gilt für die maltesischen Gewässer, daß ihre Bestände zunehmen. Die leuchtend gefärbte Sternkoralle (Astroides calycularis) kann man heute im Schattenbereich vieler Felsbogen, Riffe und Höhlen finden, an denen sich auch andere Steinkorallen und Moostierchen wie der Neptunsschleier ansiedeln.

Die frei liegenden Felswände dagegen sind mit einer Matte aus verschiedenen Pflanzen, Schwämmen und Seescheiden bedeckt. Alle zusammen bilden sie eine perfekte Umgebung zur Tarnung für die Tiere, die im allgemeinen stillsitzen und auf vorüberziehende Beute lauern. Dazu gehören Oktopus und Drachenkopf. Diese sind wirklich nur zu sehen, wenn man mit offenen Augen taucht!

Auf und über den Sandgründen der Buchten und Landeinschnitte kann der Taucher aufregende und seltene Begegnungen haben. Bei Il-Kantra trafen wir schon auf Mittelmeer-Schollen, Petersfische, Himmelsgucker, Sepien und ein prächtiges Exemplar des Flughahns.

E

F

G

F – Ein großer Felsblock erhebt sich aus der Seegraswiese. Sein oberer Bereich ist mit Braunalgen bewachsen, während auf den beschatteten Seiten orangefarbige Krustenschwämme wachsen.

*G – Nur bei Nacht bewegt sich die kleine Nußkrabbe (*Ilia nucleus*) frei und sucht nach Nahrung. Tagsüber hält sie sich im Sediment oder in Felsspalten verborgen.*

GEFAHREN BEIM TAUCHEN

A - Beim Tauchen in Höhlen sollte man eine zuverlässige Tauchlampe mitführen, und außerdem darf man nie den Blickkontakt zum Ausgang verlieren.

B - Will man tiefer in eine Höhle vordringen, braucht man eine spezielle Ausrüstung und sollte sich auch einem Führer anvertrauen.

C - Schwimmt man unter Felsbogen hindurch, kann sich die abgeatmete Luft an der Decke verfangen und die Lebewesen schädigen, die sich dort niedergelassen haben.

Das Tauchen in den maltesischen Gewässern ist für Taucher aller Ausbildungs- und Erfahrungsstufen problemlos. Strömungen treten praktisch nur bei Vollmond auf. Selten sind sie dann ausgesprochen stark.
Da sehr viel zu bestaunen ist – und das recht oft auch in Tiefen unter 30 Meter –, gerät man leicht in Gefahr, zu lang in der Tiefe zu verweilen. Das führt zu den bekannten Gefahren des Luftverbrauchs sowie der Stickstoffsättigung in den Körpergeweben.
Wer Nachttauchgänge unternehmen möchte, sollte sich bei Tag mit dem Platz vertraut machen. Wegen der vielen Unterwasserbogen, Höhlen und Passagen kann man nachts sehr leicht die Orientierung verlieren und versehentlich in eine Höhle hineinschwimmen. Auch hier gilt der Rat, sich an einen erfahrenen Tauchpartner zu halten.

C

A

B

Gefährliche Meerestiere

In den langen Jahren, in denen ich intensiv an den verschiedensten Stellen des Mittelmeers getaucht habe, bin ich nie irgendeinem Hai begegnet. Ich meine aber, daß diese potentiell gefährlichen Tiere erwähnt werden müssen, einfach weil sie existieren. Sollte der Taucher einem Hai begegnen, ist das klügste, was er tun kann, ihn in seinem Territorium zu respektieren. Jeder Versuch, zur Oberfläche zu fliehen, bringt den Taucher – nicht den Hai – in eine unvorteilhafte Lage.
Zu den Meerestieren, die eine potentielle Bedrohung darstellen, gehören: Drachenköpfe, Feuerwürmer, langstachlige Seeigel und Stechrochen. Keines dieser Geschöpfe greift von sich aus den Taucher an; Verletzungen durch sie entstehen deshalb entweder durch einen Unfall oder durch Unwissenheit.
Drachenköpfe kommen in diesen Gewässern sehr häufig vor, auch wenn man die Tiere nicht oft sieht. Ihre Jagdmethode besteht darin, sich auf Substrat zu legen und sich farblich dem Un-

*D - Der Große Drachenkopf (*Scorpaena scrofa*), der sich auf dem Foto im Blitzlicht auffällig rot abhebt, ist in Wirklichkeit bei Umgebungslicht gut getarnt und kaum zu erkennen. Seine Rückenflossenstrahlen und Dornen auf dem Kiemendeckel enthalten Giftstoffe, die Schwellungen und große Schmerzen verursachen.*

*E - Jedes einzelne Segment des Feuerwurms (*Hermodice carunculata*) trägt beidseitig Borstenbüschel mit Nesselzellen.*

F - Die beste Art zu tauchen besteht darin, sich neutral auszutarieren und frei im Wasser zu schweben. So spart man Luft und vermeidet den Kontakt mit den Organismen des Meeresgrundes.

tergrund anzupassen. Hier liegen sie reglos, bis Beutetiere so vorbeischwimmen, daß sie gefangen werden können. Wenn ein Taucher dem Drachenkopf nahe kommt, wartet dieser bis zum letztmöglichen Moment, ehe er zur Seite weicht. Bei Berührung pumpen die Rückenflossenstrahlen des Fisches Gift in das angreifende Objekt – und das kann die Hand des Tauchers sein!

Der Feuerwurm wird in seiner Gefährlichkeit oft verkannt. Über die gesamte Körperlänge trägt dieser Ringelwurm an beiden Seiten weiße Borstenbüschel, die stark nesseln. Läßt man es in Ruhe, stellt dieses Geschöpf keinerlei Gefahr für den Taucher dar. Der Feuerwurm sollte auf gar keinen Fall – auch nicht mit Handschuhen – angefaßt werden, denn dann könnten sich Nesselzellen entladen und in die Handschuhe eingebettet werden, so daß der Träger zu einem späteren Zeitpunkt noch genesselt werden kann. Wird man genesselt, so ist dies eine ernsthafte, aber nicht lebensbedrohende Verwundung.

Der langstachelige Diadem-Seeigel wiederum schafft besonders unerfahrenen Tauchern Probleme. Vielen ist es schon passiert, daß sie sich zu schnell auf den Meeresgrund sinken ließen und dabei mit den Füßen auf einen Seeigel traten. Noch häufiger kommt es vor, daß Taucher mit den Händen irgendwo Halt suchen, ohne vorher genau hinzusehen, und dann plötzlich Stacheln an den Händen haben. Das ist schmerzhaft, und die mit Widerhaken versehenen Stachelspitzen sind schwer wieder herauszubekommen.

Der Stechrochen stellt die geringste Gefahr dar, weil er normalerweise wegschwimmt, sobald ein Taucher sich nähert. Dieser Fisch wählt sich ein geeignetes Stück Sandgrund aus und gräbt sich in den Sand ein, bis nur noch Augen und Spritzlöcher herausschauen. Seine Waffe ist eine scharfe Klinge auf dem Schwanz, die er aber nur zur Verteidigung einsetzt. Unfälle mit Stechrochen passieren hauptsächlich, wenn im Flachwasser watende Menschen versehentlich auf eines der Tiere treten. Zwischen den Felsen und an den Wracks findet man niemals Stechrochen.

D

E

F

SCHLEPPER „ROZI"

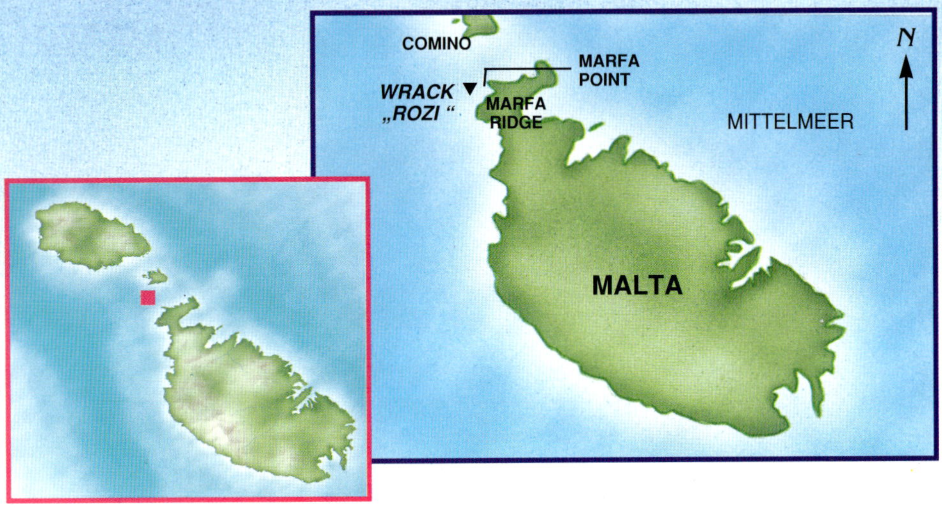

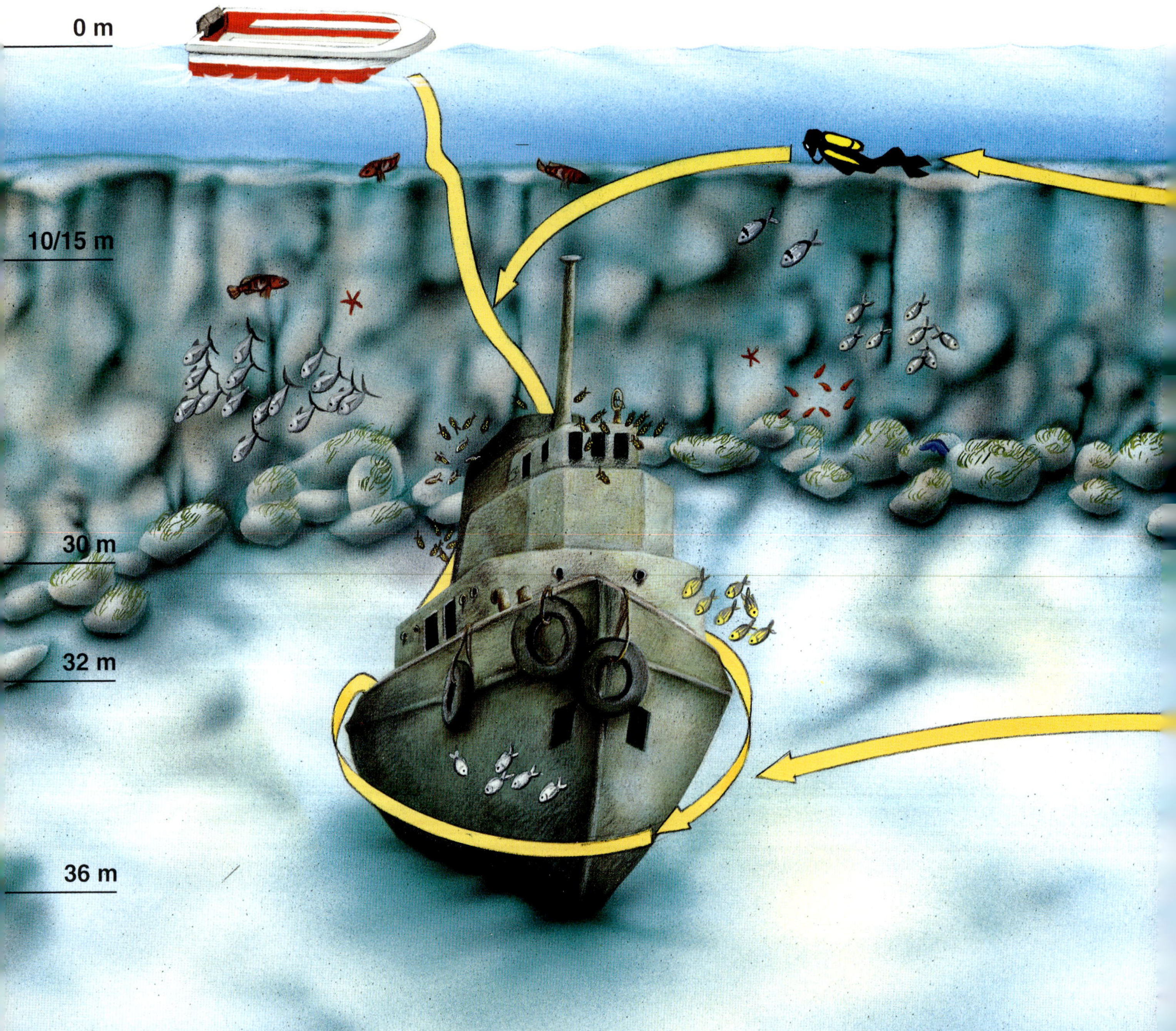

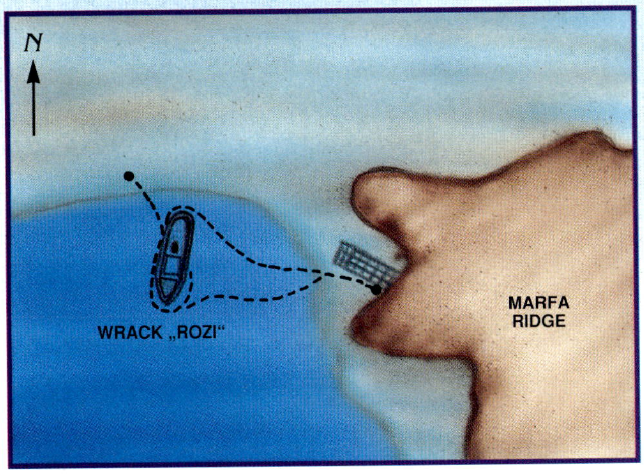
N
WRACK „ROZI“
MARFA
RIDGE

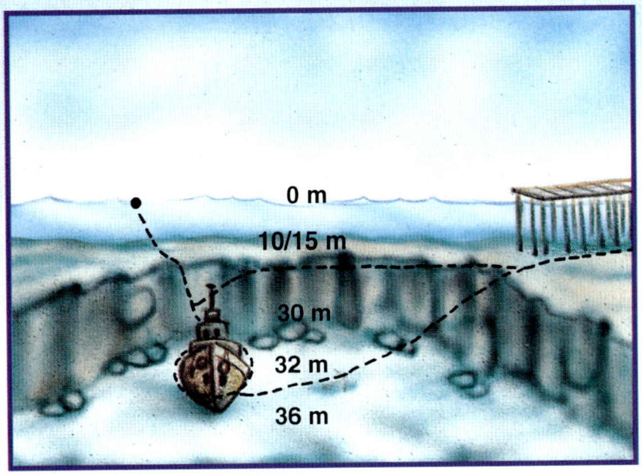
0 m
10/15 m
30 m
32 m
36 m

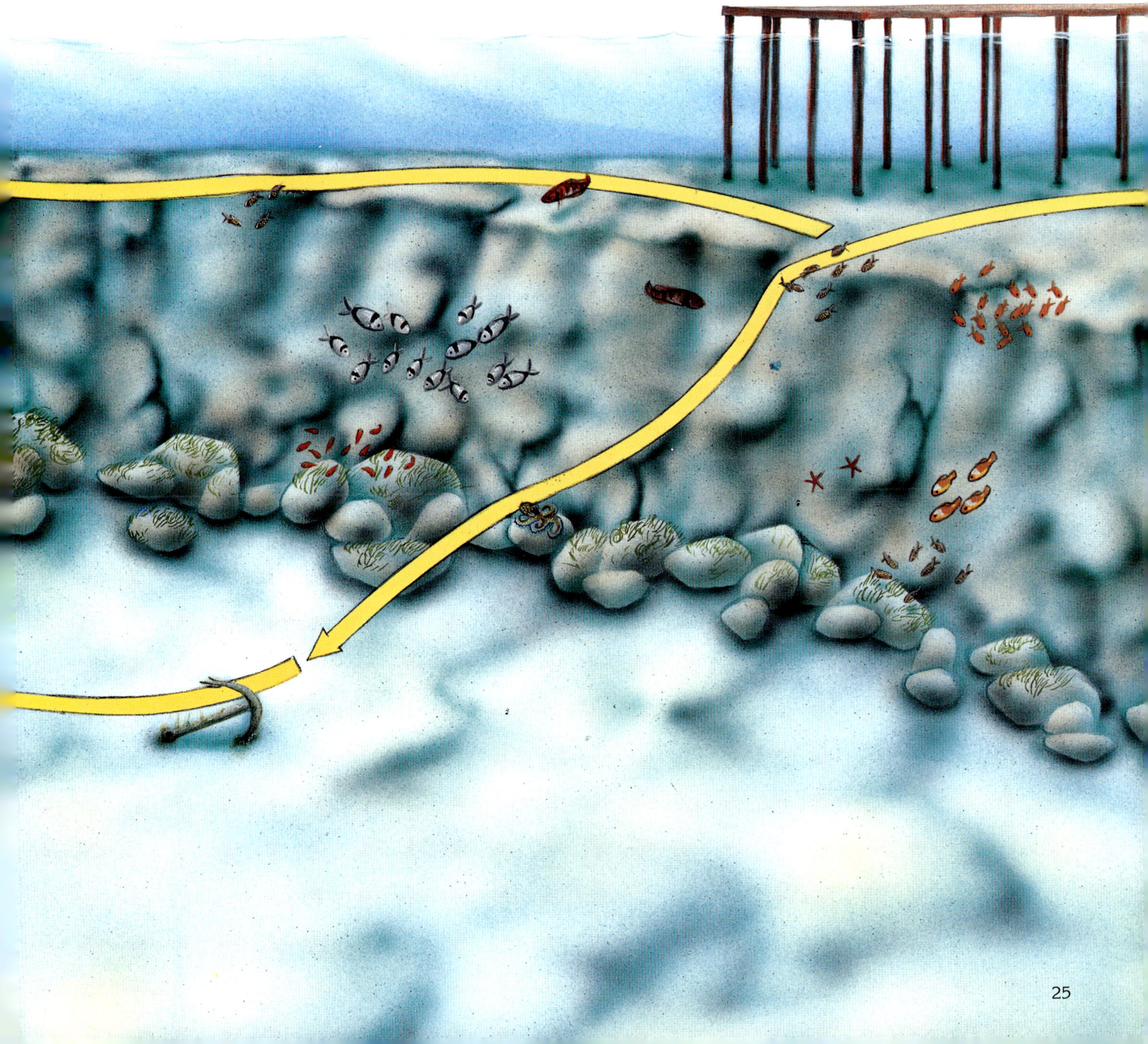

Lage

Direkt nördlich von Marfa Point an der Nordwestecke der Insel Malta, auf der entgegengesetzten Seite der Landspitze, an der die Fähre nach Gozo anlegt, befindet sich ein alter Jetty aus Eisenpfählen. Etwa 120 bis 150 Meter vom Ende des Jetties (Kompaßkurs 280 Grad) entfernt liegt der Schlepper „Rozi". Dieser Tauchplatz ist so beliebt, daß manche Taucher einen Besuch bei der „Rozi" als den Höhepunkt ihres Aufenthalts betrachten.

Zwischen 80 bis 120 Meter vom Wrack entfernt ragt eine steilwandige Klippe vom Meeresgrund auf, deren Fuß bei 36 Meter und deren Spitze bei zehn bis 15 Meter Tiefe liegt. Die Tauchboote ziehen im allgemeinen den sicheren Ankerplatz auf dem oberen Plateau dieser Klippe vor, von dem aus die Taucher nur eine kurze Strecke südwärts zum Wrack schwimmen müssen. Man kann das Wrack auch leicht vom Ufer aus finden.

B

C

A – Am Bug der „Rozi" hängen immer noch die großen Lasterreifen, die als Fender benutzt wurden. Der Rumpf steht aufrecht und kann im Inneren vollständig betaucht werden.

B – Das Innere des Rumpfes ist in bestem Zustand. Man kann durch zahlreiche Öffnungen hineingelangen. Alle Türen und Luken wurden aus Sicherheitsgründen vor dem Versenken entfernt.

C – Das ist das ehemalige Badezimmer der Besatzung der „Rozi".

A

Die Tiefen betragen an der Spitze des Wracks 30, auf Decksebene 32 und am Meeresgrund 36 Meter. Dieser Tauchplatz ist ideal für Taucher aller Ausbildungs- und Erfahrungsstufen geeignet.

Der Tauchgang

„Rozi" war ein 40 Meter langer Hafenschlepper, der 1991 versenkt wurde. Von den Maschinen und Schrauben abgesehen, die vor dem Versenken entfernt wurden, ist „Rozi" vollkommen intakt und steht aufrecht auf dem Meeresgrund. Alle sonstigen Ausrüstungsteile sind noch an ihrem Platz.

Dies ist ein großartiger Tauchplatz und schnell zu einem der beliebtesten auf den Maltesischen Inseln geworden – und das kann man bei einem Besuch leicht verstehen. Wenn die Taucher planen, mit dem Boot hierherzukommen, dann sollten sie sich am Anker sammeln und in südlicher Richtung schwimmen, bis sie die Klippenkante erreicht haben. Von dort aus kann man das Heck der „Rozi" bereits erkennen. Viele Taucher entscheiden sich, in mittlerer Wassertiefe zum Wrack hinüberzutauchen und gehen bewußt nicht in die Tiefe, um mehr Zeit am Wrack für die Erkundung der Aufbauten zu haben, an denen es so vieles zu sehen und zu entdecken gibt. Der Bugbereich wirkt dramatisch. Dort sind die großen Lasterreifen, die einst als Fender dienten, noch an ihrem Platz. Hinter einem kurzen Vorderdeck liegt das Ruderhaus. Dessen Türen sind entfernt worden, so daß man leicht und gefahrlos hineinschwimmen kann. Direkt hinter dem Ruderhaus liegt ein enger Durchgang, und dann folgt der Schornstein. Hier versammeln sich die Mönchsfische zu Tausenden und werden häufig von den Tauchern angefüttert, wobei der Schwarm so dicht wird, daß man nicht mehr hindurchsehen kann.

Unter Ruderhaus und Schornstein liegen zahlreiche Eingänge zum Inneren des Schiffs. Man kann hineinschwimmen und findet selbst die Toiletten noch an ihrem Platz. Weiter zum Heck hin ist ein großes, offenes Deck. Dies war einst das Zentrum der harten Arbeit, die diese Schleppboote verrichten müssen. Schwimmt man etwas westlich vom Wrack weg, kann man es in Gänze überblicken.

Das nahegelegene Riff hat eine Überfülle an Leben zu bieten, aber dies wird häufig übersehen, weil die Taucher begierig darauf sind, zum Wrack zu gelangen. Am Fuß der Klippe liegen große Felsblöcke, zwischen denen Zackenbarsche und gelegentlich auch Meeraale und Muränen einen Unterschlupf finden. Außerdem gibt es hier viele Oktopusse, Brassen sowie Lipp- und Mönchsfische.

Da das Wrack relativ jung ist, befindet sich dort das marine Leben erst in seinen Anfängen. Aber selbst heute gibt es schon viel zu sehen. Den großen Schwarm von Mönchsfischen am Schornstein, der mit Brot angefüttert werden kann, haben wir schon erwähnt. Andere Bewohner der „Rozi“ sind Zweibindenbrassen, Meerbarbenkönige, Meerjunker und Drachenköpfe. Gelegentlich kann man auf dem Sandgrund daneben sogar einen Anglerfisch entdecken.

Da die Türen und Luken vor dem Versenken entfernt wurden, ist die Gefahr gering, daß man sich im Wrack verirrt. Es sind also keine Schwierigkeiten zu erwarten. Man sollte aber immer bedenken, daß dies ein sehr aufregender Tauchgang ist – vor allem beim ersten Besuch. Auch sollte man nicht erwarten, bei einem einzigen Tauchgang das ganze Schiff erkunden zu können. Dieser Wunsch verleitet nämlich immer wieder Taucher dazu, zu lange auf Tiefe zu bleiben, und die Folgen sind bekannt: Dekompressionsprobleme und/oder Luftmangel, die einen regulären Abschluß des Tauchgangs unmöglich machen.

D

E

F

D – Das Wrack des Schleppers „Rozi“ ist zu einem der beliebtesten Tauchziele auf Malta geworden. Das 40 Meter lange Schiff wurde 1991 über 36 Meter tiefem Grund versenkt. Die höchsten Teile des Wracks ragen bis in 30 Meter Tiefe empor.

E – Die nicht allzu große Tiefe läßt eine gewisse Grundzeit zu, in der man das Wrack erkunden kann. Andererseits liegt das Wrack tief genug, daß es nicht der zerstörerischen Wirkung der Wellen ausgesetzt ist.

F – Obwohl die „Rozi“ erst vor wenigen Jahren versenkt wurde, haben sich bereits erste Bewohner auf dem Substrat niedergelassen. Brassen, Drachenköpfe, Meerjunker und Meerbarbenkönige haben sich darauf häuslich eingerichtet.

Unterwasserfotografie

Dieser kleine, aber hochseetüchtige Schlepper steht aufrecht und gut erhalten auf dem Meeresgrund und kann als archetypisches Wrack bezeichnet werden – genau die Art von Wrack, die man in einem Zeichentrickfilm über das Tauchen erwarten würde. Zum Fotografieren der technischen Details an Deck und im Inneren tut ein 50-Millimeter-Objektiv gute Dienste. Will man Taucher am Wrack fotografieren, benötigt man ein Weitwinkel mit etwa 24 Millimeter. Das Schiff als solches kann nur mit einem Superweitwinkel ab 20 Millimeter oder mit einem Fisheye-Objektiv voll erfaßt werden. Letzteres bildet allerdings mit stürzenden Kanten ab.

Um alle Aspekte der „Rozi“ durchzufotografieren, benötigt man viele Tauchgänge mit unterschiedlicher Fotoausrüstung. Beginnen sollte man wohl mit dem 20-Millimeter-Objektiv. Es erlaubt dem Fotografen, nahe ans Motiv heranzugehen und gleichzeitig einen breiten Blickwinkel zu erfassen. An guten Tagen kann man das ganze Wrack überblicken. Da dies aber mit dem Blitz nicht ausgeleuchtet werden kann, sollte es als Hintergrund für einen gut ausgeleuchteten Taucher im Vordergrund verwendet werden. Taucher sorgen auf Wrackfotos immer dafür, daß die Größenverhältnisse sichtbar werden.

MARFA POINT

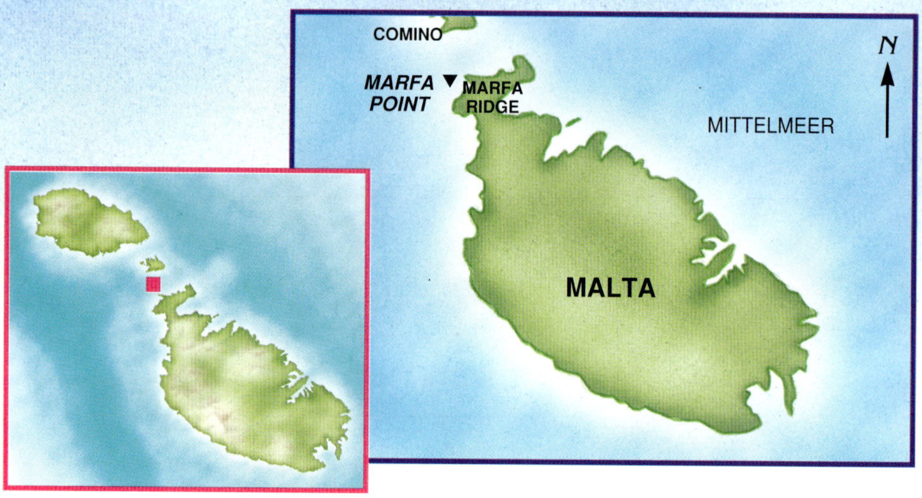

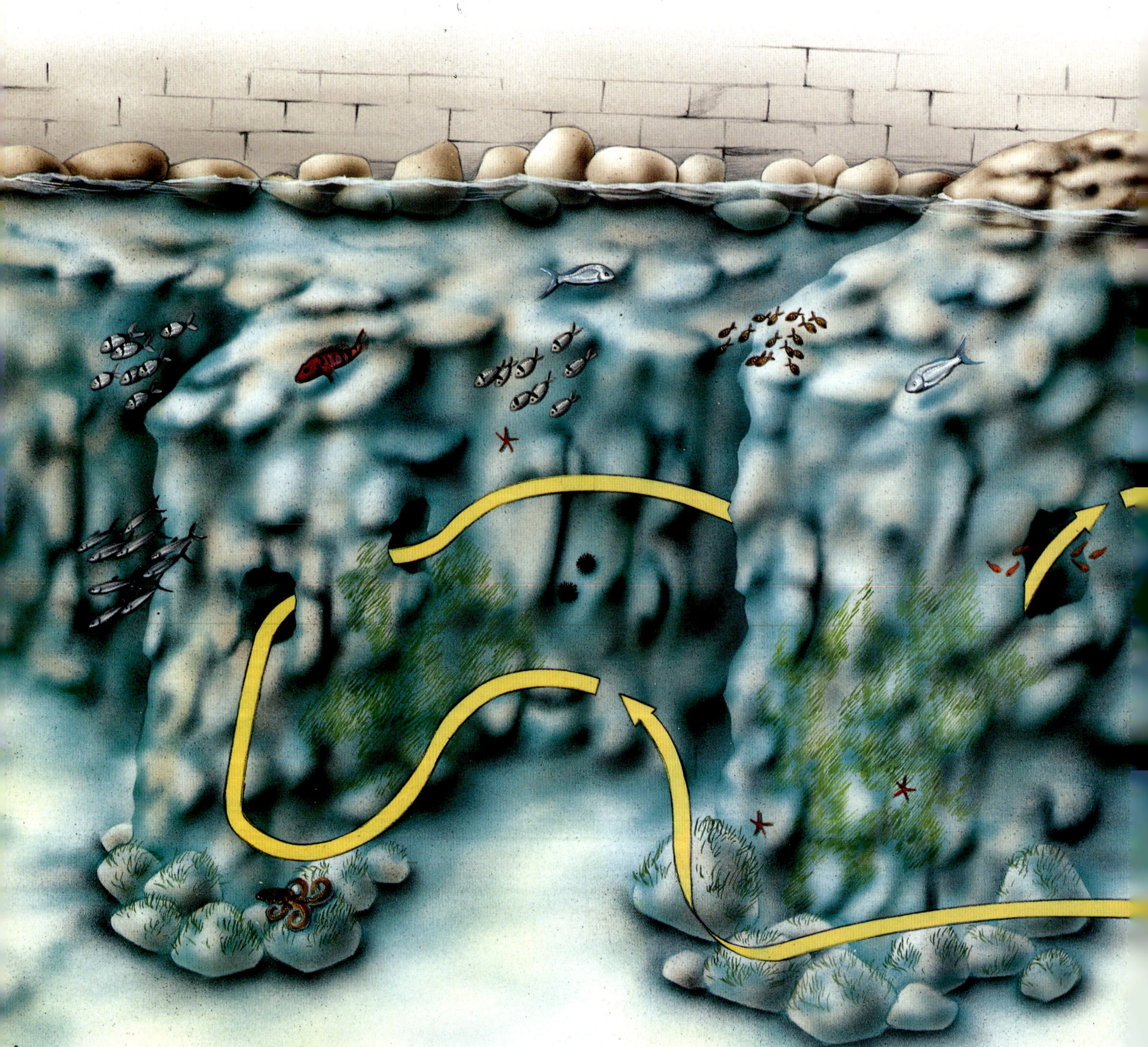

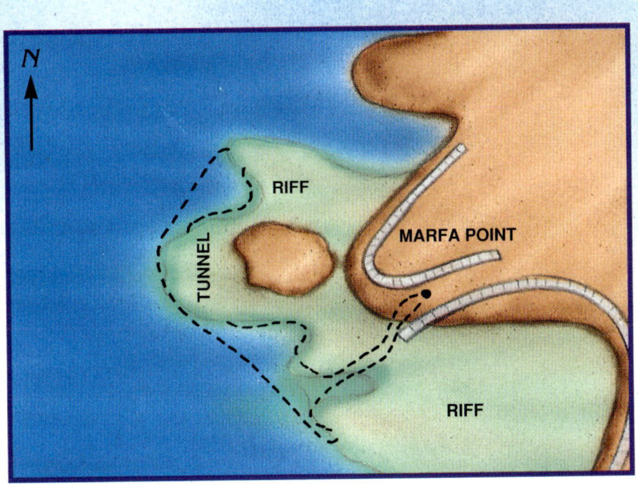
N
RIFF
TUNNEL
MARFA POINT
RIFF

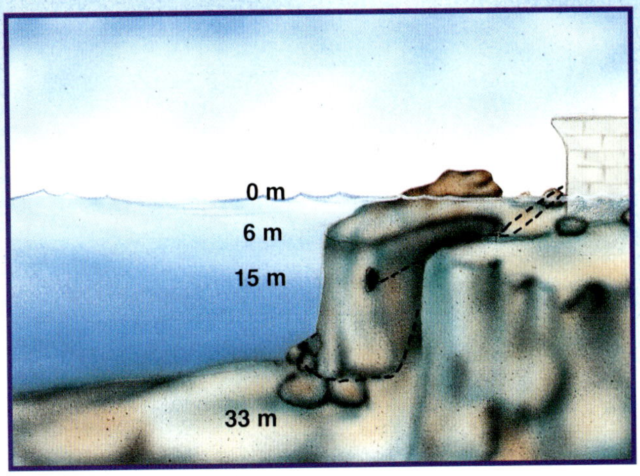
0 m
6 m
15 m
33 m

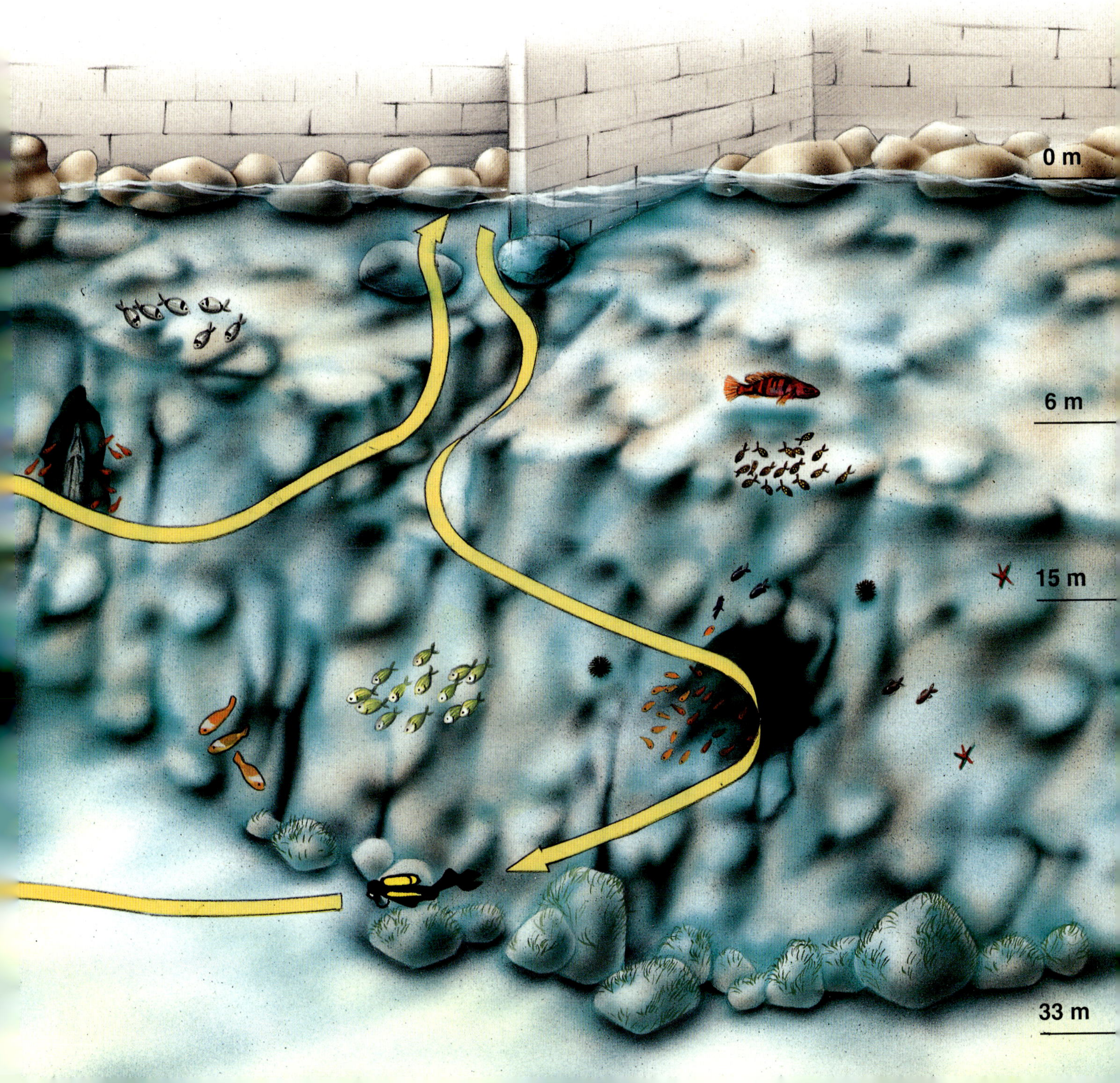
0 m
6 m
15 m
33 m

Lage

Die Fähre von Malta nach Gozo pendelt zwischen Mgarr auf Gozo und der engen Landspitze an der Nordwestecke von Malta namens Cirkewwa. Dort, direkt gegenüber der Anlegestelle, findet der Taucher eine Öffnung in der Hochwasserschutzmauer und einen Pfad zum Wasser hinunter. An dieser Stelle beginnt der Tauchgang. Nach einer kurzen Schnorchelstrecke über Flachwasser wendet man sich nach Westen zu einem auffälligen Einschnitt in den Felsen, der sozusagen als Einfallstor zum Tauchplatz dient. Von hier an folgt man der natürlichen Kontur der Unterwasserlandschaft.

A

Der Tauchgang

An diesem Tauchplatz gibt es so viele Möglichkeiten und so viel zu sehen, daß zwei Tauchgänge sich in keiner Weise gleichen. Ich habe eine Route ausgewählt, die wesentliche Merkmale des Platzes aufzeigt. Der Tauchgang beginnt immer im Flachwasser und führt über das sogenannte „Valley" – einen länglichen Einschnitt, der direkt zur Riffwand führt und sich auch für den Sicherheitsstopp eignet.

Hat man die Steilwand erreicht, findet man direkt links unter sich eine Höhle. Nach Verlassen der Höhle läßt man sich zum Grund der Wand absinken, wendet sich nach rechts und schwimmt von nun

B

C

D

an generell in nördlicher Richtung, wobei man hin und her pendelnd der natürlichen Kontur der Wand folgt. Taucht man am Fuß des Riffs vorbei, muß man einen sehr großen, herausragenden Felsen umrunden. Zu seinen Füßen liegen mächtige Felsbrocken, die einen Lebensraum für zahllose Geschöpfe darstellen. Hier sah ich meinen ersten Flughahn!

Weiter nordwärts folgt ein zweiter, kleinerer Felsvorsprung, und dieser markiert den Wendepunkt bei diesem Tauchgang. Von hier steigt der Taucher von 33 auf 15 Meter auf und gelangt zu einem engen Tunnel, der die Form eines seitlich liegenden „L" hat und direkt durch den Felsvorsprung führt. Beim

Hineinschwimmen kann man den anderen Ausgang nicht sehen, sondern erst wenn man sich darin befindet und um die Ecke geschwommen ist. Deshalb scheuen manche Taucher davor zurück. Drin ist es auch sehr eng. Wer also eine Neigung zur Platzangst hat, sollte diese Passage besser umgehen.
Weiter in südlicher Richtung zurück zum Startpunkt gelangt man zu einem weiteren Tunnel direkt durch den ersten Felsvorsprung hindurch. Dieser ist ebenfalls ein bißchen eng, aber so kurz, daß selbst Anfänger Spaß daran haben, ihn zu durchqueren. Ein kurzes Stück Wegs dahinter steht in einer kleinen Kaverne die nahezu lebensgroße Statue einer Madonna. Eine Inschrift an ihrem Sockel gibt an, wann und von wem sie hier angebracht wurde. Von hier ist es nur noch ein kurzes Stück bis zum „Valley", diesem deutlich erkennbaren, nahezu rechteckigen Ausschnitt im Fels, der zum oberen Ende der Steilwand zurückführt.

Unterwasserfotografie

Am Tauchplatz Marfa Point gibt es so viel zu sehen und zu genießen, daß man nicht alles mit einer einzigen Kamera und einem Objektiv festhalten kann. Ich begann mit 20- und 24-Millimeter-Weitwinkeln und empfand die Steilwand als ideal für das Fotografieren von Tauchern – entweder einzeln oder in Gruppen. Die kleinen Tunnel und Höhlen geben ausgezeichnete Hintergründe für solche Motive ab.
Manche Taucher schwimmen von Marfa Point zu einem auf dem Sandgrund liegenden Anker hinüber (wird auf Seite 25 beim Wrack „Rozi" gezeigt), denn man hat für dieses Motiv von hier aus mehr Zeit, als wenn man mit dem Wrack beschäftigt ist.
Das Normalobjektiv konnte ich häufig gut einsetzen, wenn ich größeren Fischen wie Seriolas und Braunen Zackenbarschen zwischen den Felsen am Grund der Steilwand begegnete.
Die immer vorhandenen kleineren Fische fotografiert man natürlich am besten mit Nah- oder Makroausrüstung, und auch hierfür ist dieser Tauchplatz bestens geeignet.

E

F

G

H

A – Ein großer, auf dem Sandgrund liegender Admiralitätsanker ist eine der Attraktionen am Tauchplatz Marfa Point.

B – Der Einstieg erfolgt an Marfa Point von Land aus. Eine Öffnung in den Pieranlagen von Cirkewwa und ein Pfad ermöglichen den Zugang zum Wasser.

C – Am Ende der klassischen Route gelangt man zu einer kleinen Grotte, in der eine nahezu lebensgroße Statue einer Madonna aufgestellt wurde.

D – Kaum hat der Taucher einige Brotstücke in der Hand, versammeln sich die Brandbrassen in dichtem Schwarm.

E – Bei diesem Tauchgang hat man Gelegenheit, zwei sehr enge Tunnel zu durchtauchen. Sie führen in etwa 15 Meter Tiefe durch Felsvorsprünge.

*F – Häufig trifft man hier den Schriftbarsch (*Serranus scriba*) an. Während der Paarungszeit verstärkt sich seine Färbung, und besonders stechen der blaue Bauch und die orangefarbigen Flossen hervor.*

*G – Diese Aufnahme zeigt die interessante Struktur eines Eisseesterns (*Marthasterias glacialis*).*

*H – Die zarten Tentakel der Zylinderrose (*Cerianthus membranaceus*) filtern Schwebeteile aus dem Wasser.*

CIRKEWWA ARCH

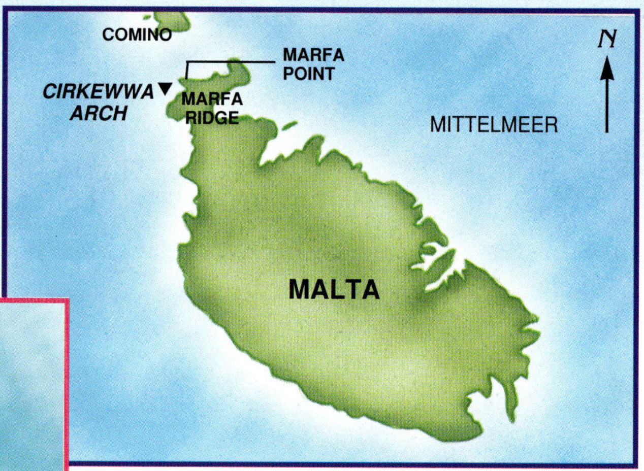

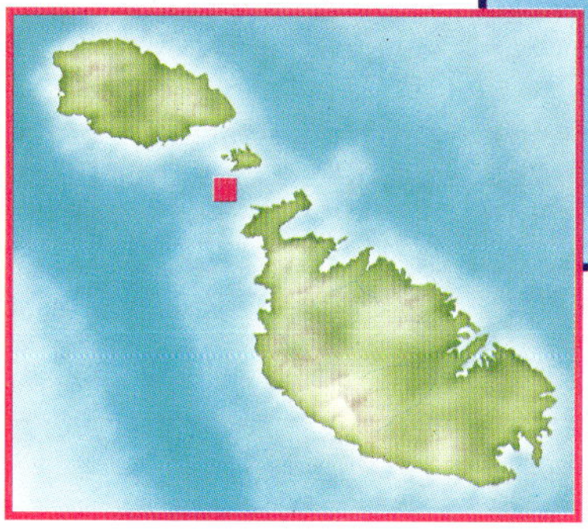

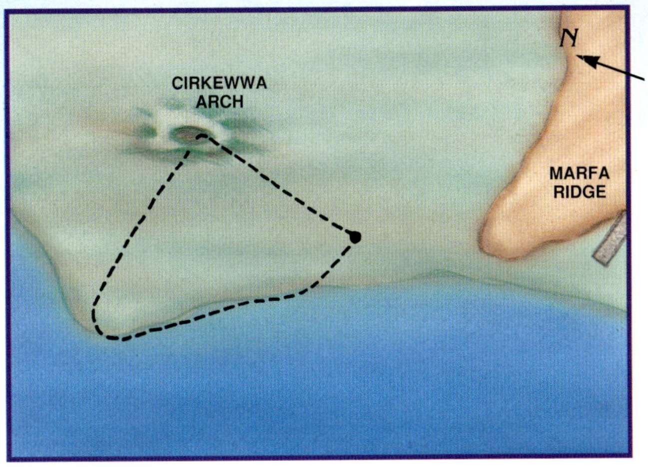
N
CIRKEWWA
ARCH
MARFA
RIDGE

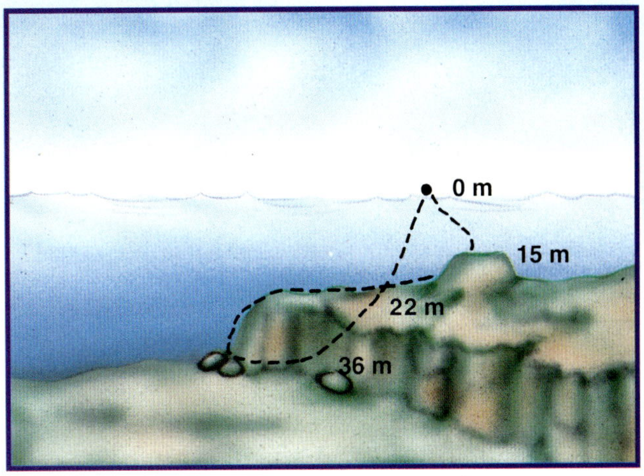
0 m
15 m
22 m
36 m

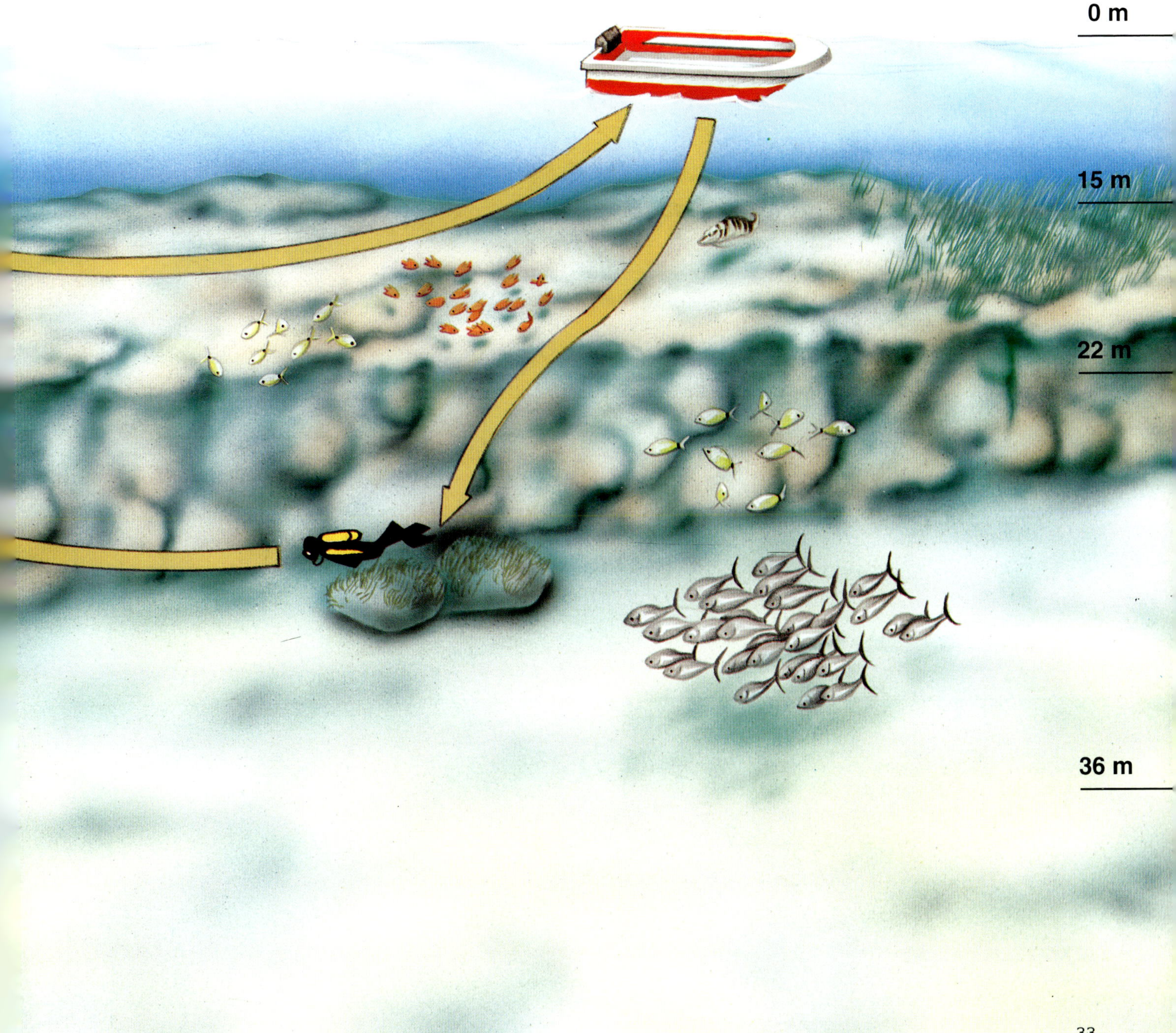
0 m
15 m
22 m
36 m

A - Zu Beginn folgt man einem felsigen Tal, das zu einer Posidonienwiese führt.

B - The Arch ist die Hauptattraktion dieses Tauchgebiets. Es handelt sich um die Überreste einer Höhle, deren Decke offensichtlich eingestürzt ist.

*C - Im Schattenbereich des Bogens findet man auch viele Rote Einsiedlerkrebse (*Dardanus arrosor*), von denen einige eine respektable Größe erreicht haben.*

*D - Ein Krustenschwamm - wahrscheinlich ein Gemeiner Krustenschwamm (*Spirastrella cunctatrix*) breitet sich über den Fels aus. Man erkennt deutlich das feine Netzwerk der Kanäle.*

*E - Ein Gemeiner Krake (*Octopus vulgaris*) hat sich in einem Spalt verkrochen. Durch gute Tarnung schützt er sich vor seinen Verfolgern.*

*F - In den Schattenbereichen gedeihen die Sternkorallen (*Astroides calycularis*). Diese Korallen haben Kalkskelette und bilden charakteristische kissenförmige Formationen.*

*G - Der Feuerwurm (*Hermodice carunculata*) ist ein für das südliche Mittelmeer typischer Ringelwurm. So hübsch er aussieht, so sehr muß man sich vor seinen nesselnden Borstenbüscheln in acht nehmen.*

H - Ein kleiner Einsiedlerkrebs zieht auf Nahrungssuche über die Algen auf dem Meeresgrund.

A

B

C

D

Lage

Etwa zweihundert Meter nördlich der Eingangsstelle zum Tauchplatz Marfa Point kommt man zu einem schmalen Durchlaß durch eine mächtige Hochwasserschutzmauer. An ihrer Außenseite führt ein Pfad direkt hinunter zum Wasser, und Cirkewwa Arch liegt ungefähr zweihundert Meter nordnordwestlich von diesem idealen Einstiegspunkt. Normalerweise taucht man hier vom Ufer aus, aber man kann die Stelle auch mit dem Boot anfahren (wie auf der Zeichnung angegeben). Sie ist ideal für alle Ausbildungs- und Erfahrungsstufen geeignet.
Der Felsbogen – „The Arch“ – liegt im Bereich mehrerer Felsrücken, die sich über sehr unebenem Meeresgrund erheben, und kann am besten als großer, halbrunder Einschnitt im Fels beschrieben werden. Eine Steinbrücke verbindet die beiden oberen Punkte dieser Kurve. Anders gesagt: Es handelt sich um eine Höhle ohne Decke, deren Eingangsbogen aber noch erhalten ist!

Der Tauchgang

Taucht man vom Ufer aus, folgt man in nördlicher Richtung einer klaren Route über ein kleines Felsental, an dessen Ende sich eine relativ flach liegende, zehn bis 15 Meter tiefe Posidonienwiese erstreckt. Man behält die Küstenlinie zur Linken und gelangt bald an den Rand des felsigen Plateaus, an dem ein Riff bis auf 36 Meter tief abfällt. Nun hat man die Wahl, der Riffwand in nordwestlicher Richtung auf halber Höhe zu folgen, oder man schwimmt auf dem Plateau in derselben Richtung, bis man zu seiner Linken das Heck eines Wracks ausmachen kann – die „Rozi“. Nun wendet man sich nach rechts und erkennt nach kurzer Zeit den gesuchten Felshügel in der Ferne vor sich. Kommt man näher, hebt sich The Arch als ein besonderes Merkmal deutlich ab.
Bis hierher hat der Taucher etwa 250 Meter hinter sich gebracht, so daß die

Pause willkommen ist, in der er dieses bemerkenswerte Naturwunder in Ruhe erkunden kann. Im Schatten unter dem Bogen findet man Felder von Gelben Krustenkorallen und tiefroten Schwämmen, deren Farben die Lampe aufleuchten lassen. Zwischen den kleinen Spalten und Vertiefungen im Fels sieht man zahlreiche Meerbarbenkönige und sogar einige sehr große Einsiedlerkrebse. Rund um den Hügel herum wimmeln Brassen, Schriftbarsche und viele andere in diesen Gewässern heimische Arten.

F

E

G

Unterwasserfotografie

Es ist ein langer Weg hinaus zum Cirkewwa Arch, und unterwegs trifft der Taucher auf viele verschiedene Arten von Fischen. Er hat sogar die Chance, im Seegras ein Seepferdchen zu finden, von denen es in diesem Gebiet sehr viele gibt. Das wäre ein ideales Motiv für das Makroobjektiv – aber das Hauptziel ist The Arch, und um diesen fotografieren zu können, benötigt man ein Weitwinkelobjektiv. Wie bei Wracks sollte man auch hier nicht vergessen, einen Taucher mit ins Bild einzubeziehen, damit die Größenverhältnisse deutlich werden.

H

L-AHRAX POINT

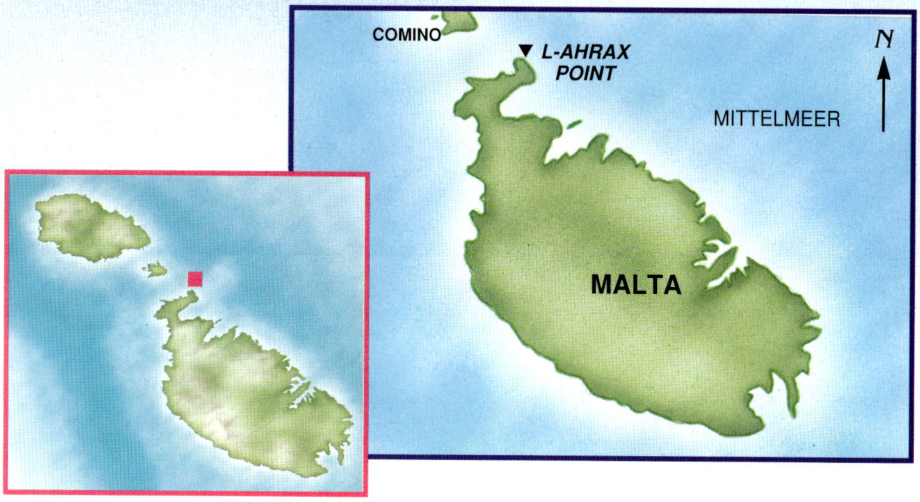

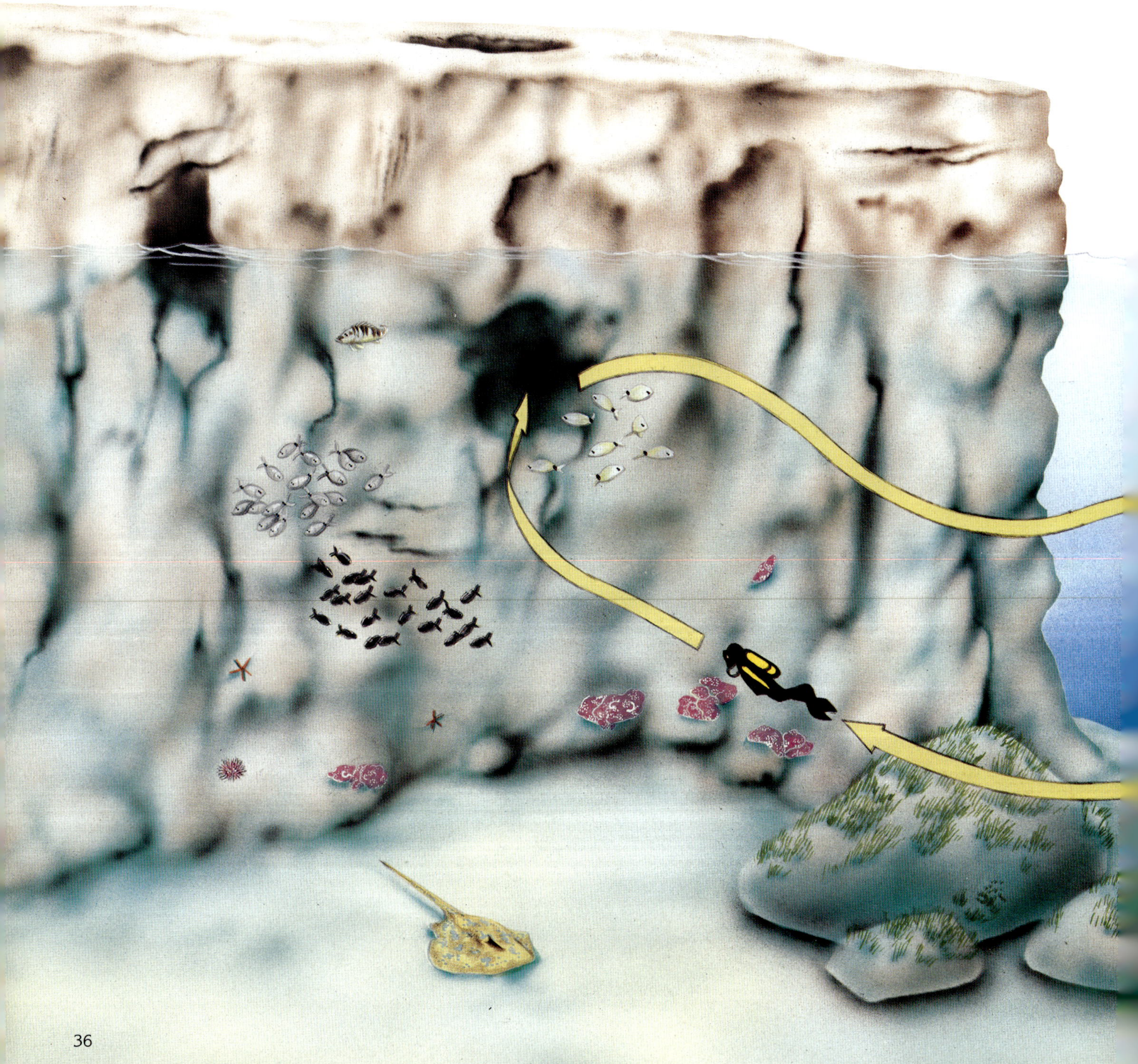

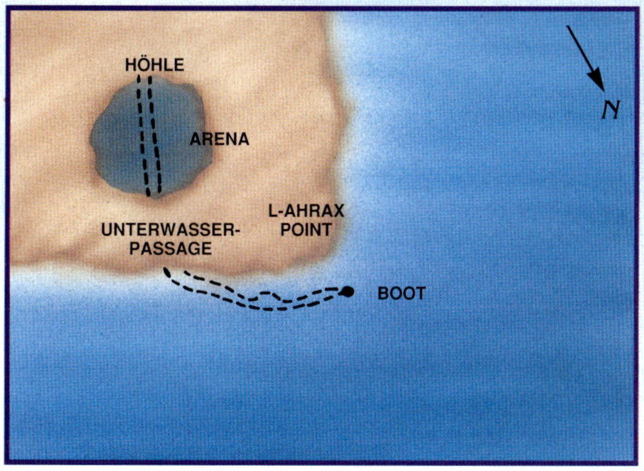
HÖHLE
ARENA
N
L-AHRAX POINT
UNTERWASSER-PASSAGE
BOOT

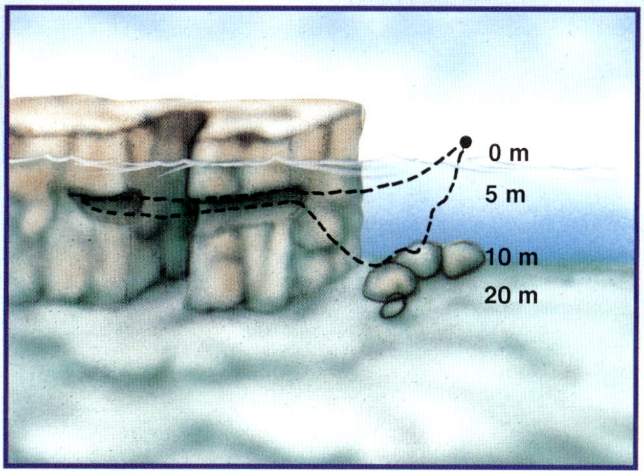
0 m
5 m
10 m
20 m

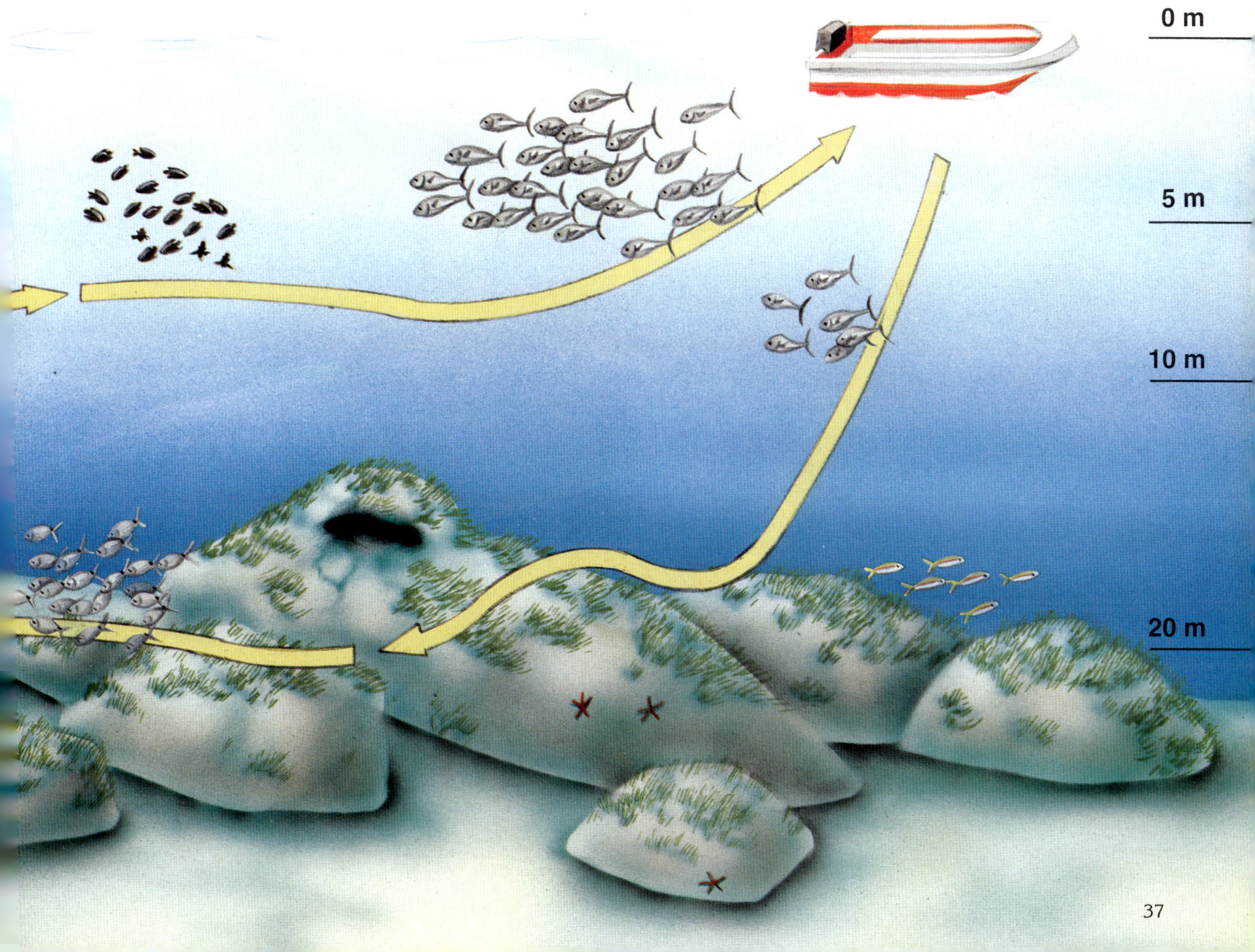
0 m
5 m
10 m
20 m

A - *Die Nordküste Maltas besteht aus senkrecht abfallenden Klippen, die in der Gegend von L-Ahrax Point über und unter Wasser von zahlreichen Höhlen durchsetzt sind. L-Ahrax Point ist das nördlichste Tauchgebiet auf Malta.*

B - *Einer der vielen Eingänge im Fels führt zu der phänomenalen Arena. Diesen Tunnel sollte man nur benutzen, wenn die Sichtbedingungen gut sind.*

C - *Übereinandergetürmte Felsen bilden Tunnel, Passagen und Öffnungen, die diesen Tauchplatz abwechslungsreich und interessant gestalten. Der bemerkenswerteste Tunnel führt zu der Arena, in der man auftauchen kann.*

D - *Der Geweih-Schleimfisch (***Parablennius gattorugine***) ist ein typischer Bewohner der Schattenzonen. Die Blennies halten immer Kontakt mit dem Boden und schwimmen selten und nur für kurze Strecken frei im Wasser.*

Lage

L-Ahrax Point ist der nördlichste Punkt der Insel Malta. Wenn man sich der Landspitze vom Meer her nähert, erkennt man über der Wasserlinie zahlreiche Höhlen im Fels, und innerhalb von diesen sieht man wiederum weitere Tunnel und Gänge abgehen. Auch unter Wasser sind die Klippen in dieser Weise durchlöchert. Eine Höhle aber ist der Eingang zu einer selbst für maltesische Verhältnisse recht einmaligen Erscheinung: Sie führt zu einem Binnensee.
Dieser Tauchplatz wird normalerweise vom Boot aus besucht. Eines Tages jedoch, als wir unseren Tauchgang beendeten, trafen wir auf zwei andere Taucher und stellten überrascht fest, daß sie vom Ufer aus den Tauchgang angetreten hatten. Sie waren offenbar mitsamt ihrer Ausrüstung die Felsen hinabgeklettert. Diese Felswände sind aber so steil, daß ich das Beispiel nicht zur Nachahmung empfehlen kann; denn man muß nicht nur runter-, sondern nach der Anstrengung des Tauchens auch wieder hinaufklettern, und das ohne Unfall!

Der Tauchgang

Dieser Ausflug führt nicht tief, ist aber deshalb nicht weniger spektakulär, weil der Tauchplatz sehr eigenartig ist. Wie meist beim Tauchen vom Boot aus folgt man der Ankerleine hinunter zum Grund, auf dem in 20 Meter Tiefe zahlreiche große Felsbrocken neben- und übereinander liegen. Hier finden viele Meeresbewohner eine Heimstatt vor Verfolgern, deshalb lohnt sich immer ein genaueres Hinsehen. Außerdem liegen viele dieser Felsen so aufeinander, daß sie Durchlässe und Tunnel bilden, und es bietet sich an, hier „Höhlentauchen im Kleinen" zu üben. Es gibt auch einige interessante Einblicke in Spalten und Höhlen.
Schließlich nähern sich die Taucher dem äußeren Tunnel, der diesen Platz so berühmt werden ließ. Hier findet man die farbenprächtigen Meerbarbenkönige, die stets in den Schatten-

A

B

C

D

zonen stehen. Der Eingang des Tunnels liegt im Flachwasser. Auf der gegenüberliegenden Seite öffnet sich eine Arena unter freiem Himmel. Hier steigen die Taucher im allgemeinen zur Oberfläche auf, um genau zu sehen, in was sie da hineingelangt sind: Es ist ein großes, nach oben offenes, rundes Becken, nicht unähnlich einem antiken, wassergefüllten Amphitheater. Ringsherum sieht man nur eine hohe, kreisrunde Klippe.

An der entgegengesetzten Seite des Tunnels aber öffnet sich offensichtlich der Eingang zu einer Höhle, und deshalb taucht man wieder ab und schwimmt dorthin. Hier muß man sich sehr vorsichtig bewegen. Eine Menge Seegräser und anderer Detritus ist in die Arena gewaschen worden und sammelt sich unweigerlich in dieser Höhle an. Dieses Sediment ist schnell aufgewirbelt und kann die Sicht auf Null reduzieren! Sofern dies nicht passiert, können die Taucher die volle Länge der Höhle erkunden. Auch hier findet man wieder viele Meerbarbenkönige, gelbe Weichkorallen und rote Krustenschwämme, die typischen Schattenbewohner. Im Kleinen kann man an diesem Tauchplatz all die Merkmale genießen, für die Malta als Tauchreiseziel bekannt geworden ist.

G

H

E

F

*E - Trotz seines bevorzugten Lebensraums in den Schattenzonen ist der kleine Kardinalfisch, auch Meerbarbenkönig (*Apogon imberbis*) genannt, leuchtend rot gefärbt.*

F - Eine kleine Grundel schaut zwischen den Steinen hervor. Die Grundeln lauern am Meeresgrund und erbeuten durch blitzschnelles Vorschnellen hauptsächlich kleine Krebstiere.

G - An den Wänden der Höhleneingänge, an denen die Strömung noch Nahrung heranträgt, wachsen die bäumchenartigen Kolonien der Hydroidpolypen.

*H - In den Schattenbereichen nahe am Höhleneingang ist der Fels mit inkrustierenden Rotalgen und den grünen Kissen der Grünalge (*Palmophyllum crassum*) bedeckt.*

Unterwasserfotografie

Das Fotografieren ist hier sehr schwierig. Im ersten Tunnel, in der offenen Arena und in der abschließenden Höhle gibt es wenig Motive für die Makrofotografie, und getrübte Sichtweiten können sehr schnell die Möglichkeit zum Einsatz anderer Objektive vereiteln. Nur wenn der Fotograf einen sehr umsichtigen Tauchpartner hat, kann er es trotzdem versuchen.

Falls der Fotograf ein Weitwinkel einsetzt, sollte er im Idealfall vor seinem Partner tauchen, um seine Fotos zu schießen, bevor das Wasser eingetrübt ist. Fischporträts und Makroaufnahmen fertigt man am besten außerhalb der Höhle am Anfang oder Ende dieses Tauchgangs.

ST. PAUL'S ISLANDS

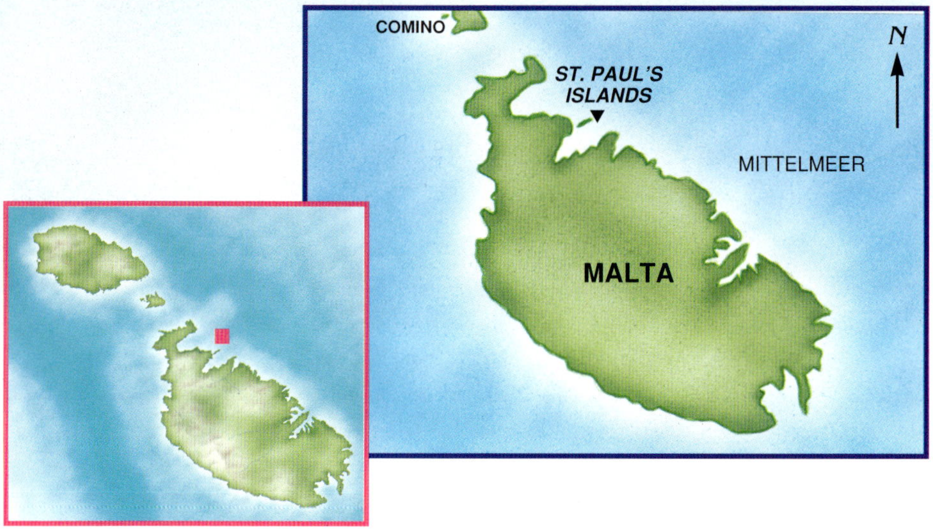

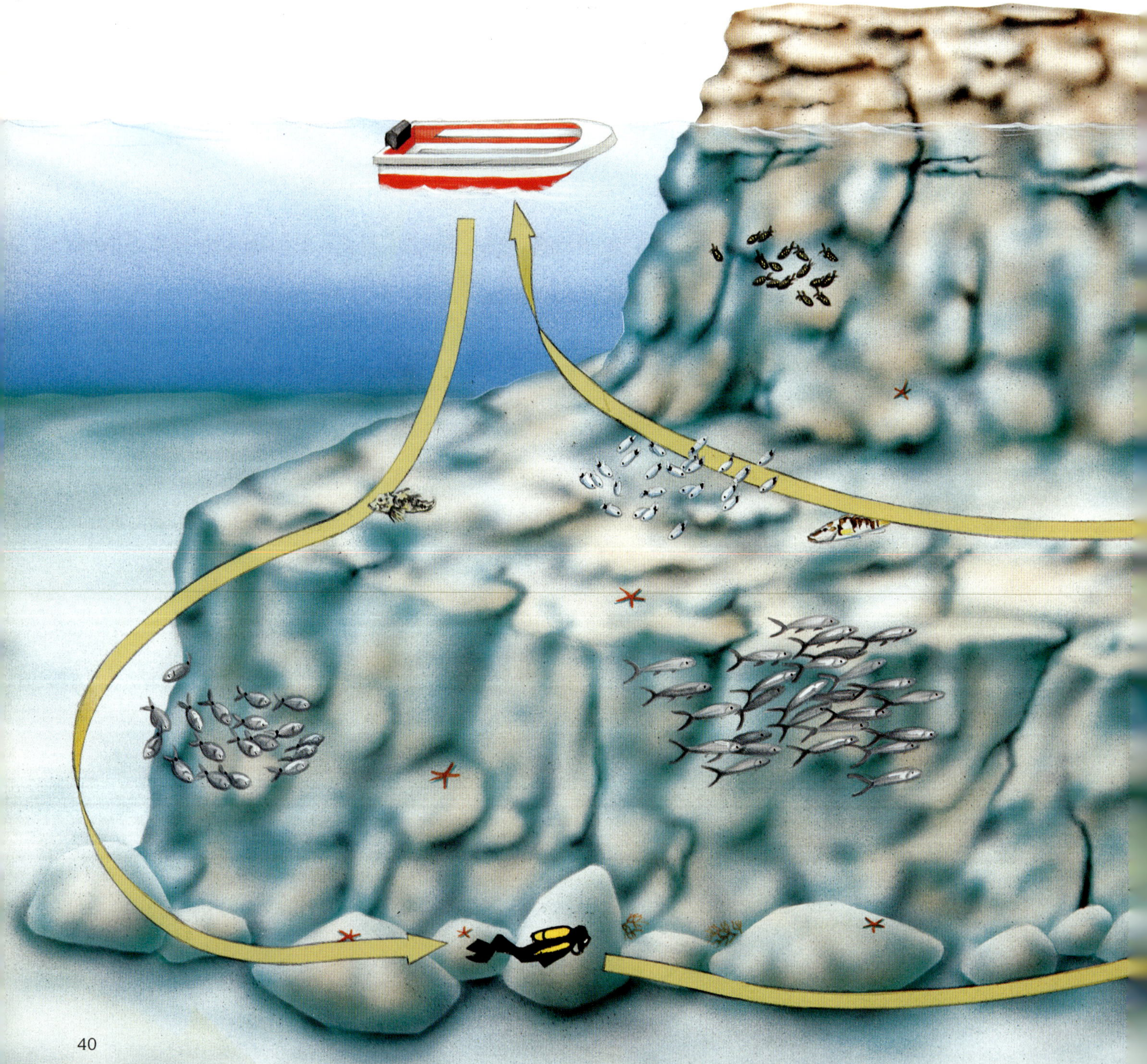

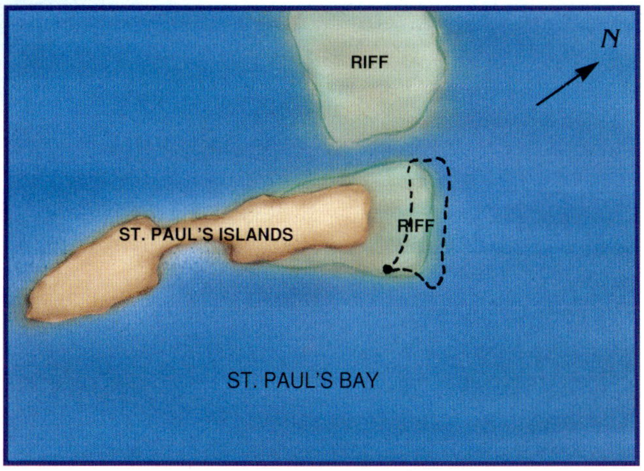
RIFF
N
ST. PAUL'S ISLANDS
RIFF
ST. PAUL'S BAY

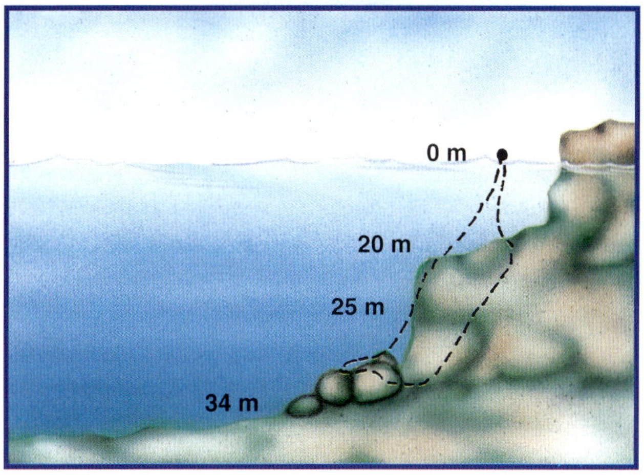
0 m
20 m
25 m
34 m

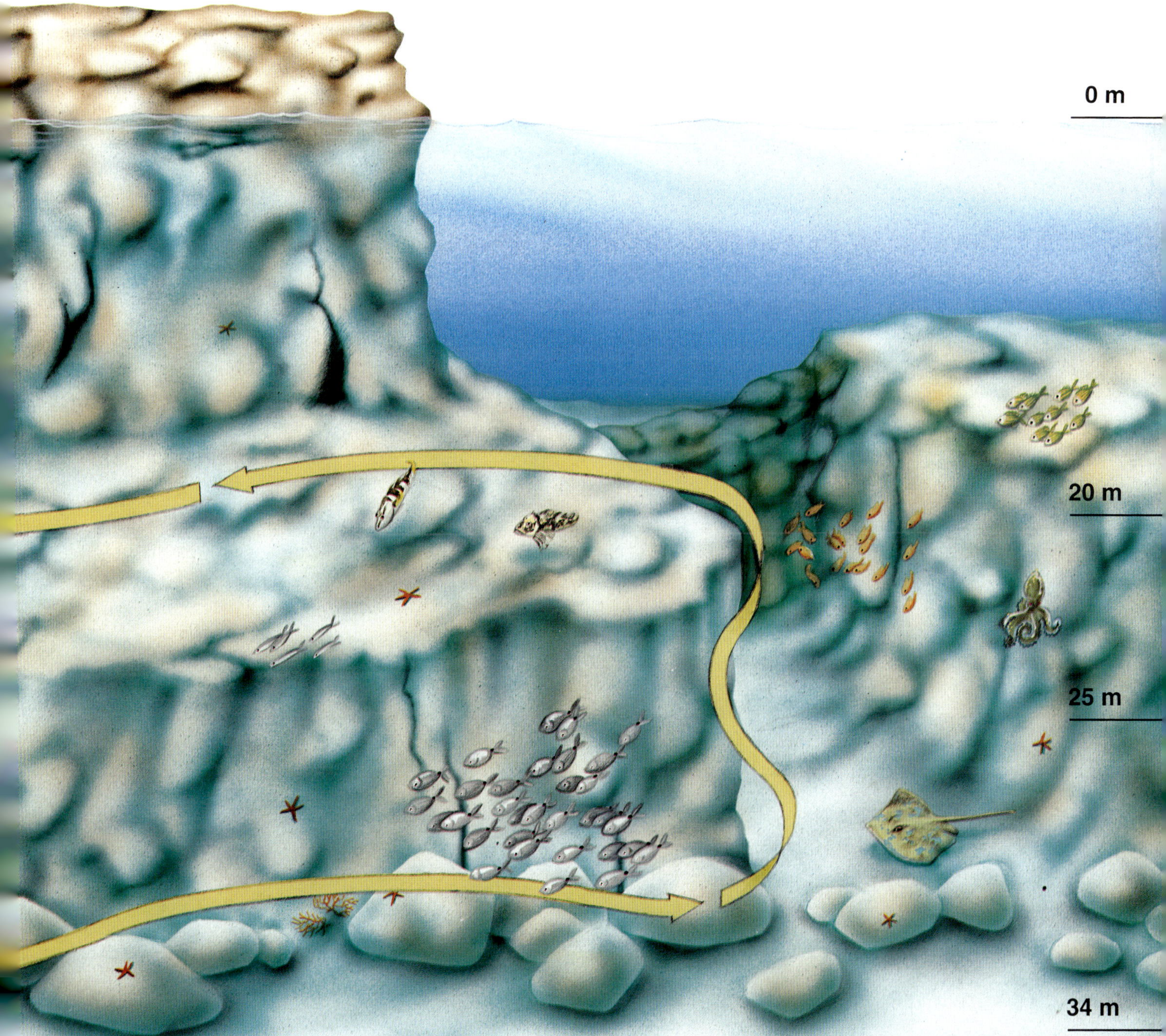
0 m
20 m
25 m
34 m

A

B

C

D

A - Zwischen den großen Felsblöcken am Fuß der Klippen öffnen sich Passagen und Tunnel.

B - Die Lippfische nehmen häufig ein Maul voll Sediment auf und spucken es dann wieder aus, wobei sie die eßbaren organischen Teile aussieben.

*C - Die Gestreiften Meerbarben (*Mullus surmuletus*) pflegen mit ihren Barteln das Sediment zu durchstöbern, um Beute aufzuspüren.*

*D - Daß die Meerbarbenkönige (*Apogon imberbis*) nachtaktive Tiere sind, erkennt man an ihren großen Augen, die mit zwei schmalen weißen Bändern versehen sind.*

E - Der Tauchgang beginnt mit dem Abstieg an der von Höhlen durchzogenen Steilwand hinunter zu den am Fuß angehäuften großen Felsbrocken.

*F - Braune Zackenbarsche (*Epinephelus guaza*) aller Größen schwimmen zwischen den großen Blöcken am Fuß der Wand herum.*

*G - Zwei Kleine Rote Drachenköpfe (*Scorpaena notata*) haben sich unweit voneinander auf die Lauer gelegt. Sie sind bei Umgebungslicht hervorragend getarnt.*

*H - Die Gemeine Sepia (*Sepia officinalis*) kann eigentlich ihre Färbung blitzschnell verändern, um sich der Umgebungsfarbe anzupassen. Diese hier ärgert sich wohl über den Fotografen.*

Lage

Die St. Paul's Islands liegen der St. Paul's Bay vorgelagert, und dieser sehr beliebte Tauchplatz befindet sich an der Südostecke der äußersten Insel. Da man die Inseln nicht betreten kann, besteht die einzige Möglichkeit, hier zu tauchen, vom Boot aus.

Der Tauchgang

Die Boote ankern immer über einem relativ flach liegenden Plateau – einer Art Terrasse nicht weit von der Steilwand entfernt, die das Ziel des Tauchgangs sein soll. Man sieht von oben deutlich die Riffkante und kann direkt darauf zutauchen. Von hier läßt sich der Taucher in die Tiefe zum Fuß der Wand sinken, der ziemlich gleichmäßig 34 Meter tief liegt.

E

Man wendet sich nun nach links und folgt dem Fuß der Wand, die von sehr großen Felsblöcken gesäumt wird. Sie bilden stellenweise interessante Formationen und sehen beinahe so aus, als seien sie von der Natur sorgfältig aufgehäuft worden. Hier findet man über jeder Sandfläche Gestreifte und Rote Meerbarben, die im Sand nach Nahrung suchen. Zwischen den Felsblöcken sitzen Zackenbarsche jeder Größe. Man hat auch gute Chancen, Oktopusse und Sepien zu sichten.
Nach etwa 80 Meter kann man sich

nach links wenden und in ein breites, nahezu rechteckiges Tal hineinschwimmen. Der Boden dieses Tals ist mit Sandhügeln bedeckt, die beliebte Aufenthaltsorte der großen Stechrochen sind. Die Stechrochen erbeuten ihre Nahrung, indem sie sich in den Sand eingraben, so daß nur noch ihre Augen herausschauen, und absolut bewegungslos lauern. Wenn ein geeignetes Opfer vorbeischwimmt, schlagen sie blitzschnell mit ihrem stachelbewehrten Schwanz zu, bevor sie aus dem Sand herauskommen und es verzehren. Leider sind Stechrochen sehr scheu und schwimmen weg, lange bevor der Taucher überhaupt ihre Anwesenheit bemerkt hat.

Wenn man tiefer ins Tal hineinschwimmt, steigt der Grund allmählich an, und an einem bestimmten Punkt schwimmt der Führer an der Wand hinauf zur Terrasse, der man dann zurück zur Ankerstelle folgt. Viele Taucher verbringen anschließend noch beträchtliche Zeit an dieser Stelle und erfreuen sich der vielen Fische, die man im Bereich von acht bis zehn Meter Tiefe hier findet.

Unterwasserfotografie

Da man sich am Eingang der St. Paul's Bay befindet, sind hier ständig Sportboote in großer Zahl unterwegs. Die Sichtweiten im Wasser sind deshalb nicht immer so gut, wie man von der Lage der St. Paul's Islands her vermuten würde. Fische gibt es hier aber besonders viele, und deshalb sollte man sich auf die Nah- und Makrofotografie konzentrieren. Drachenköpfe, Schriftbarsche, Meerjunker und Brandbrassen sieht man an dieser Stelle bei nahezu jedem Tauchgang, aber die wahren Fundstücke sind entweder Seepferdchen oder hübsche Nacktschnecken, die zwischen dem Seegras verborgen sind.

F

G

H

WRACK „HMS MAORI“

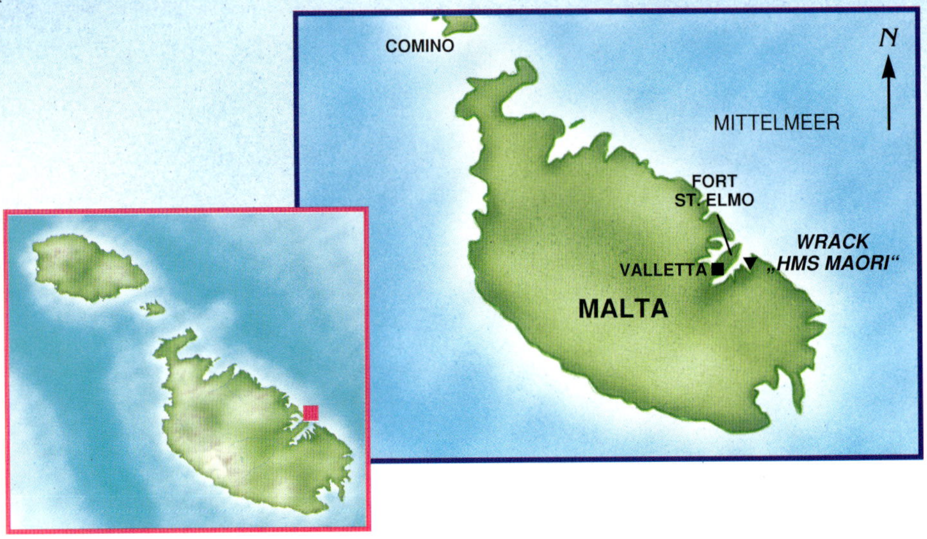

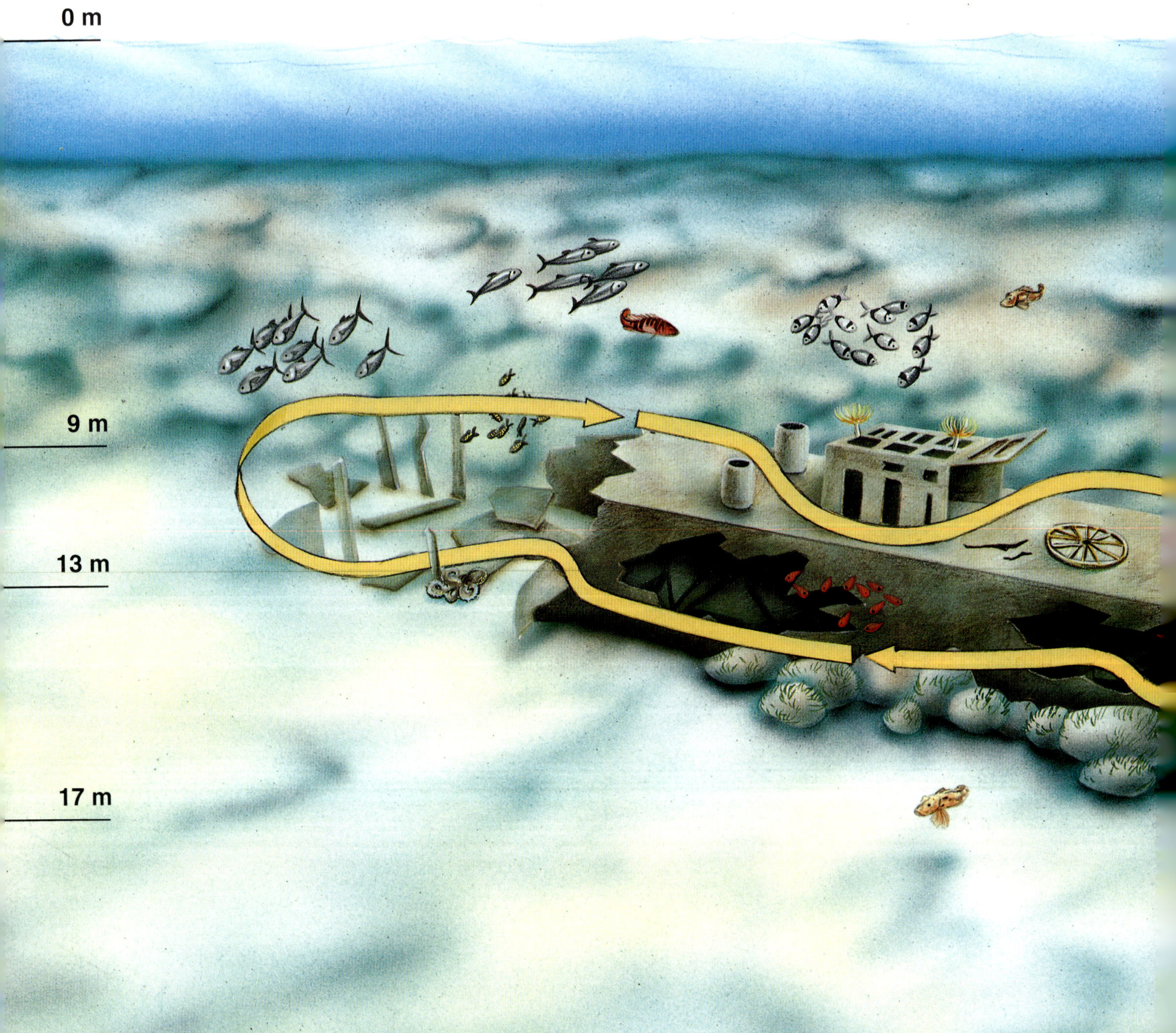

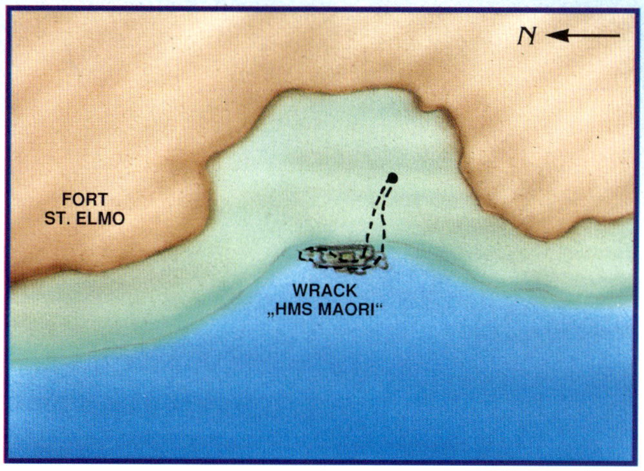
N
FORT
ST. ELMO
WRACK
„HMS MAORI"

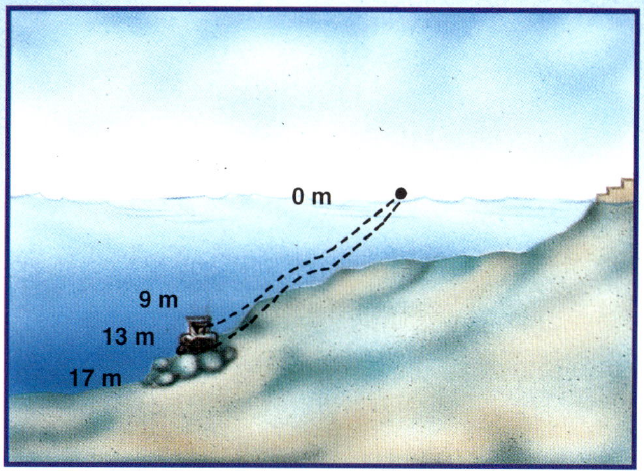
0 m
9 m
13 m
17 m

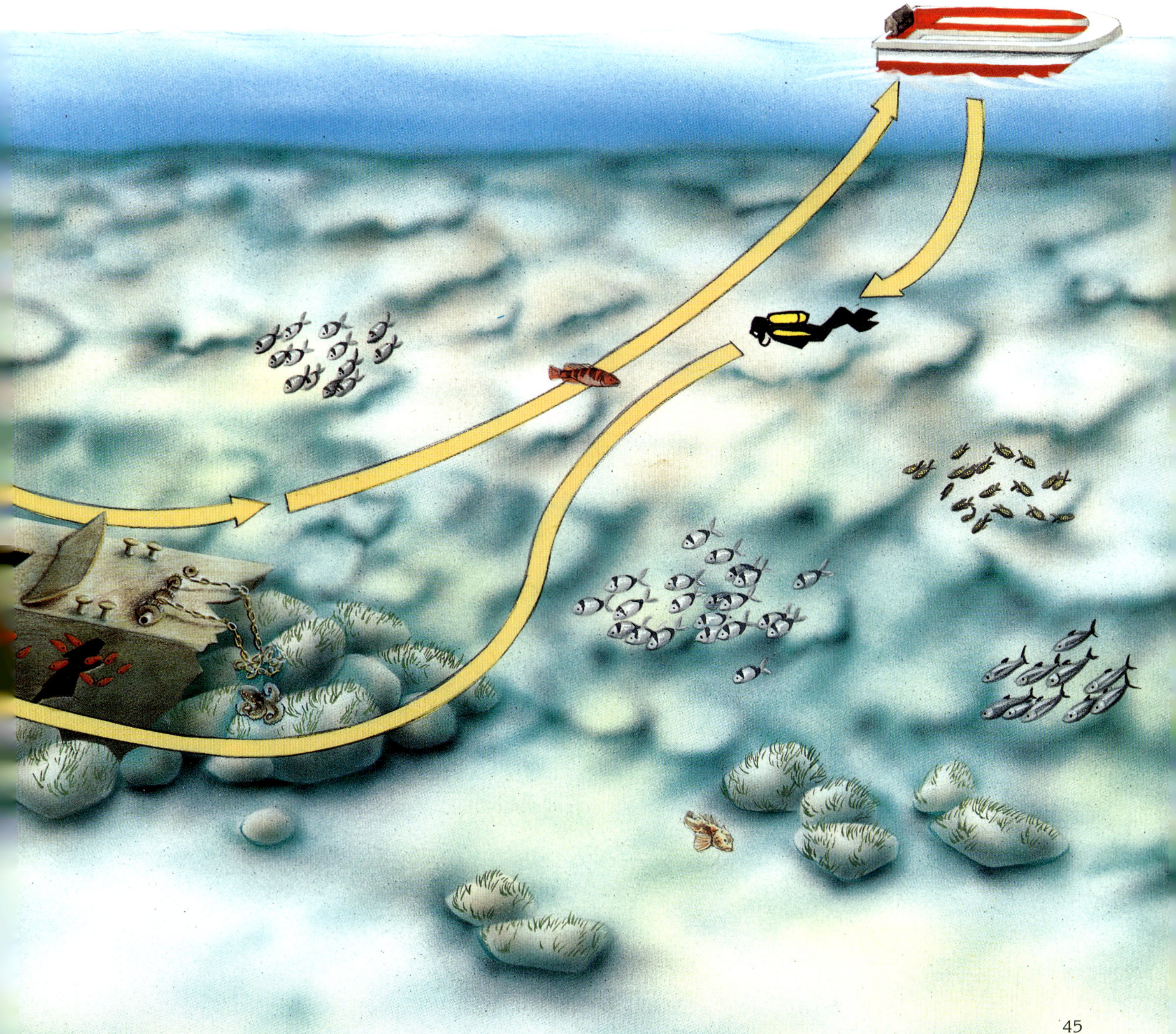

Lage

Am südlichen Ende der kleinen Bucht unter dem Fort St. Elmo liegt ein Café, und an den Außenwänden dieses Gebäudes sind eine Reihe von Zerstörern abgebildet – „HMS Kelly“ (Flaggschiff der Gruppe und ehemaliges Kommandoschiff des ehemaligen Admiral of the Fleet, Lord Mountbatten), „HMS Jersey“ (beim Einlaufen in Grand Harbour am 2. Mai 1941 von einer Mine in die Luft gejagt) und „HMS Maori“. Wenn man die schmale Gasse direkt vor dem Café überquert, kommt man zu Stufen, die zum Wasser hinunterführen. Das Wrack der „HMS Maori“ liegt etwa 120 Meter nördlich dieser Stufen. Es ist auch auf Seekarte Nummer 974 klar verzeichnet.

Geschichte

„HMS Maori“ ist wohl Maltas berühmtestes Wrack, und ein Besuch dort – obwohl es sich bei weitem nicht um den besten Tauchplatz Maltas handelt – stellt eine bedeutende Begegnung mit der Geschichte des Landes dar. Die „HMS Maori“ lief 1937 vom Stapel und sah in ihrem kurzen Leben viele Aktionen: Einsatz im Mittelmeer, Norwegen-Feldzug, Konvoifahrten über den Atlantik und in der Nordsee. Schließlich kehrte sie wieder ins Mittelmeer zurück, um die Nachschublinien Rommels anzugreifen und bei der Verteidigung Maltas mitzuwirken. Das sind nur einige wenige Stationen. Tatsächlich war es die „HMS Maori“, der es 1941 gelang, den Radarkontakt zur „Bismarck“ wiederherzustellen und so zur endgültigen Versenkung dieses Schlachtschiffes beizutragen. Dabei blieb sie sogar zur Stelle, um Überlebende aufzunehmen.

Später im Jahr 1941 gehörte sie zu den vier Zerstörern unter dem Befehl von Commander Stokes, die zur Verstärkung der 14. DF Squadron ins östliche Mittelmeer beordert wurden. So dampfte sie Mitte Dezember zusammen mit „HMS Sikh“, „HMS Legion“ und „HMS Isaac Sweers“ auf östli-

B

C

D

A – Dieses alte Foto zeigt den Torpedobootzerstörer „HMS Maori“ beim Einlaufen in der Bay of Malta. 1941, mitten im Zweiten Weltkrieg, versuchte die deutsche Luftwaffe, Malta einzunehmen.

B – Die im Dockyard Creek vor Anker liegende „HMS Maori“ wurde am 2. Februar 1942 von einer Bombe getroffen, die ihren Heckbereich zerstörte, und begann zu sinken. Alle Versuche, die Lecks abzudichten, schlugen fehl. Am Ende des Tages war das Schiff unter Wasser verschwunden.

C – Das Wrack wurde später an eine andere Stelle verbracht, da es die Schiffahrt behinderte. Heute liegt es 13 bis 17 Meter unter der Wasseroberfläche in der Bucht von St. Elmo auf Sandgrund.

D – Die Aufbauten der „HMS Maori“ liegen direkt neben dem Rumpf auf dem Sandgrund, und die Strukturen sind teilweise durch abgelagertes Sediment verdeckt.

E – Das Wrack bietet viele interessante Motive und Durchblicke. Einige Teile des Schiffs kann man noch leicht identifizieren, während andere unkenntlich sind. Wenn man sich ein komplettes Bild vom Wrack machen will, muß man mehrfach daran tauchen.

chem Kurs durch die Straße von Gibraltar.

Zum gleichen Zeitraum war bekannt geworden, daß die beiden italienischen 5200-Tonnen-Kreuzer „Alberico Da Barbiano“ und „Alberto Di Giussano“, begleitet von einem 789-Tonnen-Torpedoboot, im Hafen von Palermo in Tonnen verpackten Treibstoff geladen hatten und im Schutz der Dunkelheit nach Tripolis aufbrechen sollten. Britische Torpedobomber und Force K, die in Malta stationierte Streitmacht aus Kreuzern und Zerstörern, liefen aus, um diese feindliche Einheit abzufangen, und Commander Stokes sollte seine Zerstörer – für den Fall, daß die Italiener umkehrten – zwischen die Feindflotte und Palermo plazieren.

Die allierten Flugzeuge griffen an, richteten aber keine Schäden an, und der Angriff durch Force K wurde abgesetzt. Da den italienischen Kreuzern klar geworden war, daß sie nicht unbelästigt nach Tripolis durchkommen würden, kehrten sie tatsächlich um. Es war bereits dunkel, und Stokes sah sich plötzlich einer weit größeren gegnerischen Feuerkraft gegenüber, als er selbst besaß. Er führte seine Schiffe deshalb in Küstennähe und positionierte sich zwischen dem Land und den feindlichen Schiffen, so daß er gegen das Ufer gut getarnt war. Um 2.25 Uhr am 14. Dezember 1941 befahl Commander Stokes den Angriff. Drei Torpedos trafen die „Alberico Da Barbiano“, die sofort sank. Nur ein Torpedo traf die „Alberto Di Giussano“ und zerschlug viele Treibstofffässer. Brennendes Öl breitete sich auf den Decks aus und floß in die unteren Räume. Innerhalb weniger Minuten hatten die vier Zerstörer einen spektakulären Sieg errungen, und als sie später an diesem Tag in Grand Harbour einliefen, wurden die Mannschaften als Helden gefeiert.

Im Februar 1942 hatten die Achsenmächte die libyschen Flugplätze zurückerobert, und die deutsche Luftwaffe begann mit massiven Angriffen auf Malta. Die Luftangriffe rollten beinahe pausenlos, und dabei waren die Häfen stets das Hauptziel.

F

G

E

F – Viele im Wasser gelöste Schwebeteilchen reduzieren die Sicht beträchtlich. In der Nähe des Wracks muß man sich besonders sorgsam bewegen, um nicht noch mehr Teile aufzuwirbeln.

G – Durch verschiedene Öffnungen ist es möglich, in das Wrack hinein- beziehungsweise hinauszutauchen. Wenn man sich vorsichtig bewegt, kann man viele Teile des Rumpfes erkunden.

A - Am und um das Wrack herum kann man prächtig getarnte Drachenköpfe finden.

*B - Ein Bunter Springskrebs (***Galathea strigosa***) hat sich aus seinem Versteck im Wrack hervorgewagt. Diese kleinen Krebstiere leben im Dunkeln und bewegen sich in ruckartigen Sprüngen rückwärts fort.*

*C - Diese Gruppe großer Gelb-violetter Sternschnecken (***Hypselodoris elegans***) befand sich wahrscheinlich in der Fortpflanzungszeit. Die Tiere sind zwar Hermaphroditen, praktizieren aber dennoch immer gegenseitige Befruchtung.*

Aus diesem Grund blieben sehr wenige Menschen an Bord der Schiffe, die notwendigerweise im Hafen lagen, und selbst die U-Boote blieben die meiste Zeit unter Wasser. Deshalb wurde nur ein Mann getötet, als die „HMS Maori", die am Eingang von Dockyard Creek vor Anker lag, am 12. Februar 1942 um 2.00 Uhr durch eine Bombe in den Maschinenraum getroffen wurde. Dabei explodierte ein Teil der eigenen Munition, und das Schiff neigte sich rasch zum Heck hin, das schwer beschädigt war. Viele Stunden lang, während sich das Schiff störrisch weigerte, zu sinken, arbeitete eine kleine Mannschaft fieberhaft daran, die wasserdichten Laderäume zu versiegeln. Beinahe hätten sie Erfolg gehabt, da das tapfere Schiff dem einbrechenden Wasser sehr lange standhielt, ehe es dann doch sank.

Unglücklicherweise wurde die „HMS Maori" dann zu einem ernsthaften Schiffahrtshindernis, da sie die Zufahrt zu einigen Werften blockierte. Deshalb wurde sie angehoben und ausgeschlachtet, bevor der Rumpf im

C

D

A

B

ruhigen Wasser der St. Elmo's Bay wieder versenkt wurde. Dort liegt das Wrack nun auf Sandgrund am Fuß eines Hangs in Tiefen zwischen 13 und 17 Meter. Die Kanonen sind entfernt, und viele Teile der Aufbauten liegen neben dem Rumpf auf dem Meeresgrund. Das Heck ist ein Durcheinander von beschädigten und verbogenen Stahlteilen, aber der Rumpf ragt stolz und wehrhaft auf - so wie auf dem Foto, auf dem sie halb versunken liegt und die Geschütze immer noch auf den Feind in der Luft gerichtet sind. Teile des Rumpfes können betaucht werden, allerdings ist das Wrack im Inneren sehr stark eingesandet.

Der Tauchgang

Vom Ufer aus wendet sich der Taucher beinahe direkt nach Norden. Etwa 120 Meter weit geht es in neun Meter Tiefe über felsenübersäten Grund. Dieser geht plötzlich in einen felsigen Hang über. An diesem Punkt wendet man sich nach rechts (Osten) und folgt für eine kurze Strecke dem

*D - Auf Hydrozoen kann man die zierlichen Violetten Fadenschnecken (***Flabellina affinis***) entdecken. Sie ernähren sich von den Hydrozoenpolypen.*

*E - Eine Weiße Fadenschnecke (***Flabellina babai***) kriecht gemächlich über einen Teppich aus Algen und Hydrozoen. Wie alle Arten ihrer Gattung ernährt sie sich von den Polypen der Nesseltiere.*

*F - Aus einer dunklen Höhle schaut dieser Meerbarbenkönig (***Apogon imberbis***) heraus. Die kleinen Fische pflanzen sich auf bemerkenswerte Weise fort: Die vom Weibchen abgegebenen Eier werden vom Männchen im Maul ausgebrütet.*

Hang, bis man am Bug der „HMS Maori“ angelangt ist.
An dieser Stelle ist die gesamte Backbordseite von einem Sandhang verschüttet worden und nicht mehr zu erkennen. Die Reste des Bugbereichs und Teile der Steuerbordseite können jedoch im Detail erkundet werden. Man stößt auf Winschen und einen Teil der Ankerkette. Dahinter findet man auf Deckshöhe auf beiden Schiffsseiten doppelte Poller und dann eine Art von Splitterschutzwänden quer über das Deck. Diese dienten wohl dazu, daß die Mannschaft des vorderen Geschützes auch in Kampfsituationen ihre Arbeit verrichten konnte. Dicht dahinter liegen eine Luke und das Gerüst, auf dem das vordere Geschütz montiert war.
Auf dem Weg weiter zum Heck stößt der Taucher auf ein raumartiges Bauteil, das oft fälschlich für die Brücke gehalten wird. Dieser Raum lag aber weit unterhalb der tatsächlichen Brücke, die nicht erhalten ist, und diente wahrscheinlich als Feuerleitstand. Die Wände dieses Raums sind stark durchrostet, so daß man leicht ein- und ausschwimmen kann. Allerdings ist er so voller Sand und Schwebestoffe, daß ein zweiter Taucher häufig nicht mehr hineintauchen kann. Unmittelbar dahinter liegen zwei runde, beinahe wie Schornsteine aussehende Bauteile, deren ursprünglichen Zweck ich nicht herausfinden konnte. Dann folgen stark beschädigte Decksbereiche, die zusammen ein unentwirrbares Durcheinander verbogenen Metalls darstellen.
Hier kann der Taucher umkehren und durch eines der zahllosen Löcher an der Steuerbordseite in das Wrack eindringen. Wenn man sich vorsichtig bewegt, kann man leicht durch einen dieser Zugänge hinein- und durch einen anderen wieder herausschwimmen. Zum Heck hin wird das Wrack immer fragmentarischer, und schließlich ragen nur noch ein paar Metallteile aufrecht aus dem Sandgrund.
Wracks bereichern sofort jede Unterwasserlandschaft, und auch bei der „HMS Maori“ verhält es sich nicht anders. Man findet hier viele verschiedene Arten von Fischen und andere, häufig noch interessantere Kleinlebewesen. Seitlich vom Wrack gibt es noch eine überraschende Menge an Wrackteilen zu erkunden. Sie sind mit Seegräsern und Hunderten von Röhrenwürmern bewachsen. Zwischen den Gräsern findet man zahlreiche Nacktschnecken.
Für mich ist es jedoch die größte Freude, die etwas über 40 Meter des Rumpfes genau zu untersuchen. Dort halte ich mitunter inne und lege eine Gedenkminute für dieses kleine Schiff und die verschiedenen Mannschaftsmitglieder ein für alles, was sie im Namen der Freiheit getan und erlitten haben.
Sand und Schwebeteile sind an diesem Wrack immer ein Problem, beeinträchtigen aber lediglich den Genuß. Es besteht wenig oder keine Gefahr, daß der Taucher sich in diesem Wrack verirrt oder gefangen wird. Dessen ungeachtet sollte man immer daran denken, daß ein Wrack, je älter es wird, um so unstabiler ist.

Unterwasserfotografie

Da die „HMS Maori“ am Eingang des Marsamxett Harbour liegt, dem zweitgrößten Hafenbecken nach Grand Harbour, sind die Sichtbedingungen eingeschränkt und nur unwesentlich besser als an der „Carolita“. Der Fotograf wird natürlich versuchen, einige unverkennbare Merkmale dieses einst stattlichen Schiffs mit oder ohne Taucher abzulichten. Dazu benötigt er unbedingt ein Weitwinkelobjektiv.
Beeindruckend ist auch das Meeresleben in und um das Wrack herum. Ein paar Oktopusse haben dort eine ständige Wohnstatt, und ich könnte mit einem Makroobjektiv den ganzen Tag an diesem relativ flachen Tauchplatz verbringen, um diese und andere prächtige Geschöpfe zu fotografieren.

E

F

G

H

*G – Ein Violetter Seeigel (***Sphaerechinus granularis***) weidet am Meeresgrund Algen ab. Die Färbung dieser Stachelhäuter ist sehr variabel. Manche Individuen weisen völlig weiße Stacheln auf.*

*H – In großen Schwärmen versammeln sich die Brandbrassen (***Oblada melanura***) am Wrack. Sie tragen einen sattelartigen Fleck an der Schwanzwurzel.*

WRACK DER BARKE „CAROLITA“

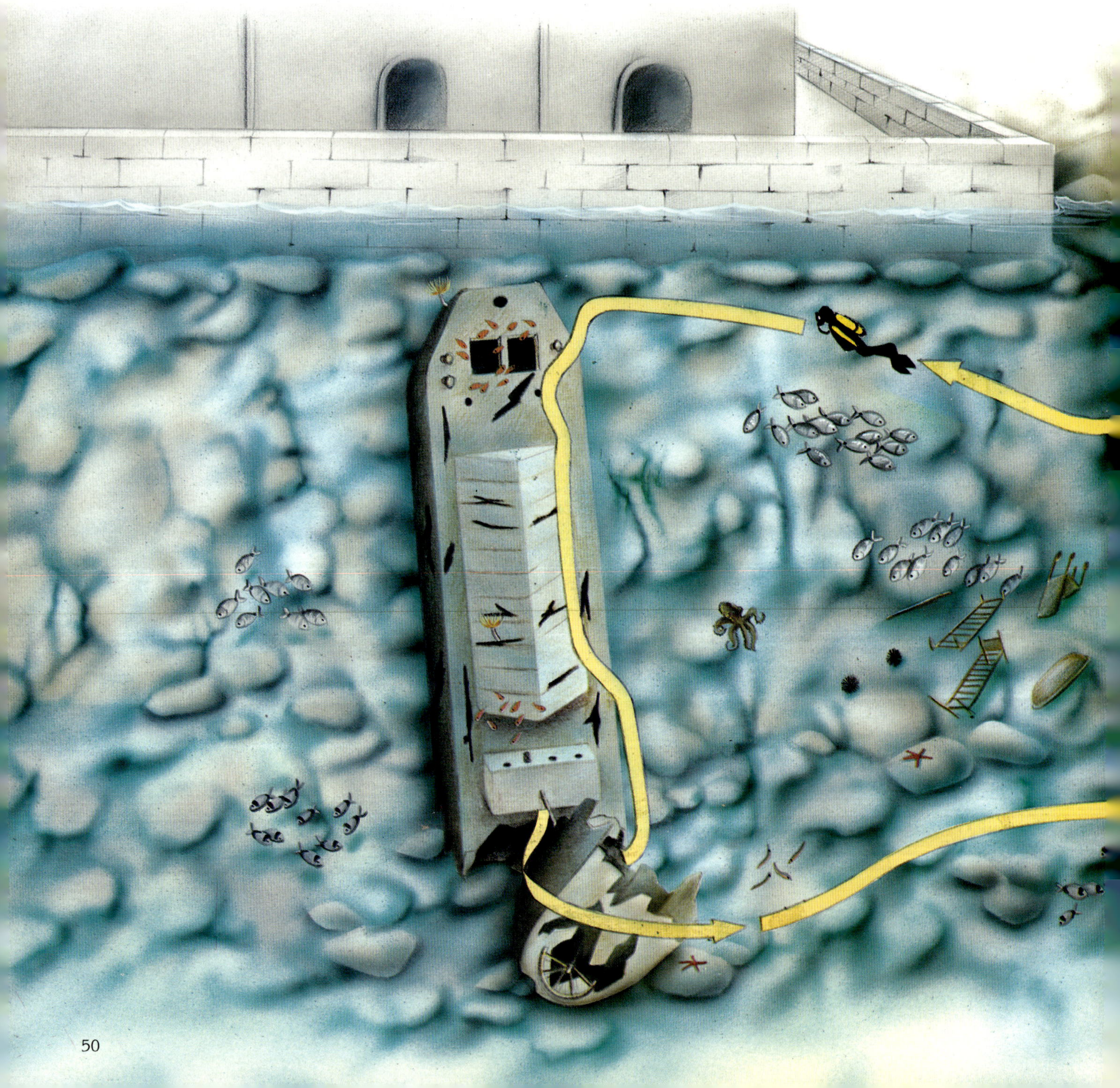

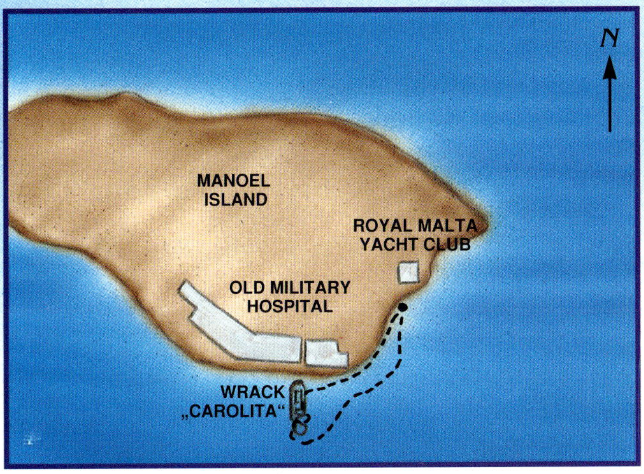
N
MANOEL
ISLAND
ROYAL MALTA
YACHT CLUB
OLD MILITARY
HOSPITAL
WRACK
„CAROLITA“

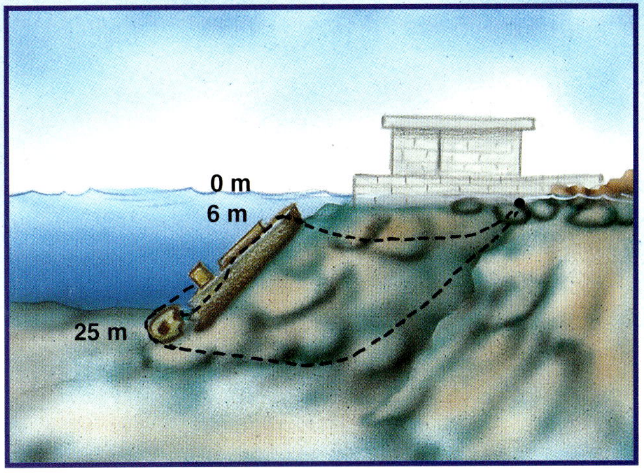
0 m
6 m
25 m

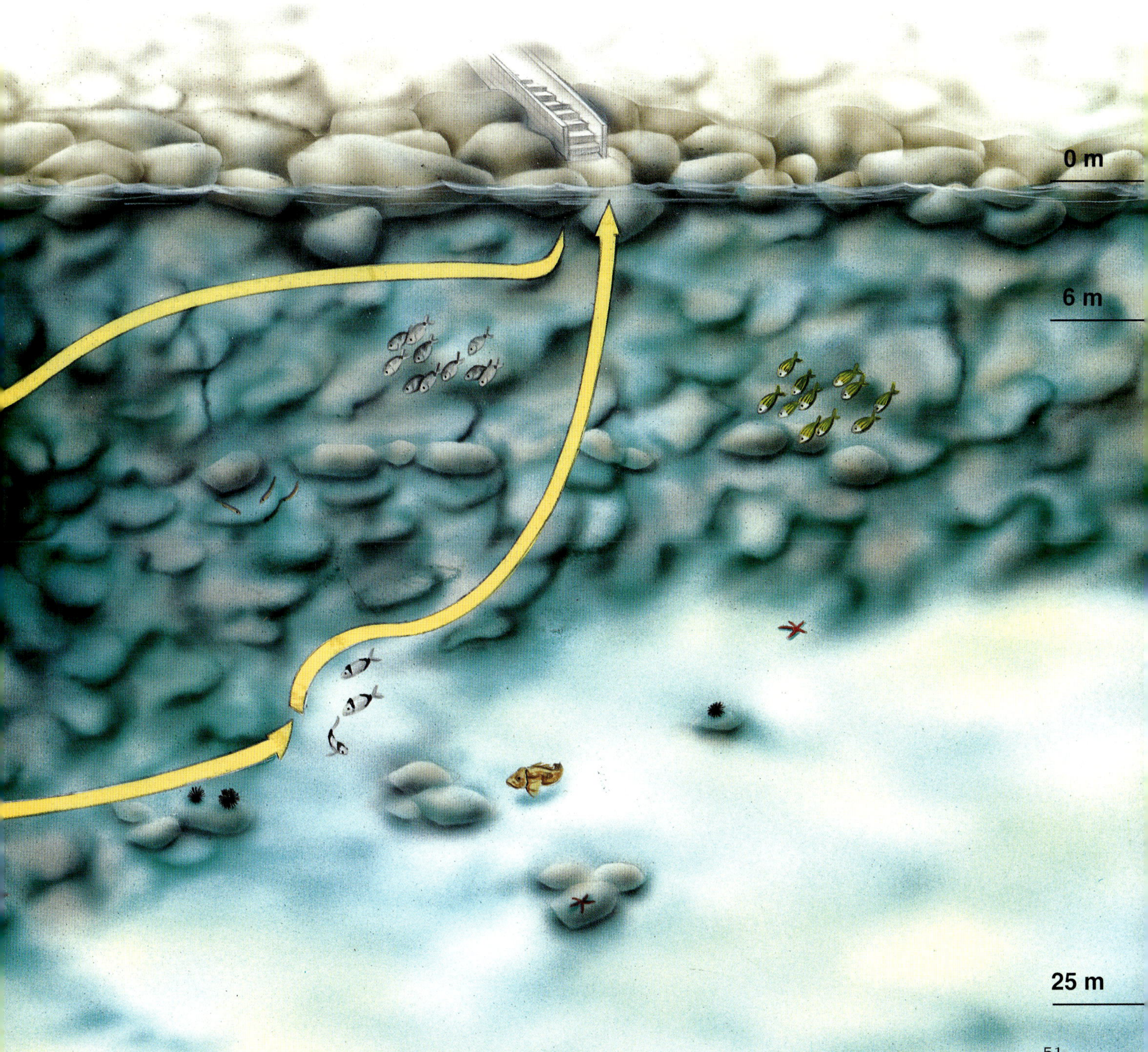
0 m
6 m
25 m

Lage

Auf der Ostseite von Marsamxett Harbour – gegenüber der „HMS Maori" – liegt Manoel Island. Es handelt sich gar nicht um eine richtige Insel, denn das Gebiet ist seit vielen Jahren schon mit dem Festland durch eine Straße verbunden, die direkt zum Royal Malta Yacht Club führt. Direkt bevor diese Straße den Club erreicht, gibt es genug Platz zum Parken und Vorbereiten der Tauchausrüstung oberhalb von Treppenstufen, die direkt zum Wasser hinunter führen. Hier hat man viele Stellen, an denen man ins Wasser und wieder hinaus gelangt. Die meisten Taucher gehen so weit wie möglich in südwestlicher Richtung zum sehr auffälligen alten Militärhospital, an dem dann eine Wand die Promenade abschließt. Auf diese Weise verkürzt sich die Tauchstrecke bis zum Wrack.

Das Wrack liegt an einem Steilhang direkt unterhalb eines der ersten Fenster des nun nicht mehr genutzten Krankenhauses. Der Bug reicht bis zu sechs Meter unter die Wasserfläche hinauf, und das Heck liegt 25 Meter tief. Das Wrack ist auf Seekarte 974 verzeichnet.

A

B

C

D

Geschichte

Dieses Schiff wird manchmal irrtümlich „The Carolina" oder „The Coral" genannt und ist auch häufig mit der Abkürzung „HMS" (= His Majesty's Ship) vor jedem der drei gebräuchlichen Namen bezeichnet worden. Aber alle Schiffe mit dieser Vorsilbe sind genau verzeichnet, und keines von ihnen führte jemals einen dieser Namen. Außerdem wurde die Vorsilbe HMS von der Royal Navy niemals bei einem der vielen Lastschiffe gebraucht, die die Kriegsschiffe jener Tage mit Nachschub versorgten. Sicher ist, daß unser Wrack, die Barke „Carolita", am 21. April 1942 beim Ankerplatz der U-Boote vor Manoel Island lag. Wahrscheinlich wurde sie in der Dunkelheit mit einem U-Boot verwechselt, jedenfalls traf ein Torpedo sie am Heck, und sie sank sogleich.

A – Ein altes Foto zeigt das Ankergebiet für die U-Boote bei Manoel Island, in dem die „Carolita" am 21. April 1942 versenkt wurde. Wahrscheinlich war die Barke mit einem U-Boot verwechselt und torpediert worden.

B – Die Tauchstelle liegt in der Nähe des alten Militärhospitals, das seit dem Krieg praktisch keine Veränderungen erfahren hat.

C – Im Wrack können verschiedene Räume erkundet werden, insbesondere der Maschinenraum und die Steueranlage. Andere Passagen im Wrack sind zu eng und zu gefährlich zum Betauchen.

D – Ein Taucher späht durch eine Luke in den Rumpf hinein.

Der Tauchgang

Zuerst muß der Taucher in südwestlicher Richtung schwimmen, wobei er sich in Tiefen zwischen zehn und 15 Meter aufhält. Auf diese Weise gelangt man direkt zur Wrackstelle. Unterwegs findet man eine Vielzahl interessanter Gegenstände wie Badewannen, Krankenhausbetten, Autofelgen, Schreibmaschinen, unterschiedliche Arten von Flaschen und anderes, alles während und nach dem Krieg ins Wasser geworfen.
An diesem Tauchplatz kann die Sicht schlecht sein. Manchmal beträgt sie nur fünf bis zehn Meter, aber das Erlebnis ist trotzdem reizvoll. Günstig ist es, am Wrack anzukommen, bevor andere Taucher die Sicht noch weiter verschlechtert haben, indem sie Schwebestoffe aufwirbelten.
Obwohl es immer am besten ist, den Tauchgang mit den tieferen Bereichen zu beginnen und dann in flacheres Wasser vorzustoßen, läßt sich ein Schiff leichter beschreiben, wenn man am Bug beginnt und sich bis zum Heck durcharbeitet. So wollen wir es hier halten. Die mit dem Bug nach oben liegende „Carolita“ ist ein Opfer des Zweiten Weltkriegs und liegt also schon über 50 Jahre unter Wasser, ist aber noch in einem bemerkenswert guten Zustand.
Ihr Bug ist lang und gerade, vorne gekappt und beidseits mit einem Doppelpoller versehen. Die schweren Ankertaue sind noch intakt und an ihrem Platz und führen von diesen Pollern zu einem nicht zu sehenden Festmacher am Ufer. Das Deck der Barke ist flach, und vorne am Bug ist ein kleines Loch, in dem ein Oktopus haust. Unmittelbar dahinter liegen zwei Luken nebeneinander, und eine Leiter führt hinunter ins Schiffsinnere. Die Luken sind aber so eng, daß ein Eindringen hier nicht empfohlen wird.
In Decksmitte liegt die große, überdachte Ladeluke. Nach meiner Information bestand die Ladung der „Carolita“ zum Zeitpunkt der Versenkung aus Zementsäcken, und deshalb ist unklar, in welchem Zusammenhang mit den U-Booten dieses Lastschiff stand. Aber wer weiß, welche Art von Aufgaben ein Schiff in dieser Zeit härtester Kämpfe erfüllen mußte?
Gleich hinter der Ladeluke liegt das kleine Ruderhaus direkt vor dem zerstörten Heck. Der Boden des Ruderhauses ist verschwunden, so daß man in den Maschinenraum darunter sehen kann. Man kann auch vom weggerissenen Heck aus in den Maschinenraum hineintauchen und durch das Ruderhaus wieder ins Freie kommen – ein Spaß, den die meisten Taucher ausprobieren.
Der Torpedoschaden am Heck ist die einzige sichtbare Beschädigung, allerdings von beträchtlichem Ausmaß. Das Heck ist fast vollständig weggerissen worden und liegt auf seiner Steuerbordseite. Auch das Deck ist an dieser Stelle weggebrochen und hat den Rudermechanismus freigelegt.
Während dieses gesamten Tauchgangs begegnet man Oktopussen, kleinen Zackenbarschen und Tausenden von Mönchsfischen. Wenn sich der Taucher nicht allzusehr vom Wrack fesseln läßt, kann er sie und viele andere kleine Geschöpfe bewundern.

Unterwasserfotografie

Wie bei allen Wracks geht es in erster Linie darum, gewisse Aspekte des Schiffs aufzunehmen, und in diesem Fall empfand ich es als besonders schwierig. Da das Wrack inmitten eines Teils des geschäftigsten Hafens der Insel liegt, ist es mit einer dicken Schicht von Sedimenten bedeckt, die – auch bei größter Sorgfalt – leicht aufgewirbelt wird. Nach mehreren Versuchen tauchte ich mit einem einzigen Partner an einem Tag mit so schlechtem Wetter, daß ich annehmen konnte, die anderen Taucher würden wahrscheinlich anderswo geschütztere Plätze aufsuchen. Unter Benutzung eines 20-Millimeter-Weitwinkels konnte ich so fotografieren, ohne daß Schwebstoffe aufgewirbelt wurden.
Mit der Nahausrüstung konnte ich einen großen Oktopus aufnehmen, der sich vor dem Wrack häuslich eingerichtet hatte und willig herauskam, um sich als Modell zu präsentieren – aber dies erforderte ein gehöriges Quentchen Geduld.

E

F

E – Der Meeresgrund um das Wrack herum ist schlammig und mit vielerlei Objekten übersät: Krankenhausbetten, Stühle, Schreibmaschinen, Flaschen und eine Vielzahl anderer Gegenstände, die vor und nach dem Krieg hineingeworfen wurden.

F – An diesem Tauchplatz kann man viele Oktopusse sichten. Einer hat ein kleines Loch im vorderen Bereich des Decks als Residenz ausgewählt, andere verstecken sich zwischen den auf dem Meeresgrund verstreuten Wrackteilen.

BLENHEIM-BOMBER

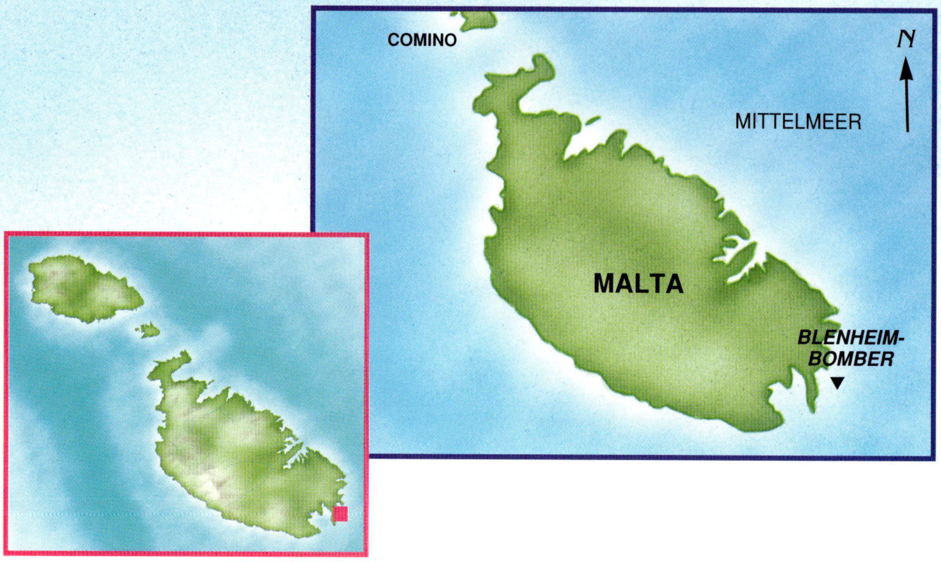

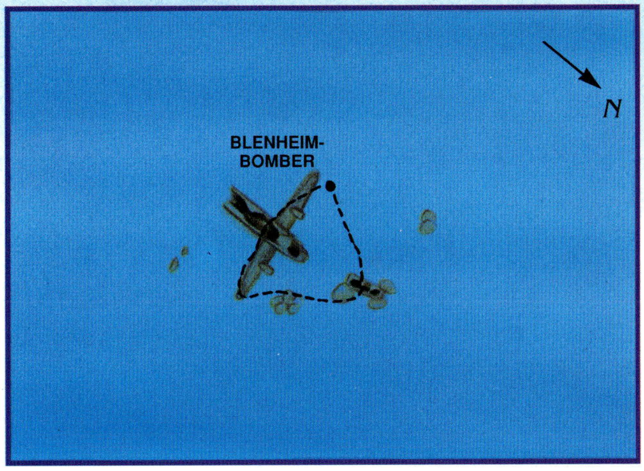
N
BLENHEIM-
BOMBER

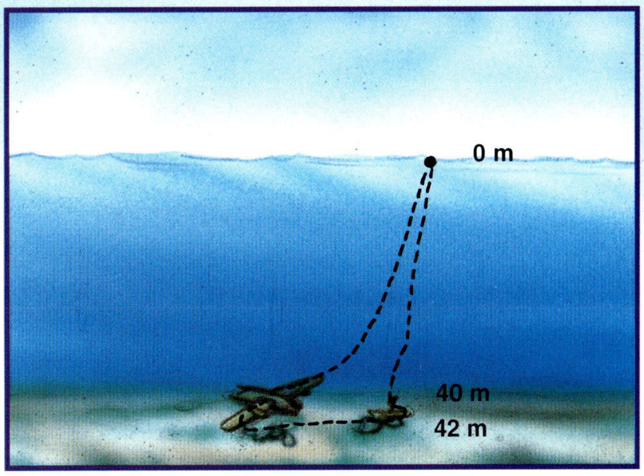
0 m
40 m
42 m

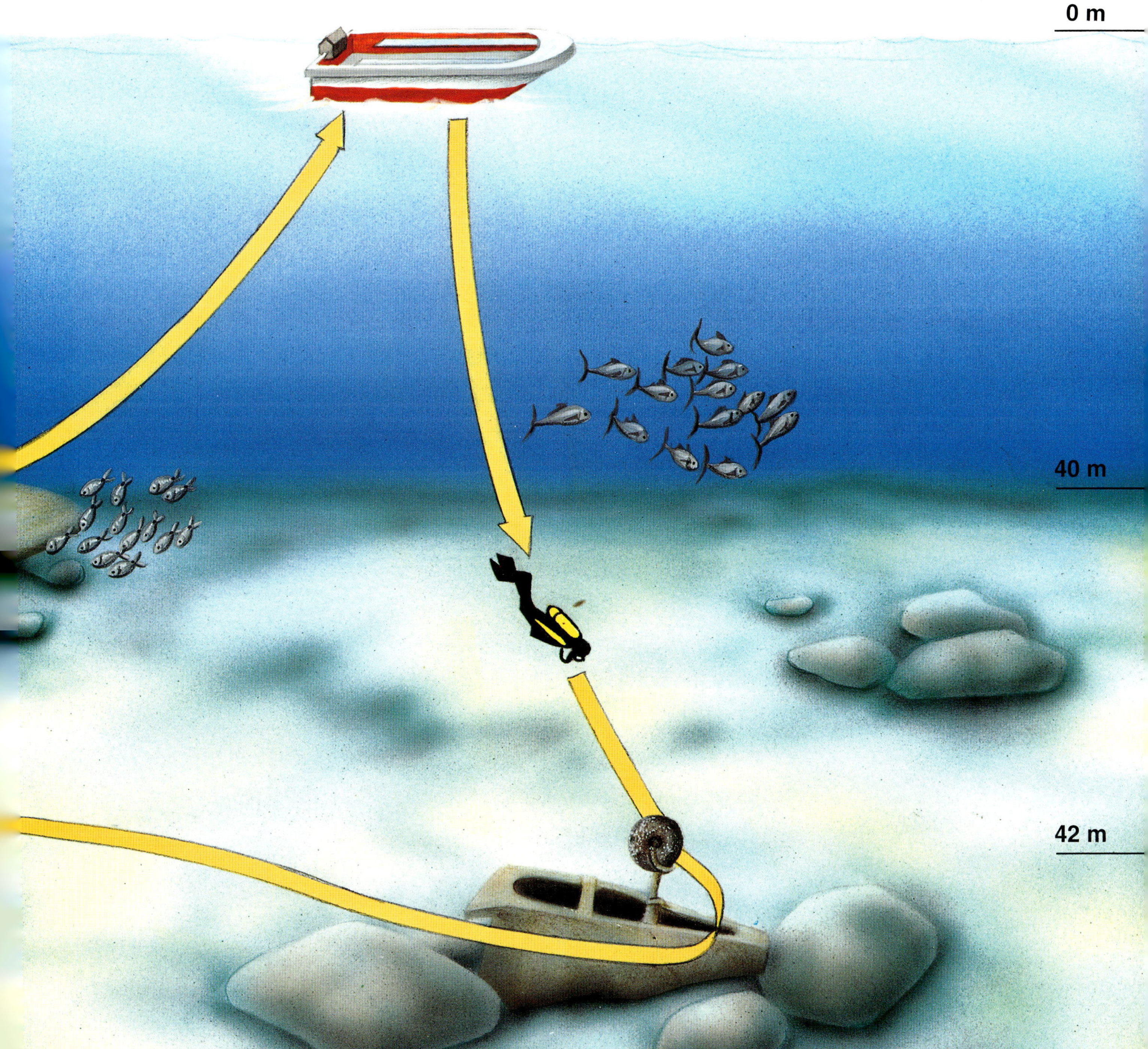
0 m
40 m
42 m

Lage

Dieses Flugzeug liegt etwa 800 Meter östlich von Xorb il-Ghagin in 42 Meter Tiefe. Die Wrackstelle ist auf den Seekarten nicht verzeichnet. Deshalb kennen nur wenige Eingeweihte die genaue Stelle, und wir raten dem Taucher, hierzu Ray Clancio von Sport Diving Ltd. zu kontaktieren. Ray hat beträchtliche Forschungsarbeit in dieses Wrack investiert, und er war es auch, der es als Blenheim- und nicht als Beaufort-Bomber identifizierte. In der Nähe liegen auch noch die Überreste einer De Havilland Mosquito – aber dies ist eine weitere Geschichte!

B

A

C

D

A – Der freie Abstieg in 42 Meter Tiefe hinunter verlangt eine sorgfältige Organisation. Die Länge des Tauchgangs und der Luftverbrauch müssen präzise geplant werden.

B – Die Blenheims waren leichte Bomber der englischen Luftwaffe und mit zwei Propellern ausgestattet. Ihre Flügelspannweite betrug 17 Meter, und die Crew bestand aus drei Mann. Wann dieser vor Xorb il-Ghagin liegende Bomber abgeschossen wurde, ist nicht bekannt.

C – Der große Propeller eines der beiden Motoren ist gut erhalten und mit Schwämmen und anderen substratbewohnenden Lebewesen bewachsen. Dieses Wrack ist von großem historischem Interesse.

D – Das Flugzeug liegt in 42 Meter Tiefe in Flugposition auf dem Meeresgrund. Das Heckteil ist abgerissen und teilweise mit Sand bedeckt.

E

Zweifel, daß es sich bei diesem Wrack um einen Blenheim-Bomber handelt, jedoch ist die spezifische Identität und das Flugsignal des Wracks noch nicht aufgeklärt. Dies würde viele Stunden mühsamer Suche am Wrack nach wichtigen Hinweisen bedeuten, beispielsweise nach den Seriennummern der Motoren. Sollte ein Taucher also solche Hinweise entdecken, wäre es sehr hilfreich, diese dem Tauchführer zu zeigen, sie aber ansonsten unversehrt am Platz zu belassen.

G - Bei einer der Maschinen ist die gesamte Verkleidung abgerissen, so daß man den Bau des Motors, einer Bristol Mercury, gut studieren kann. Dieser große Kreiskolbenmotor leistete 920 PS.

G

F

H

E, H - Vor dem Pilotensitz sieht man noch den Steuerknüppel. Auch wenn es noch so verlockend ist, sollte man sich nicht auf den Sitz zwängen, denn er könnte leicht zerfallen.

F - An guten Tagen kann die Sichtweite über 30 Meter betragen, und man hat eine gute Übersicht über das Wrack.

Geschichte

Während des Zweiten Weltkriegs war für die Alliierten Nachschub grundsätzlich knapp. Zu einem bestimmten Zeitpunkt wurde eine Squadron Wellington-Bomber auf Malta stationiert, aber da sie eine weit größere Reichweite hatten, wurden sie andernorts dringender gebraucht und schließlich von den viel kleineren, mit drei Mann Besatzung ausgerüsteten Blenheim-Bombern abgelöst. Es gibt deshalb auch keinen

DELIMARA POINT

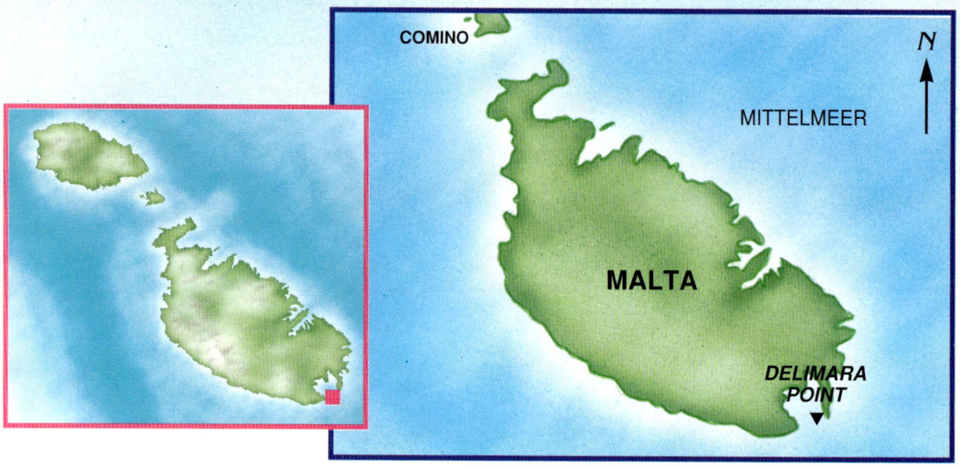

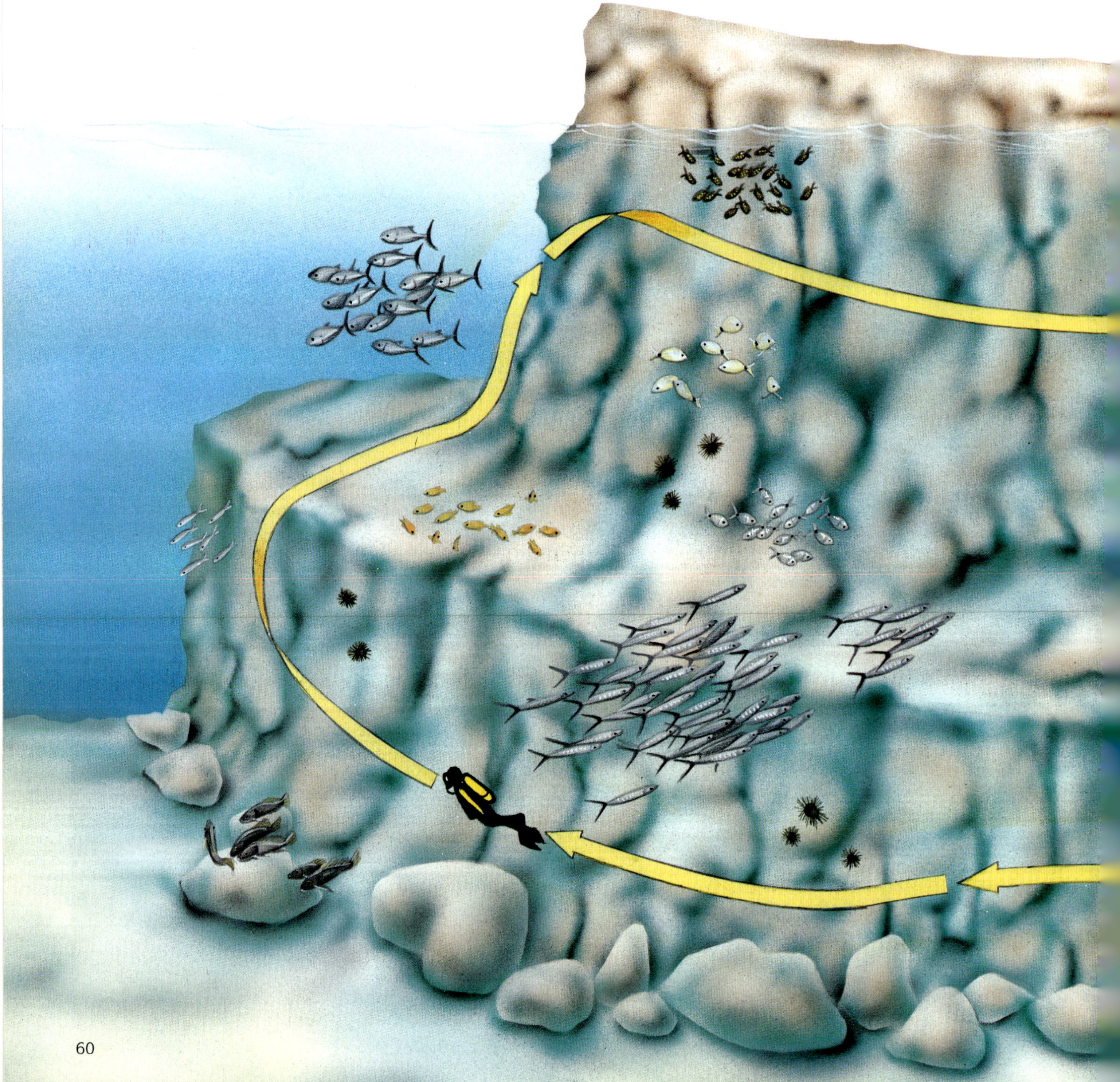

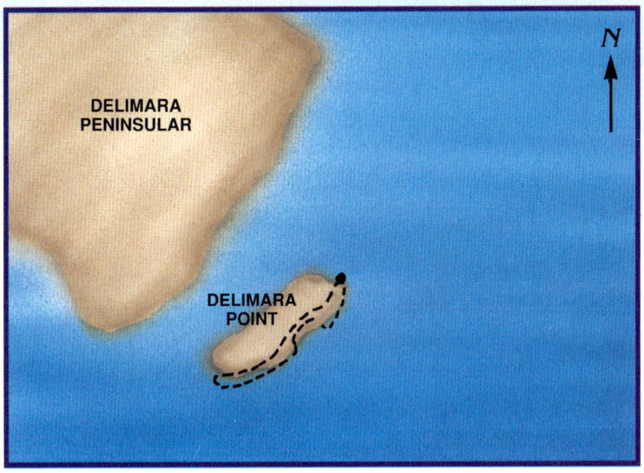
N
DELIMARA
PENINSULAR
DELIMARA
POINT

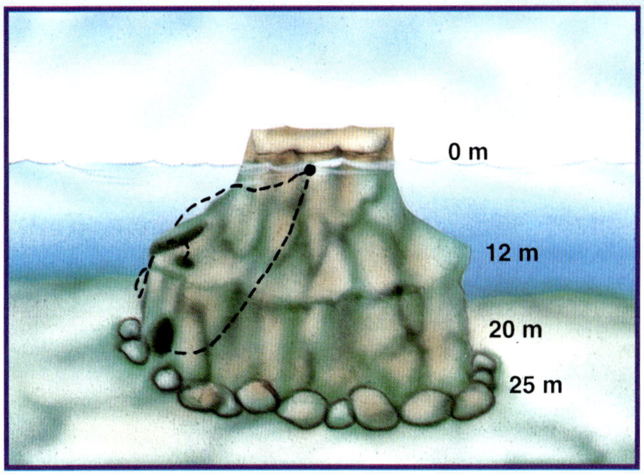
0 m
12 m
20 m
25 m

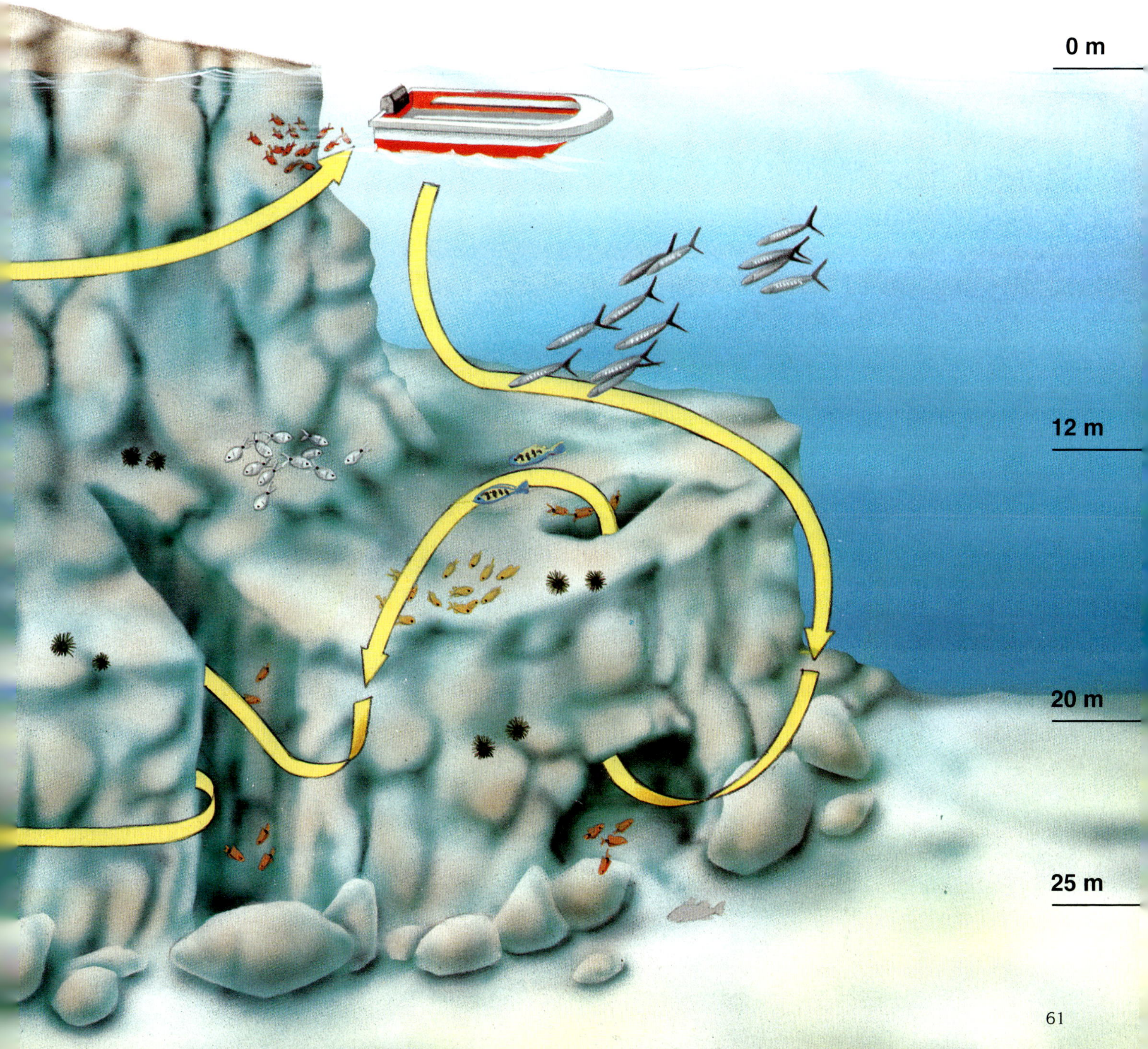
0 m
12 m
20 m
25 m

A - Vor der Spitze von Delimara Point markiert ein kleiner, viereckiger Fels das Tauchgebiet. Getaucht wird an der Seite zum Freiwasser hin. Man muß unbedingt vermeiden, sich im Kanal zwischen Festland und Fels aufzuhalten, weil dort ständig Bootsverkehr herrscht.

B - Auf den oberflächennahen Wänden sorgen starker Lichteinfall und stetige Wasserbewegung für ein üppiges Wachstum der Algen, die diesen Umweltbedingungen gut angepaßt sind.

C - Schwimmt man an der Wand entlang, kommt man zu einer flachen Sandzone, auf der häufig Rochen liegen, während anderswo aus der Entfernung Zackenbarsche zu sehen sind.

D - Ein senkrechter, kaminartiger Tunnel führt von der tiefsten Stelle der Wand bis zwölf Meter Tiefe zu einem Plateau hinauf. Die Wände dieses Tunnels sind von den für schlecht belichtete Zonen charakteristischen Kalkrotalgen bedeckt.

Lage

Direkt vor der Halbinsel Delimara ragt eine kleine, viereckige Felsformation wenige Meter aus dem Wasser. Hier findet man den besten Tauchplatz von Delimara Point. Getaucht wird vom Boot aus, und auf keinen Fall sollte man versuchen, vom Ufer aus hinüberzuschwimmen - siehe Sicherheitshinweise!

Der Tauchgang

Das Tauchboot ankert über einem Plateau, das sich östlich der Felsformation über ein weites Gebiet erstreckt. Dieses beginnt in neun Meter Tiefe und senkt sich langsam bis zwölf Meter, worauf dann eine Steilwand bis auf 25 Meter abfällt. Am Fuß der Nordwestecke öffnet sich eine seltsame Höhle, von deren Decke in etwa 20 Meter Tiefe ein senkrechter Tunnel bis zur Plateaufläche hinaufführt. Wenn man den oberen Eingang dieses Tunnels findet, kann man den Tauchgang auch mit einem direkten Abstieg vom Plateau aus durch den Tunnel beginnen und findet sich dann am Fuß der Klippe wieder - ein ganz besonders interessanter Start des Tauchgangs!
Der Fuß der Klippe liegt recht gleichmäßig bei 25 Meter und ist gesäumt von einigen sehr großen Felsblöcken. Zwischen diesen sieht man häufig die sehr scheuen Zackenbarsche in der Ferne verschwinden. Darum herum besteht der Meeresgrund aus offenen Sandflächen, auf denen viele Rochen gesichtet werden. Wenn man sich der Südostecke der Felsformation nähert, wird es Zeit, an den Wiederaufstieg zum Plateau zu denken. An der Wand trifft man auf Seepapageien, Drachenköpfe und schwarze Seeigel. Zurück auf zwölf Meter schwimmt man in Schwärmen von Mönchsfischen, die den Taucher bis zum Boot begleiten. Auf der Hälfte des Weges gelangt man zu einer interessanten Spalte im Fels, auf deren Schattenseite zahlreiche Meerbarbenkönige, Seeanemonen, rote Schwämme und Gelbe Gorgonien zu finden sind, außerdem gelegentlich Muränen und Oktopusse.

A

B

C

D

E

F

G

H

*E - Der Seepapagei (*Sparisoma cretense*) prangt wie seine tropischen Verwandten in herrlichen Farben. Dieses Exemplar ist ein Weibchen - die Männchen sind nicht ganz so bunt gefärbt.*

F - Die Zackenbarsche von Delimara sind recht mißtrauisch und suchen sofort in den Höhlen Schutz. Die aufgestellte Rückenflosse dieses Exemplars ist ein typisches Zeichen für Alarmstimmung: Er fühlt sich durch den Fotografen beunruhigt.

G - Die Nahaufnahme dieses Drachenkopfes zeigt ein komplexes Farbmuster, das perfekt zu den Farben des Meeresgrundes paßt. Durch diese Tarnung können die Drachenköpfe ihre Beute aus dem Stand einfangen.

*H - Ein Violetter Seestern (*Ophidiaster ophidianus*) kriecht mit seinen langen, purpurroten Armen über den Grund. Diese Art bevorzugt gemäßigte Gewässer und ist deshalb im südlichen Mittelmeer häufiger zu sehen.*

*I - Die feinen Zweige der Moostierchen (*Porella cervicornis*) ragen in einer Schattenzone über die Schwämme hinaus. Moostierchen sind koloniale Tiere, die ein gemeinsames Hartskelett bilden.*

Sicherheitshinweise

Zwischen der Felsformation und der Landspitze verkehren ständig schnelle Boote, die für den Taucher gefährlich sein können. Deshalb ist dieser Kanal unbedingt zu meiden. Die Taucher müssen sicherstellen, daß sie auf der seewärtigen Seite der Felsformation bleiben, auf der keine Gefahr droht. Unbedingt sollte auch vom Boot aus getaucht werden und keinesfalls vom Ufer aus.

I

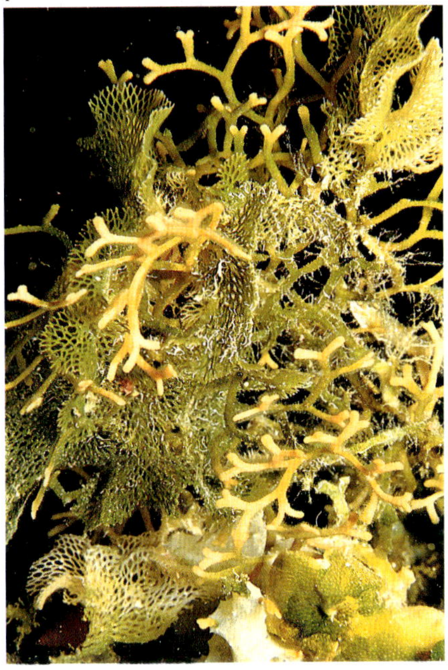

Unterwasserfotografie

Dieser Platz liegt an der äußersten Südostspitze der Insel und weist deshalb die besten Sichtweiten auf – nicht selten sind es 50 Meter! Deshalb kann man hier ausgezeichnet mit dem Weitwinkelobjektiv arbeiten und Aufnahmen mit Tauchern und im Hintergrund den dramatischen Landschaften machen, die von den steilen Klippen und dem Tunnel gebildet werden. Auf dem flachen Plateau findet der Makrofotograf eine große Vielfalt marinen Lebens. Kurz: Hier gibt es Motive für alles und jeden.

WIED IZ-ZURRIEQ

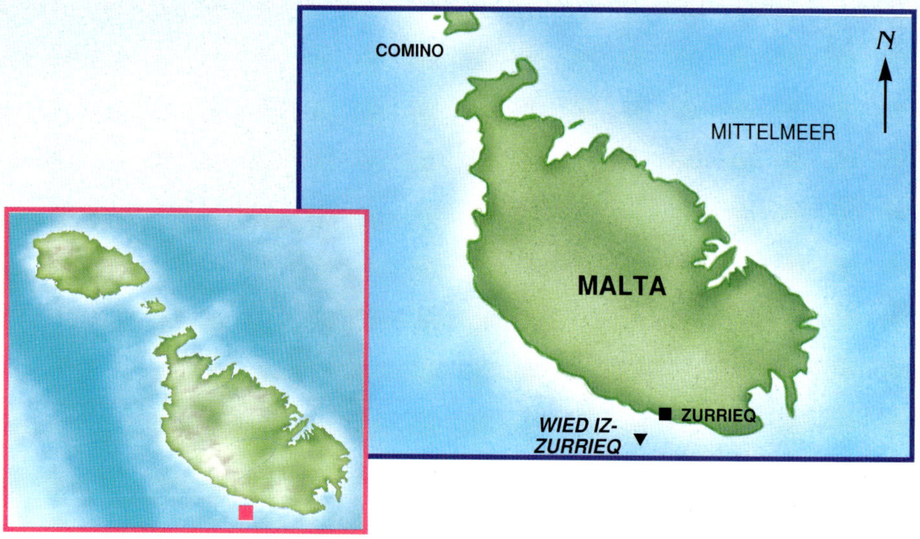

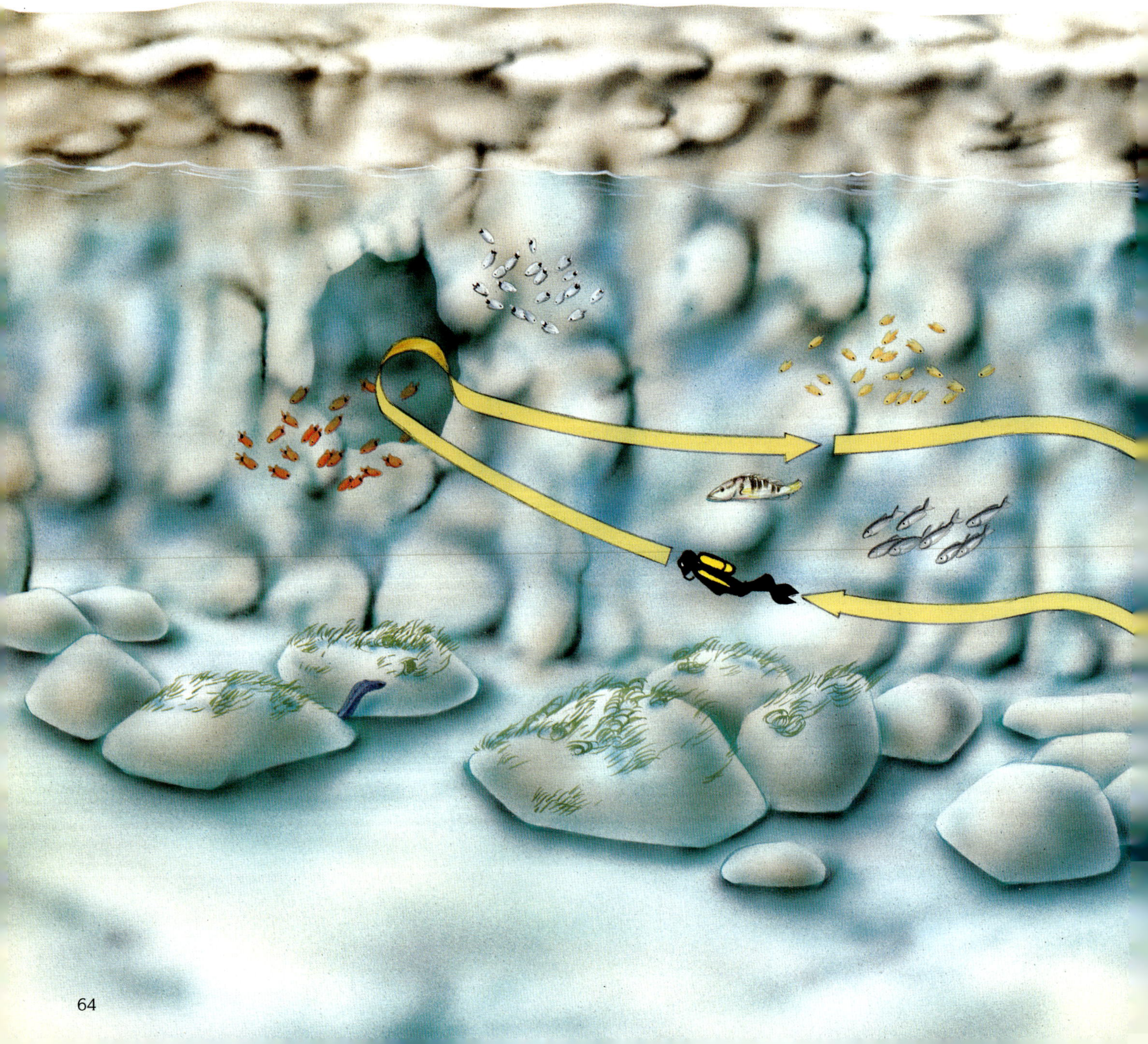

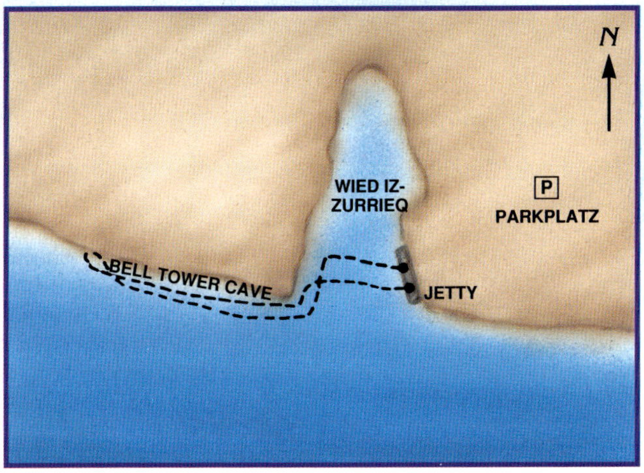
N
WIED IZ-
ZURRIEQ
P
PARKPLATZ
BELL TOWER CAVE
JETTY

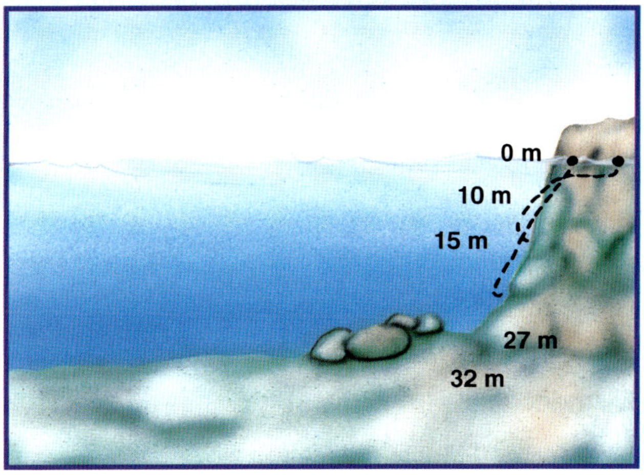
0 m
10 m
15 m
27 m
32 m

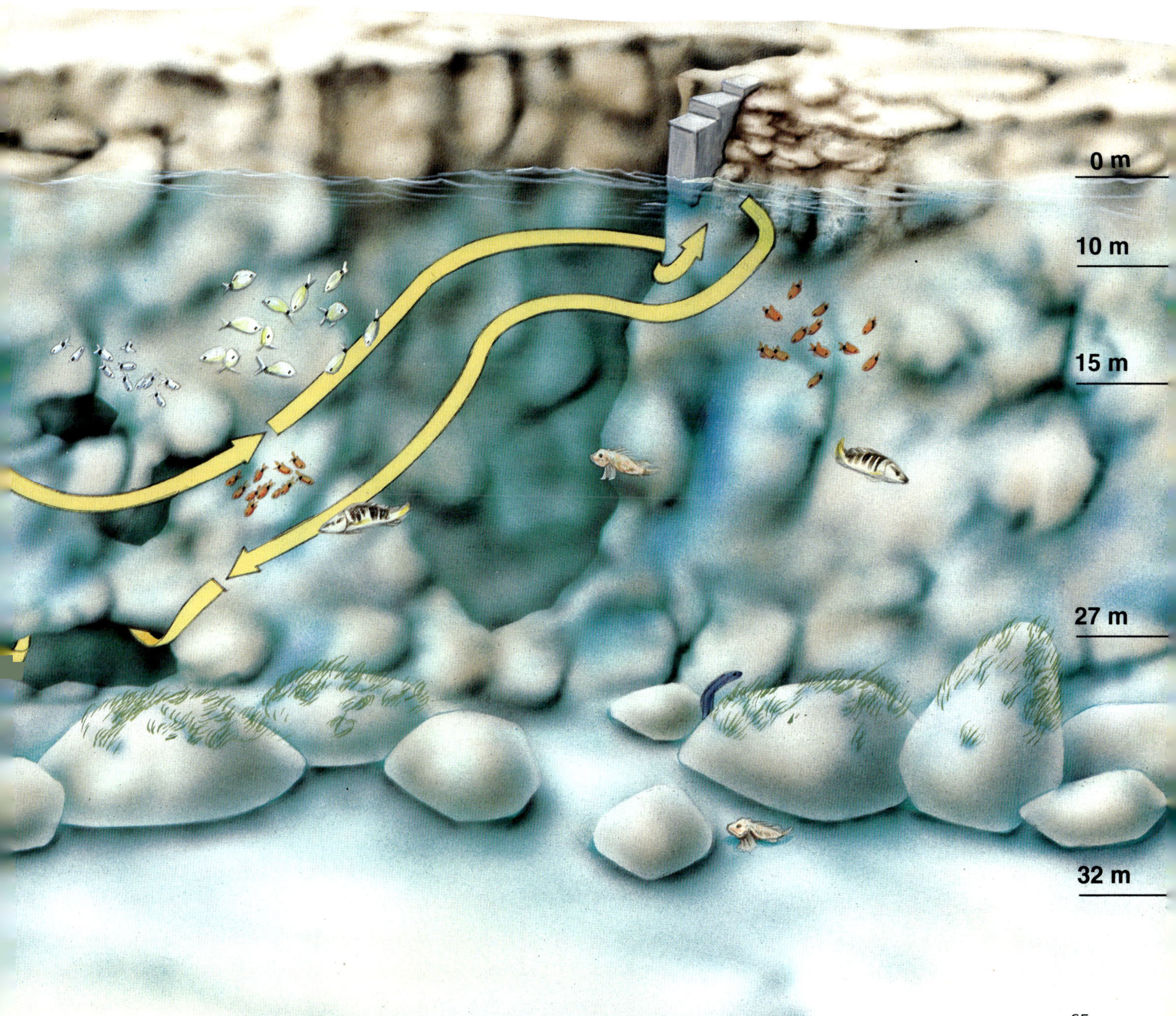
0 m
10 m
15 m
27 m
32 m

A - An der Südseite Maltas endet eine Straße direkt in der Bucht von Wied iz-Zurrieq. Hier kann man sich bequem zum Tauchen vorbereiten und ins Wasser gehen.

B - In 27 Meter Tiefe liegt Bell Tower Cave, eine Höhle mit drei Eingängen. Der Name verdeutlicht das Aussehen, das einem Glockenturm ähnelt. Die Höhleneingänge sind relativ eng. Im Inneren stößt man auf einen Schwarm von Meerbarbenkönigen.

Lage

Auf den Touristenkarten ist die kleine Bucht Wied iz-Zurrieq an der Südküste Maltas klar eingezeichnet. Hier endet die Straße abrupt an der Ostseite der Bucht, und man findet viel Platz zum Parken, Umkleiden und um ins Wasser zu gehen. Man schwimmt anfangs quer durch die Bucht und dann zur Öffnung hinaus und folgt dann der Küste in westlicher Richtung.

Der Tauchgang

Dieser sehr beliebte Tauchplatz beginnt mit einem Einstieg ins Wasser von einem kleinen, engen Kai aus, der auch von den Anglern sehr geschätzt wird. Einmal bemerkten wir, daß einer dieser Herren über die vielen Taucher etwas ungehalten war. Deshalb machten wir den Versuch, auf einem etwas längeren Weg darum herumzuschwimmen, um die Störung seiner Muße zu verringern. Während des Tauchgangs fanden wir dann zufällig mehrere verlorene Angelgewichte, die wir ihm anschließend überreichten – und plötzlich waren alle Taucher seine besten Freunde!

Innerhalb der Bucht erreicht man eine Tiefe von zehn Meter und schwimmt hinüber zur anderen Seite. Dann wendet man sich nach links zum Freiwasser hinaus. Man behält nun die felsige Küstenlinie immer zur rechten Hand und gelangt in 27 Meter Tiefe zum Ausgang der Bucht und weiter westwärts an der Küste entlang. Hier steigt eine Felsklippe weit über den Wasserspiegel hinauf. Nach kurzer Strecke entdeckt man die unglaubliche Bell Tower Cave. Natürlich ähnelt sie nicht genau einem Glockenturm, aber sie erinnert doch daran. Die Höhle hat drei Eingänge. Der größte liegt direkt am Fuß der Klippe in 27 Meter Tiefe. Er ist ein bißchen eng, aber die beiden anderen Eingänge sind noch enger. Innen hat die Höhle ausreichend Platz für zwei oder drei Taucher gleichzeitig und ist voller Meerbarbenkönige. Nach Besichtigung der Höhle schwimmt man an der Wand weiter.

C

D

A

B

*C - Unweit der Oberfläche weidet ein Schwarm Goldstriemen (***Sarpa salpa***) die Algen auf dem Fels ab und läßt sich vom Taucher nicht stören. Die Goldstriemen sind gesellige Tiere. Häufig wachen einige von ihnen am Rand des Schwarms und warnen vor möglichen Gefahren.*

D - Eine Muräne späht aus ihrem Unterschlupf heraus, während sie von einer roten Putzergarnele gesäubert wird. Die Putzergarnele erhält für ihre Dienste Nahrung und ist bei diesem Vorgang absolut sicher.

In diesem Gebiet gibt es so viele Fische – Schriftbarsche, Mönchsfische, Meerjunker und Pfauenlippfische, Goldstriemen, Meerbarben, Drachenköpfe und viele andere Arten –, daß es häufig „The Aquarium" genannt wird. Deswegen ist dieser Platz auch einer der besten Maltas zum Nachttauchen.

Schwimmt man in derselben Tiefe immer weiter, gelangt man schließlich zu einer weiteren Höhle in 25 Meter Tiefe. Sie hat einen viel weiteren Eingang, und es passen auch viel mehr Taucher hinein. Hiermit ist der Wendepunkt erreicht, und es geht in etwas geringerer Tiefe zurück.

Weiter innen in der Bucht ist eine Slipanlage für die kleinen Fischerboote, die häufig ein- und ausfahren. Die Fischer achten zwar auf die Taucher, aber das entbindet den Taucher nicht von äußerster Vorsicht während des gesamten Tauchgangs, insbesondere aber innerhalb der Bucht.

Unterwasserfotografie

Wie bei so vielen anderen Tauchplätzen muß man hier mehrfach tauchen, um jeden möglichen Aspekt der Fotografie abzudecken. Das Gebiet weist schöne Landschaften auf – eine Domäne der Weitwinkelfotografie. Da in der Bell-Tower-Höhle sehr wenig Platz ist, empfiehlt es sich, seinen Tauchpartner von drinnen aufzunehmen, während er vor dem Ausgang schwimmt.

Daneben ist das Gebiet ausgezeichnet für Nah- und Makrofotografie geeignet, wobei man alle gewohnten kleineren Fischarten in großer Zahl antrifft. Innerhalb der Bucht, die ein natürliches Hafenbecken darstellt, findet man weitere auf Detritus spezialisierte Arten – unter anderen gelegentlich auch Sepien.

E

F

G

H

E – Eine Sepia streckt zwei Tentakel nach oben. Dies ist eine typische Tarnposition vor dem Angriff.

F – Der mittlere Bereich des Tauchplatzes trägt die Bezeichnung „Aquarium", weil hier – insbesondere nachts – eine Vielzahl an Fischarten gesichtet werden kann. Das Foto zeigt einen kleinen Drachenkopf zwischen Algen.

G – In einer Höhle zwischen Schwämmen und Trugkorallen schwimmt ein einzelner Meerbarbenkönig.

*H – Dieser Geweih-Schleimfisch (*Parablennius gattorugine*) zwischen Felsen ist blasser gefärbt als im allgemeinen – ein typisches Beispiel dafür, wie Fische ihre Färbung verändern können, um sich der jeweiligen Umgebung anzupassen.*

GHAR LAPSI

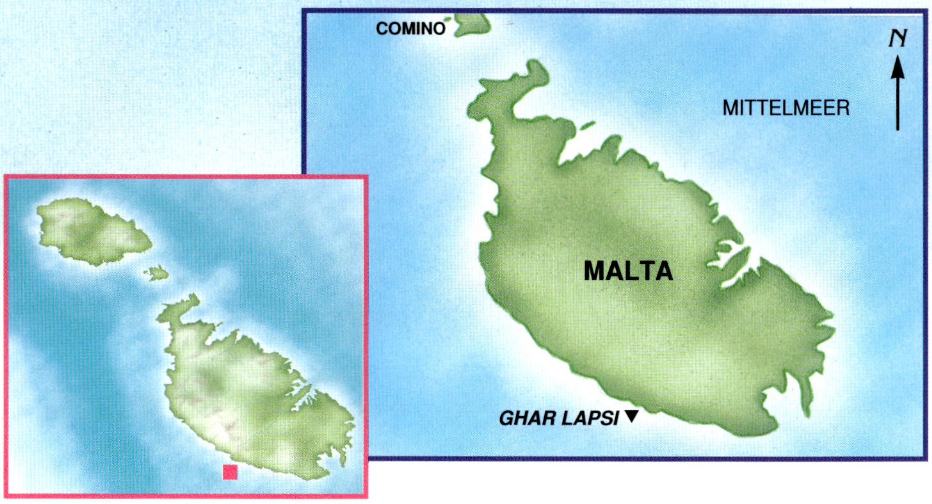

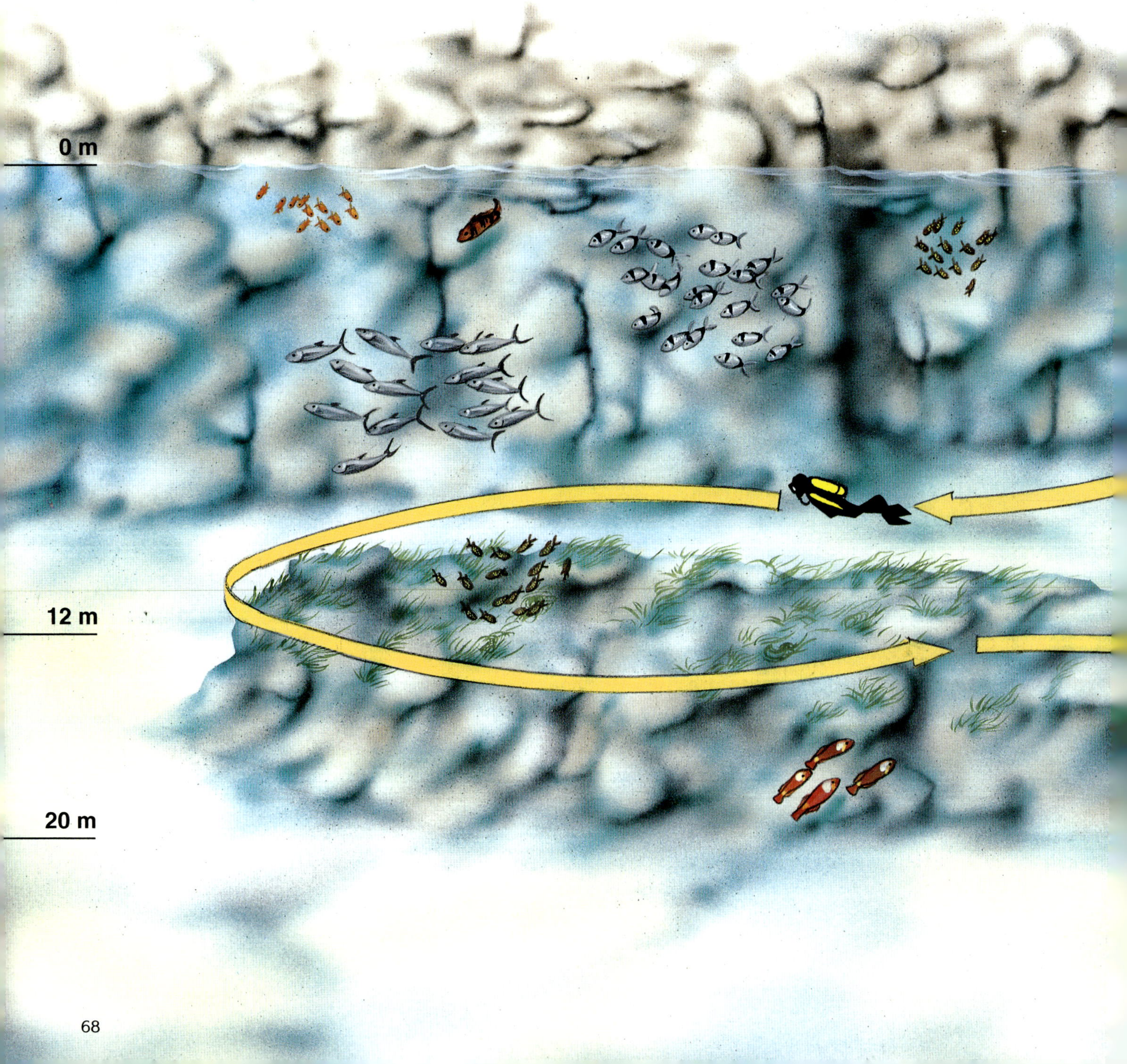

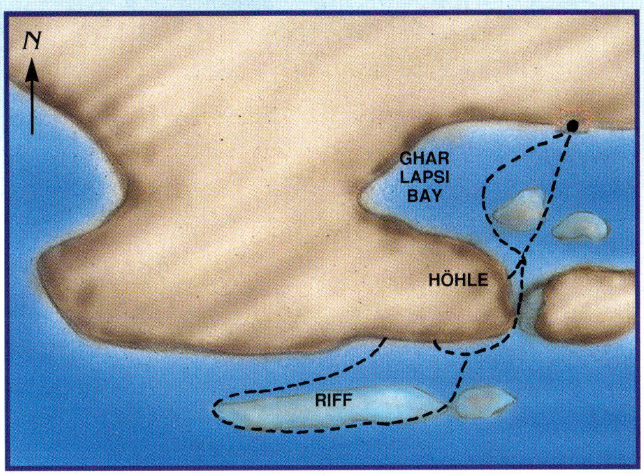
N
GHAR
LAPSI
BAY
HÖHLE
RIFF

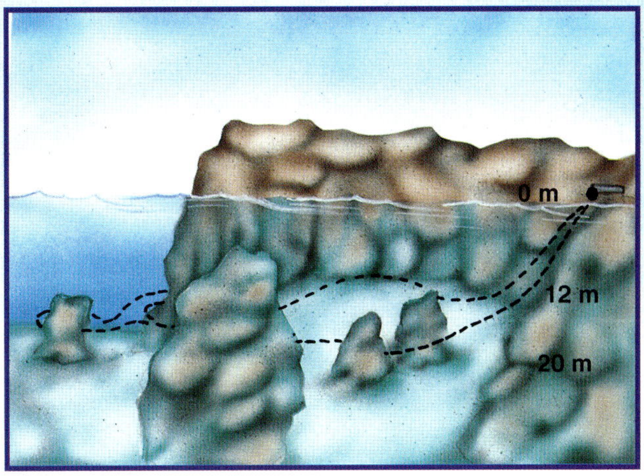
0 m
12 m
20 m

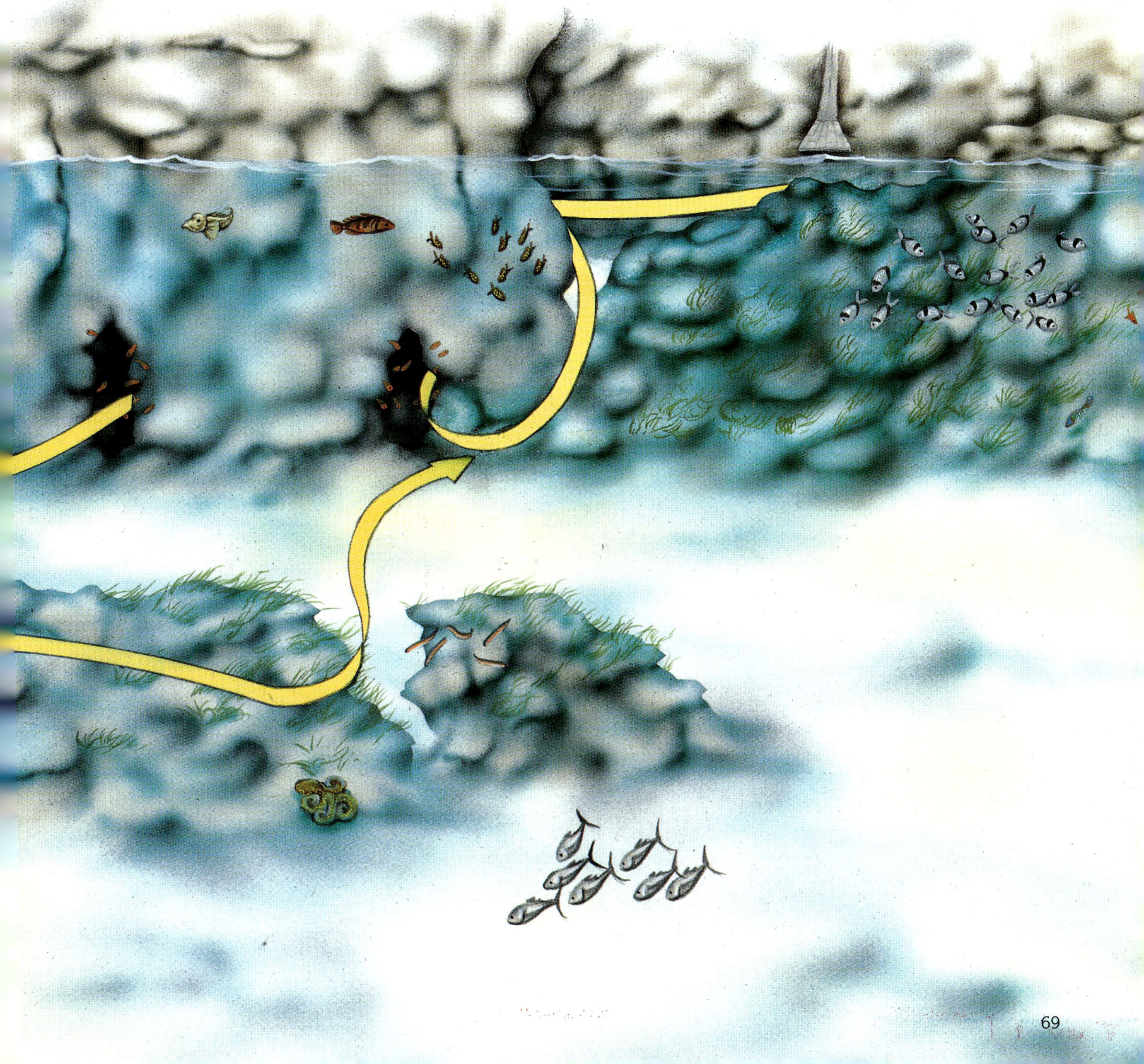

A

B

C

D

Lage

Ghar Lapsi ist ebenfalls ein beliebtes Touristenziel und auf den einschlägigen Karten vermerkt. Eine gute Straße führt zu einem Parkplatz direkt über dem Startpunkt. Von hier verläuft eine breite Bootsrampe zum Wasser hinunter. Man schwimmt quer durch die Bucht und gelangt zu einer Leiter am Fuß eines Kletterpfads. Diese wurde für Schwimmer angebracht und markiert den Eingang zu einer großen Unterwasserhöhle im Flachwasser. Dort beginnt der Tauchgang.

E

Der Tauchgang

Der Höhleneingang ist eng und etwas schwierig zu finden, denn man muß fast an der Wasseroberfläche über einen Felsen hinweg und dann unter einem anderen hindurch schwimmen, ehe man den Eingang erkennen kann. Die Höhle selbst ist recht weit und flach, und es gibt eine Reihe weiterer Eingänge und Öffnungen, durch die einzelne Sonnenstrahlen eindringen und wunderschöne Muster zeichnen.

Man verläßt die Höhle in neun Meter Tiefe durch einen senkrechten Spalt in der Wand, schwimmt von dort in südwestlicher Richtung und kreuzt zu einem großen, langgezogenen Felsriff

A - Die Einstiegsstelle ist durch eine Leiter gekennzeichnet.

B - Der Wand vorgelagert ist ein Felsriff, das bis zu zwölf Meter unter die Wasserfläche aufsteigt und mit Algen bewachsen ist.

C - Der Tauchgang führt über eine abwechslungsreiche, interessante Route und ist niemals tiefer als 20 Meter.

*D - Bei diesen Meerjunkern (*Coris julis*) erkennt man den Geschlechtsdimorphismus: Das Männchen in Bildmitte ist farbenprächtiger als das Weibchen rechts darunter.*

E - Die Höhle, durch die man als erstes taucht, hat mehrere Eingänge.

F - Algen und Hydroidpolypen-Kolonien stehen hier bunt durcheinander.

*G - Die zarten orangefarbigen Tentakel der Sternkorallen (*Astroides calycularis*) verwandeln Flächen des Meeresgrundes in blühende Wiesen.*

*H - Diese Frontalaufnahme eines Geweih-Schleimfischs (*Parablennius gattorugine*) zeigt seine hervorstehenden, unabhängig voneinander beweglichen Augen und das große Maul.*

*I - Eine Gelbe Tylodina (*Tylodina perversa*) kriecht auf der Suche nach dem von ihr bevorzugten Schwamm über den Grund.*

hinüber, das der Küste etwas vorgelagert ist. Zwischen der Küstenklippe und diesem Riff liegen große Felsbrocken auf dem Grund verstreut, der hier maximal 20 Meter tief ist. Das Riff ist langgestreckt – etwa hundert Meter lang – und erhebt sich bis zu zwölf Meter unter die Wasseroberfläche. Weite Flächen sind mit Seegras bedeckt, und man hat gute Chancen, dort kleine Meereslebewesen wie Seepferdchen, Nacktschnecken und Seehasen zu entdecken. Alle sonstigen hier vorkommenden Fische findet man ebenfalls an diesem Riff.

Die Umrundung des Riffs bringt den Taucher schließlich wieder in den Bereich der Höhleneingänge in der Küstenklippe zurück. Abschließend taucht man noch einmal in das Höhlensystem hinein und durchquert es hinüber zur Bucht von Ghar Lapsi. Wer möchte, kann auch in westlicher Richtung an den Höhleneingängen vorbeitauchen und zwischen Klippen hindurch in die Bucht gelangen.

Dieser Tauchplatz kann nicht generell als strömungsreich bezeichnet werden, aber es sind hier schon starke Strömungen von ein- bis eineinhalb Knoten aufgetreten, die den Rückweg zu einem harten Stück Arbeit machen können.

H

F

I

G

Unterwasserfotografie

Das interessanteste Merkmal dieses Tauchplatzes ist zweifellos die Höhle, durch die die Tauchgänge meist beginnen und enden. Wie bei allen Höhlen kann hier aufgewirbelter Sand zum ernsthaften Problem werden. Deshalb gilt, daß die Fotografen als erste hineinschwimmen und sich in Position begeben sollten, um ihre nachfolgenden Partner aufzunehmen. Für solche Fotos benötigt man ein 20-Millimeter-Weitwinkel, außerdem natürlich entsprechende Blitze zum Aufhellen. Wegen der besonderen Verhältnisse dieser Höhle gelingen die besten Aufnahmen am Schluß beim Zurückschwimmen: Man schwimmt wie gewohnt voraus und kann nun den Partner in dem dekorativen Einschnitt, der anfangs den Ausgang aus der Höhle wies, ablichten.

ANCHOR BAY

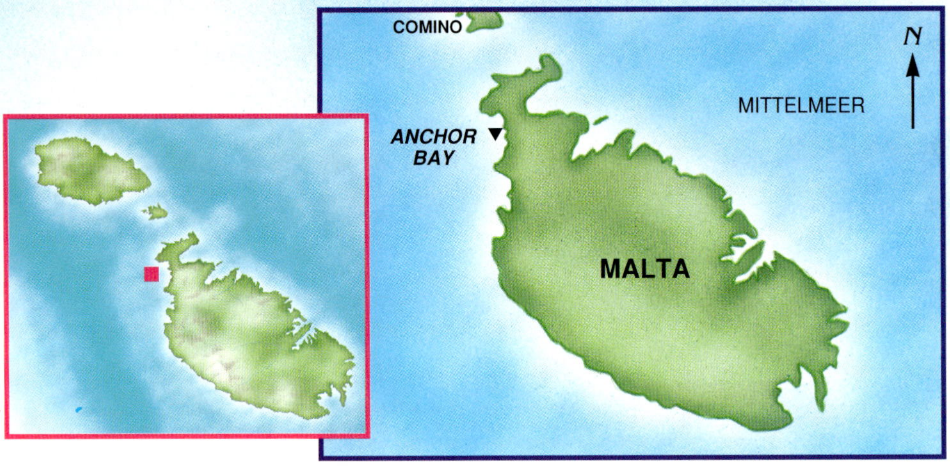

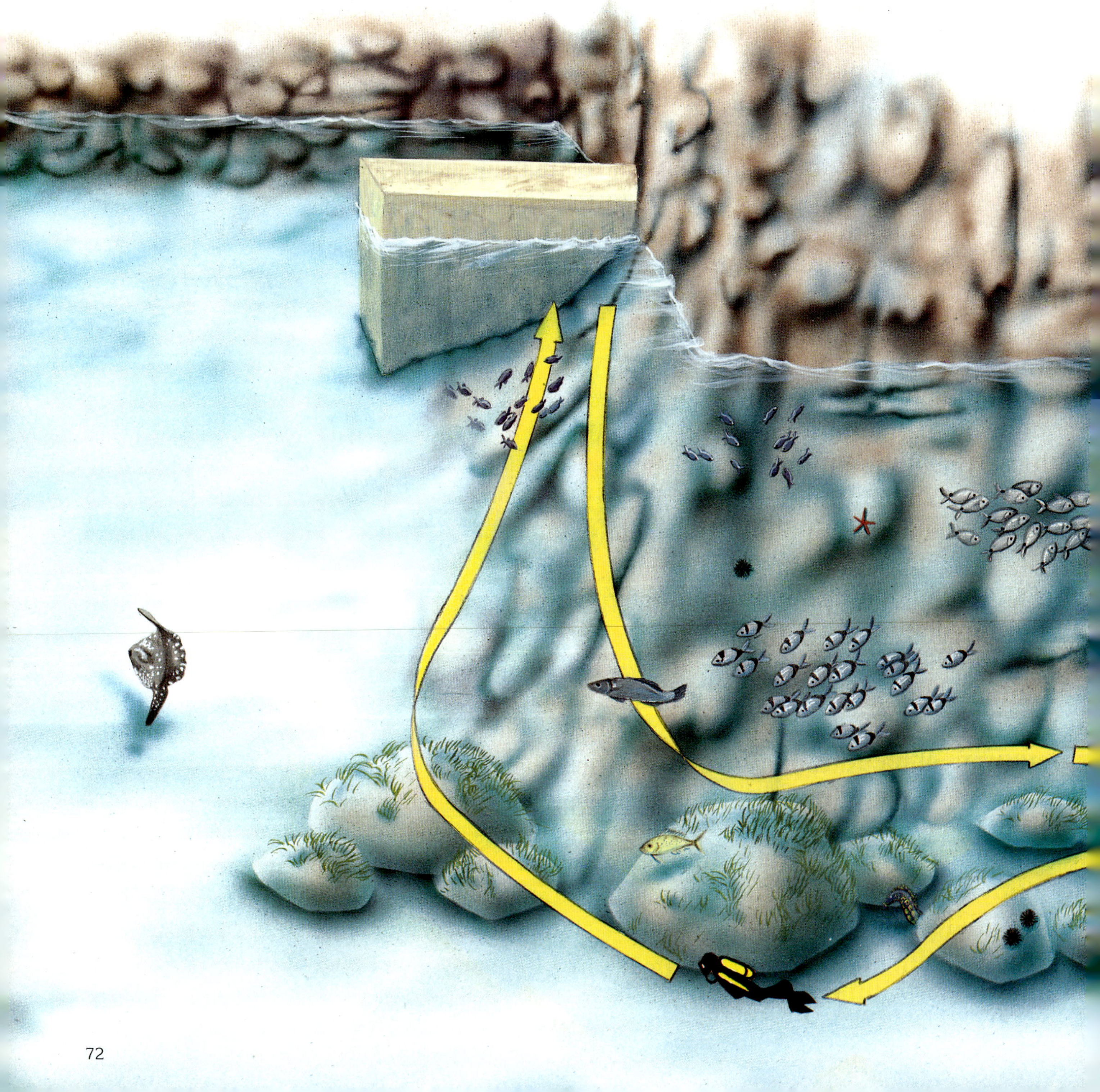

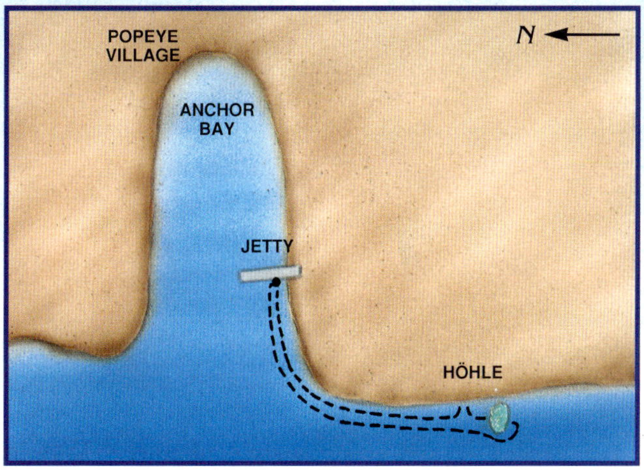
POPEYE VILLAGE
N
ANCHOR BAY
JETTY
HÖHLE

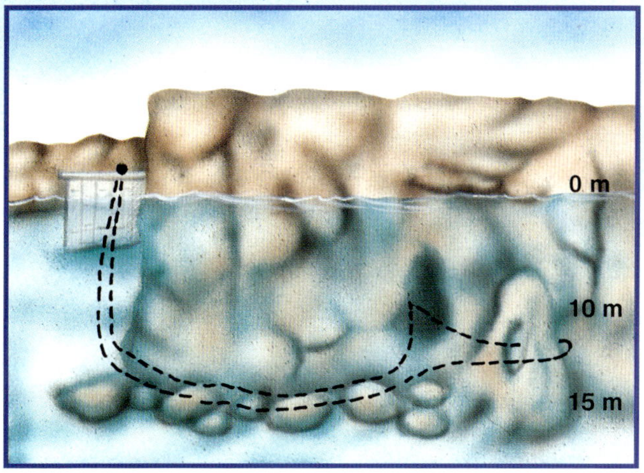
0 m
10 m
15 m

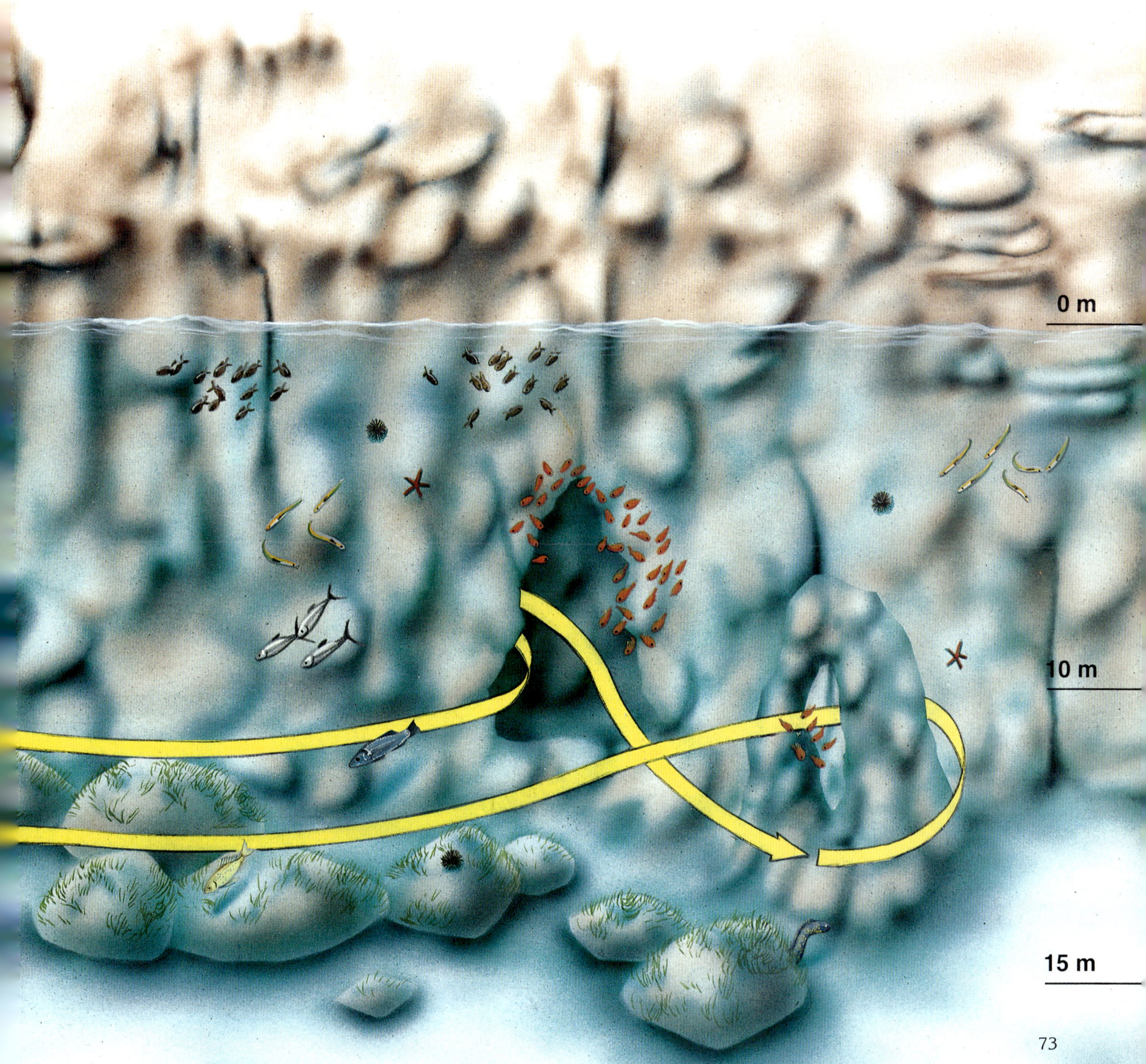
0 m
10 m
15 m

A - Der Küstenstrich bei der Anchor Bay erhielt einen neuen Namen, seit hier der Spielfilm „Popeye" mit Robin Williams gedreht wurde, und ist auf den Karten jetzt als Popeye Village verzeichnet. Der Name der Bucht leitet sich von einem großen Anker ab, der auf dem Grund der Bucht liegt.

B - Der Tauchgang beginnt an einem steinernen Bootssteg, „Jetty" genannt, folgt der Südseite der Bucht und anschließend der Küstenlinie in südlicher Richtung.

C - Die Sicht innerhalb der Bucht ist im allgemeinen schlecht, verbessert sich aber, je weiter man zum Freiwasser hinauskommt.

D - Nach etwa 150 Meter an den Küstenklippen entlang kommt man zu einer Höhle, deren Boden etwa zehn Meter tief liegt. Drinnen kann man auftauchen und das beeindruckende Gewölbe der nur halb unter Wasser liegenden Höhle bewundern. Außerdem entdeckt man weitere Eingänge und Passagen.

Lage

Sobald die Kulissen für den Film „Popeye" an der Küste von Anchor Bay aufgestellt waren, wurden alle Straßenhinweisschilder auf „Popeye Village" umgeändert. Diesen Schildern folgt man, hält sich dann aber nach dem Touristeneingang zum Dorf rechts. Hier beginnt sich die Straße zu einem massiven steinernen Anlegesteg hinunterzuwinden, der an der Südseite der Bucht hervorspringt. Dieser Jetty bietet einen der besten Ausblicke auf Popeye Village auf der gegenüberliegenden Seite der Bucht, den aber selten jemand anderes als Angler und Taucher genießt!
Anchor Bay erhielt seinen Namen von einem in der Bucht liegenden großen Anker. Dieser wurde offensichtlich von einem Kriegsschiff gesetzt, um die Fahrt des Schiffs bei der Einfahrt in die enge Bucht abzubremsen. Das Schiff war sicher, aber der Anker verloren - und kann heute noch am Ende einer sehr dicken Kette auf dem Meeresgrund bewundert werden. Weitere Anker findet man am Ufer.

Der Tauchgang

Man geht am Jetty ins Wasser und folgt der südlichen Klippenwand zum Ausgang der Bucht, an dem man sich nach links (Süden) wendet. In der Bucht selbst ist die Sicht wegen der Wellenbewegungen auf dem Sandgrund im allgemeinen schlecht, aber sie wird sofort besser, sobald das offene Meer erreicht ist und man die Bucht hinter sich läßt.
Hier ist der Grund mit einigen außerordentlich großen Felsformationen besetzt. Viele von ihnen liegen auch übereinander und bilden interessante Passagen und Labyrinthe. Das ist ein idealer Lebensraum für Oktopusse und Zackenbarsche wie auch für andere große Fische, die den Schutz eines dunklen Lochs schätzen, in das sie sich bei Bedarf flüchten können. Hier sichtete ich einmal den größten Drachenkopf, den ich je gesehen habe, einen der seltenen Großen Drachenköpfe.

A

B

C

D

*E - Diese Nahaufnahme einer Mittelmeer-Muräne (***Muraena helena***) zeigt ihr Auge und die charakteristisch vorstehenden vorderen Nasenöffnungen.*

F - Eine kleine Languste scheint alle Einzelheiten ihres komplizierten Panzers demonstrieren zu wollen: die langen Antennen, die Scheren und die seitlich stark gefurchte Hinterleibschale.

Eine große Höhle liegt etwa 150 Meter von der Bucht entfernt. Der Eingang ist etwas versteckt in einer Nische der Klippenwand, so daß er leicht übersehen werden kann. Der Boden der Höhle liegt zehn Meter tief, und drinnen kann man auftauchen und die herrliche kuppelförmige Decke bewundern. Draußen etwas unterhalb der Höhle findet man ein großes Fenster, das direkt durch die Spitze eines hervorstehenden Felsens führt, und die wenigsten Taucher können der Versuchung widerstehen, da hindurchzuschwimmen. Dieses Fenster markiert meistens den Wendepunkt des Tauchgangs. Es gibt aber keinen Grund, nicht auch noch weiter an der Klippenwand entlang vorzudringen.
Oktopusse und Seepapageien sind an diesem Tauchplatz nicht selten zu sichten, ebenso mittelgroße Zackenbarsche - für die wirklich großen ist das Gebiet zu flach. Gelegentlich entdeckt man auch Muränen und - das kann ich aber aus eigener Erfahrung nicht bestätigen - es soll hier sogar Wrackbarsche geben.

G

H

E

F

Unterwasserfotografie

Vor dem Tauchgang sollte der Fotograf daran denken, daß er von hier aus eine der besten Ansichten von „Popeye Village" hat, das auf der gegenüberliegenden Seite der Bucht liegt. Dieses Dörfchen ist eine beliebte Touristenattraktion, aber wenige Besucher machen sich die Mühe, es zu verlassen und eine gute Fotoperspektive zu suchen. Für die Panorama-Ansicht reicht das Normalobjektiv aus, für einzelne Gebäude braucht man Teleobjektive.
Sobald der Taucher aus der Bucht herausgeschwommen ist und den Küstenklippen südwärts folgt, verbessert sich die Sicht, und die großen Felsformationen, die Höhle und das Fenster bieten ausgezeichnete Möglichkeiten für die Weitwinkelfotografie zusammen mit Tauchern. Auf der gesamten Tauchstrecke gibt es auch viel marines Leben im Kleinen, das man mit Nah- und Makroausrüstung ablichten kann.

G - Dieser kleine Drachenkopf hat seine Rückenflosse aufgestellt. Das ist ein Zeichen dafür, daß er durch die Annäherung des Fotografen alarmiert ist.

*H - An diesem Tauchplatz kann man auch mittelgroße Braune Zackenbarsche (***Epinephelus guaza***) sichten. In der Nahaufnahme werden die großen Augen, die wulstigen Lippen sowie die Nasenöffnungen deutlich sichtbar.*

XLENDI CAVE

N
MITTELMEER
GOZO
XLENDI
CAVE
COMINO
COMINOTTO

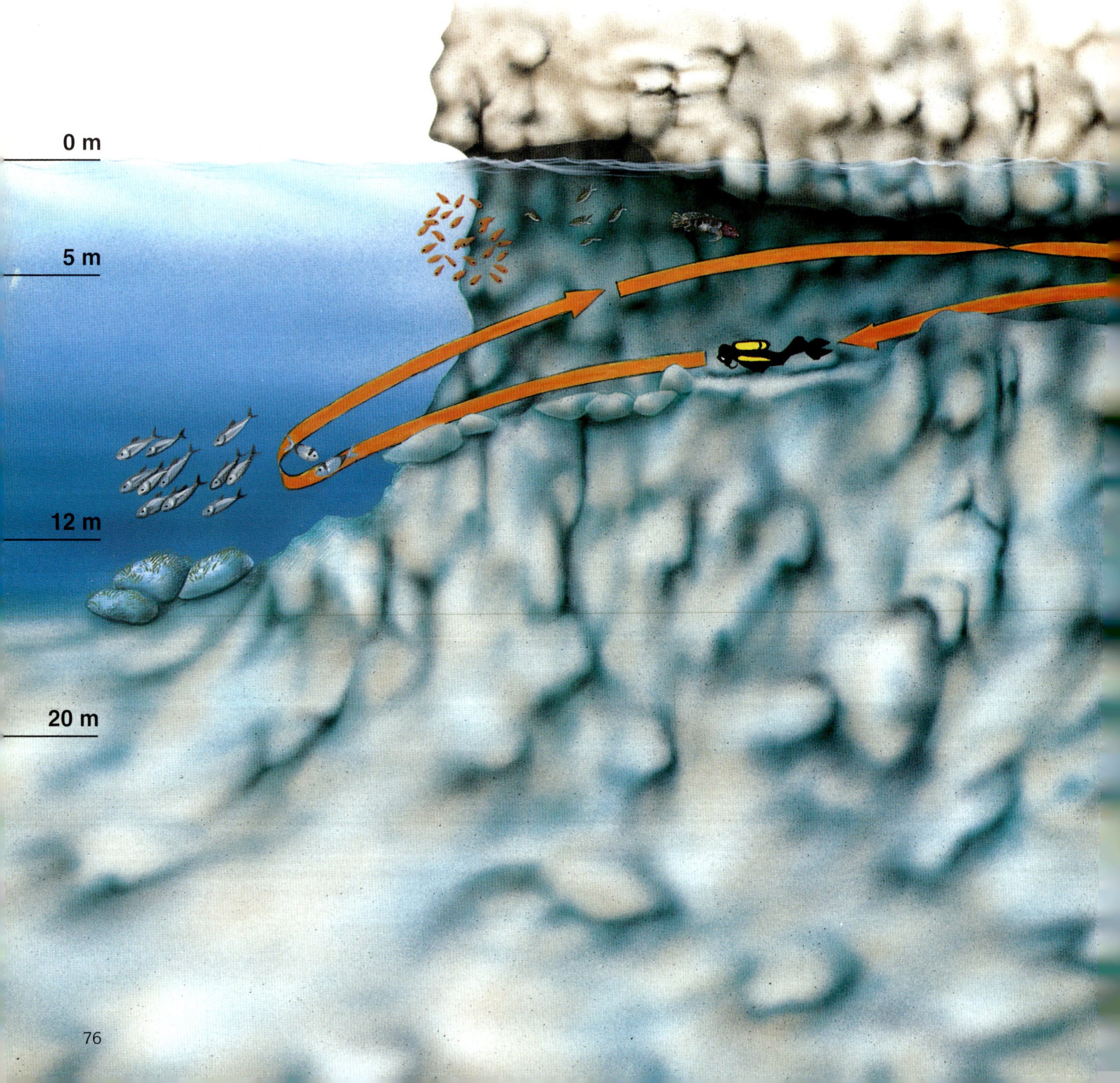
0 m
5 m
12 m
20 m

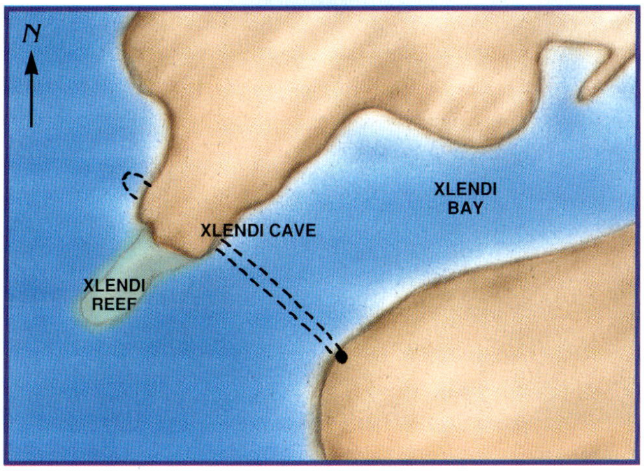
N
XLENDI BAY
XLENDI CAVE
XLENDI REEF

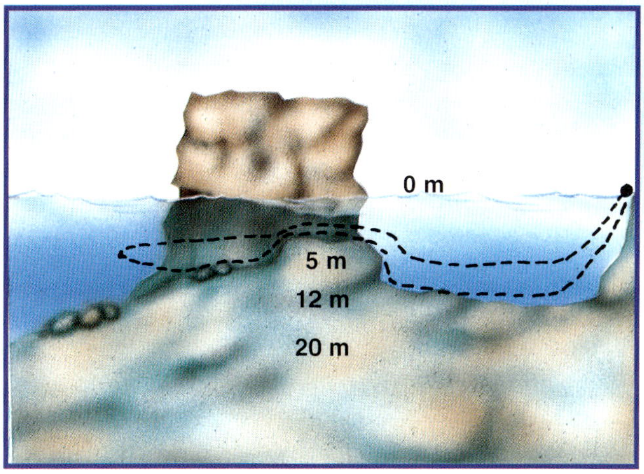
0 m
5 m
12 m
20 m

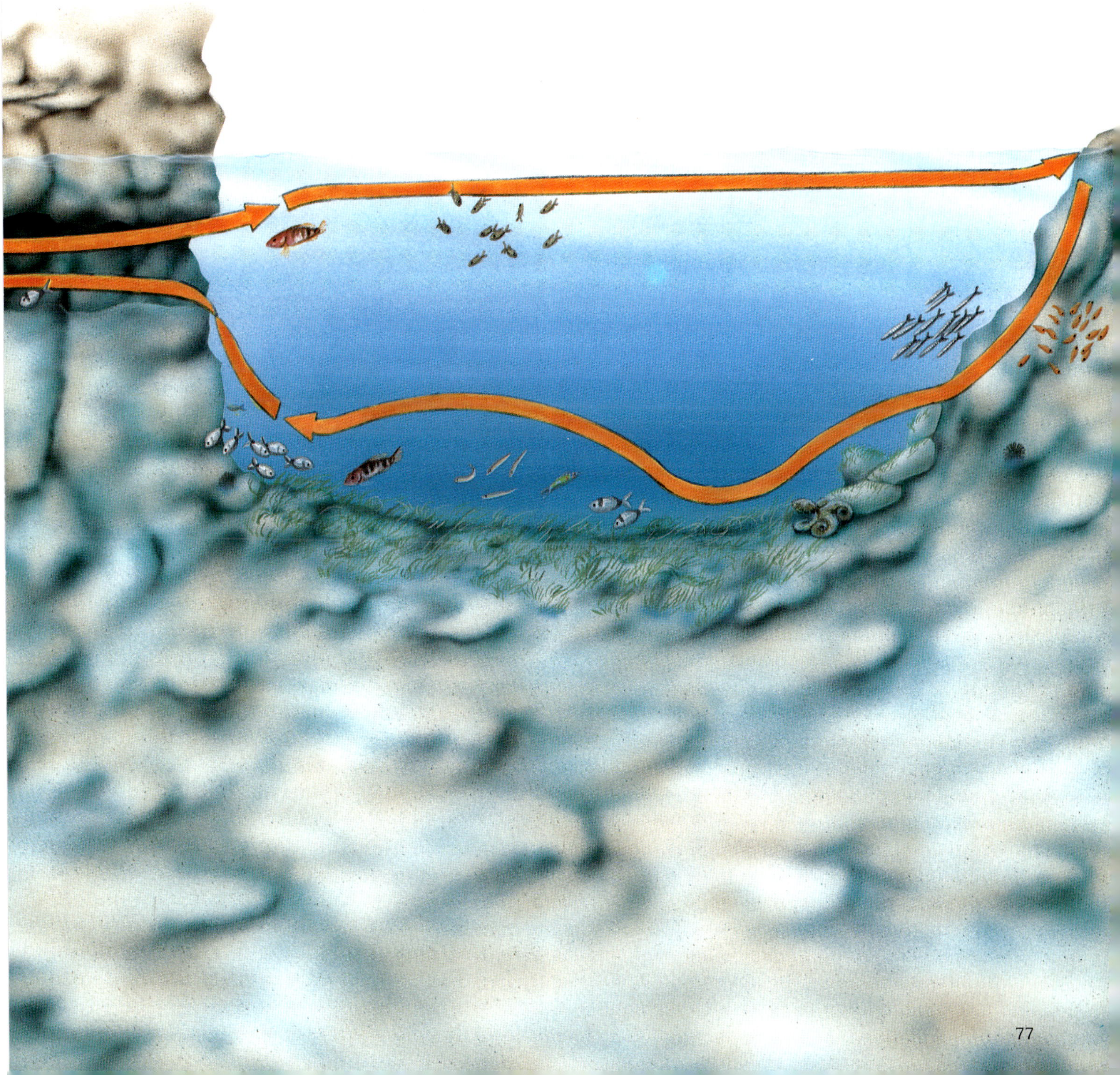

XLENDI REEF

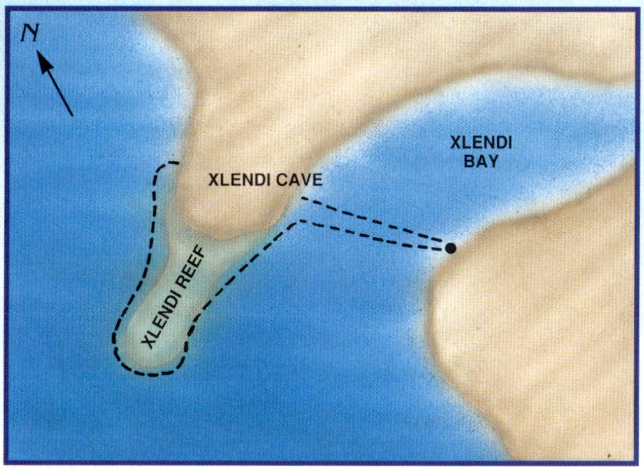
N
XLENDI BAY
XLENDI CAVE
XLENDI REEF

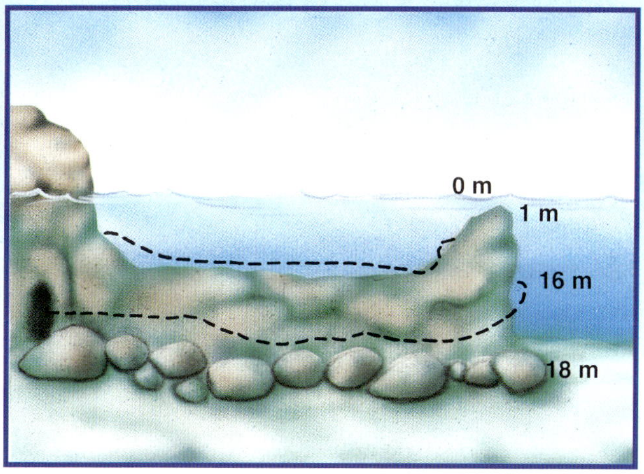
0 m
1 m
16 m
18 m

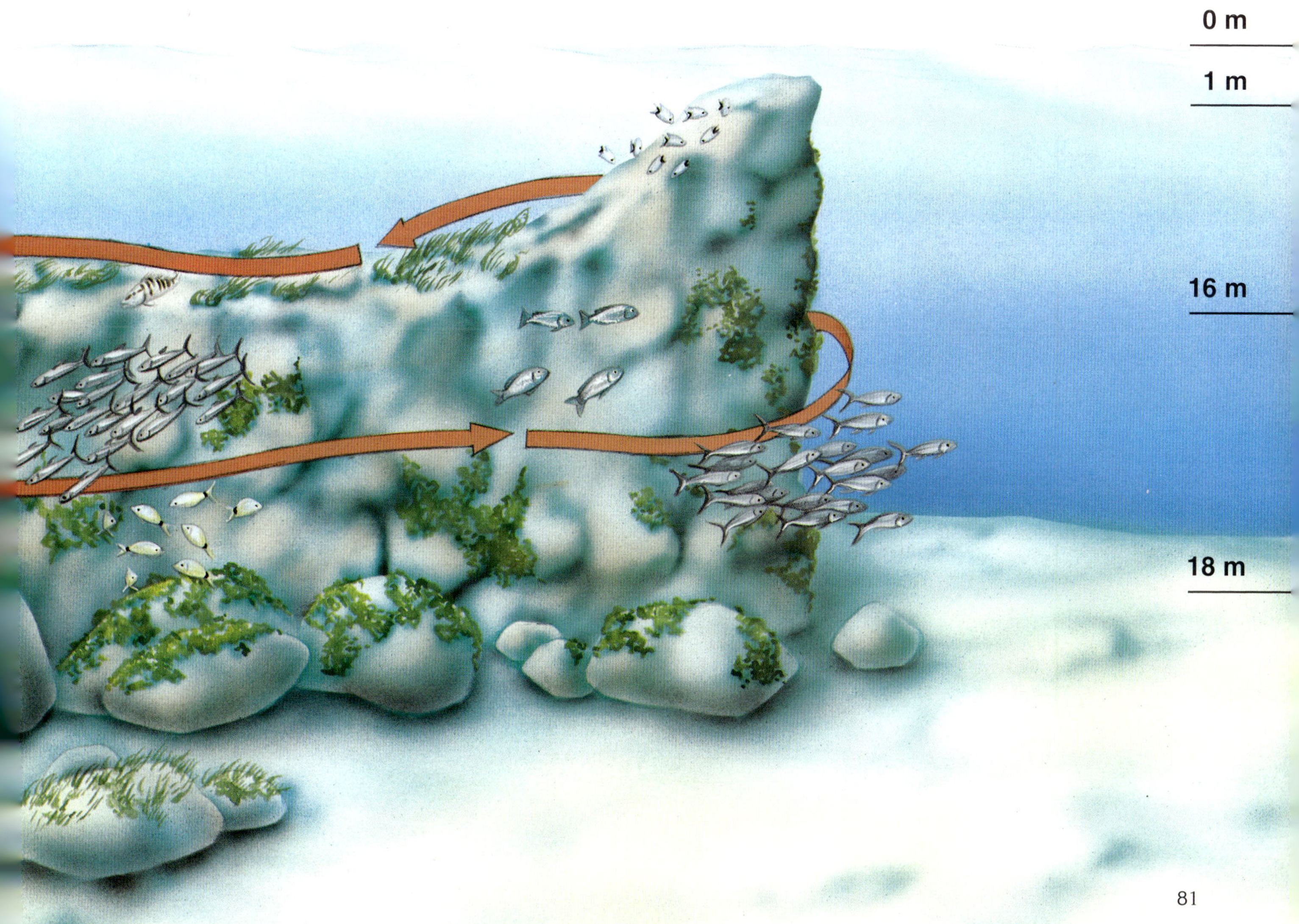
0 m
1 m
16 m
18 m

Lage

Xlendi Reef liegt an der Einfahrt zur Xlendi Bay. Für den Taucher ist von Bedeutung, daß die Boote dieses Gebiet meiden, weil das Riff teilweise bis kurz unter die Wasseroberfläche reicht. Man erreicht das Riff am einfachsten vom Ausgang der Xlendi Cave aus (siehe vorhergehendes Kapital). Verläßt man die Höhle und folgt den Felsklippen zur linken Hand, gelangt man geradewegs zum Riff. Man läßt es immer links liegen, umrundet so die gesamte Felsnase und gelangt direkt in die Xlendi Bay zurück.

C

A

D

B

Der Tauchgang

Nachdem man die Höhle hinter sich gelassen hat, taucht man in ein Gebiet weiter, das besonders reich an Leben ist. Der Meeresgrund ist außerhalb der Höhle mit sehr großen Felsblöcken bedeckt, zwischen denen Zackenbarsche, Oktopusse und Drachenköpfe hausen. Über diesen kann man im Freiwasser auch mehrere Große Bernsteinmakrelen sichten.

Über Wasser stürzt die Felsklippe steil ins Meer hinab. Unter Wasser aber bildet sie ein Vorgebirge, das sich als Flachriff recht weit ins Meer hinaus erstreckt. Sein Plateau ist mit grün und golden schimmernden Seegräsern bedeckt, zwischen denen man alle Arten von Kleinfischen entdecken kann. Mönchsfische gibt es in in großer Zahl, außerdem kleine Gruppen Roter Meerbarben, Schriftbarsche und verschiedene Arten von Lippfischen und Brassen. Die Seiten des Riffs fallen steil ab, und an seinem Fuß sind große Steinblöcke angehäuft. Auch hier findet man des öfteren interessante Arten.

Bald erreicht man die Spitze des Riffs, die durch eine Felsnadel gekennzeichnet ist, die bis einen Meter unter die Wasserfläche reicht. Um diese vordere Spitze herum bewegen sich verschiedene Fischschwärme.

Wenn man die Spitze umrundet hat,

A - Der Tauchgang am Xlendi Reef beginnt direkt nach der Höhle. Der Meeresgrund ist hier mit großen Felsblöcken übersät.

B - Man folgt der Wand zur linken Hand und kann so das gesamte Vorgebirge umrunden.

C - Mönchsfische, Gruppen von Roten Meerbarben, Lippfischen und verschiedenen Brassenarten kreuzen den Weg.

*D - Die Schattenseiten selbst der flach liegenden Felsformationen sind mit Schwämmen und Sternkorallen (*Astroides calycularis*) bedeckt.*

E - Xlendi Reef liegt am Eingang der gleichnamigen Bucht. Das Riff reicht beinahe bis zur Wasseroberfläche und wird deshalb von vorbeifahrenden Booten gemieden.

*F - Ein Schriftbarsch (*Serranus scriba*) lauert am Grund auf Beute. Der Name ist von der labyrinthischen Zeichnung am Kopf dieses Fisches abgeleitet.*

G - Zwischen den Felsbrocken kann man zu Beginn des Tauchgangs viele Oktopusse entdecken. Zur Tarnung können sie nicht nur die Färbung verändern, sondern durch Furchen und Ausstülpungen auch die Struktur der Haut.

*H - Der Große Drachenkopf (*Scorpaena scrofa*) ist von seinen Verwandten durch die charakteristischen Hautanhängsel am Unterkiefer zu unterscheiden.*

schwimmt man Richtung Xlendi Bay zurück, ist also automatisch auf dem Rückweg. Die Fischarten auf beiden Seiten des Riffs sind größtenteils gleich, aber nur auf dieser inneren Seite sieht man - immer direkt unter der Wasseroberfläche - Hornhechte und kleine, nur fünf bis sechs Zentimeter lange Barrakudas.
Schließlich endet das Riff an dem Punkt, an dem die Klippen die Wasseroberfläche erreichen und sichtbar werden. Von hier aus durch die Höhle zurückzukehren, bedeutet einen sehr langen Weg und ist nicht zu empfehlen. Es ist auch nicht erforderlich, denn man ist bereits sehr nah an dem der Bucht zugewandten Höhleneingang. Man behält also den Fels zur linken Hand und schwimmt am Nordufer in die Xlendi Bay hinein. Hier kann man an jeder beliebigen Stelle auftauchen und quer durch die Bucht zu einer der vielen Ausstiegsmöglichkeiten am Südufer schwimmen. Man kann solange weiter schwimmen, bis man das Flachwasser erreicht und am Strand das Wasser verlassen kann.
Die größte Gefahr bei diesem Tauchgang droht durch den Bootsverkehr. Auf keinen Fall sollte man mitten in der Bucht auftauchen, wenn es nicht unbedingt erforderlich ist, und wenn, dann nur mit äußerster Vorsicht!

Unterwasserfotografie

Will man die Unterwasserlandschaft fotografieren, benötigt man ein Weitwinkelobjektiv, insbesondere für die einmalige Form des Riffs und die flachen Partien, die beinahe bis zur Oberfläche reichen. Man muß die Vielfalt der Fische und anderen Lebewesen gesehen haben, um daran zu glauben, und deshalb ist dieser Tauchplatz auch für die Nah- und Makrofotografie ideal.

E

F

G

H

FUNGUS ROCK

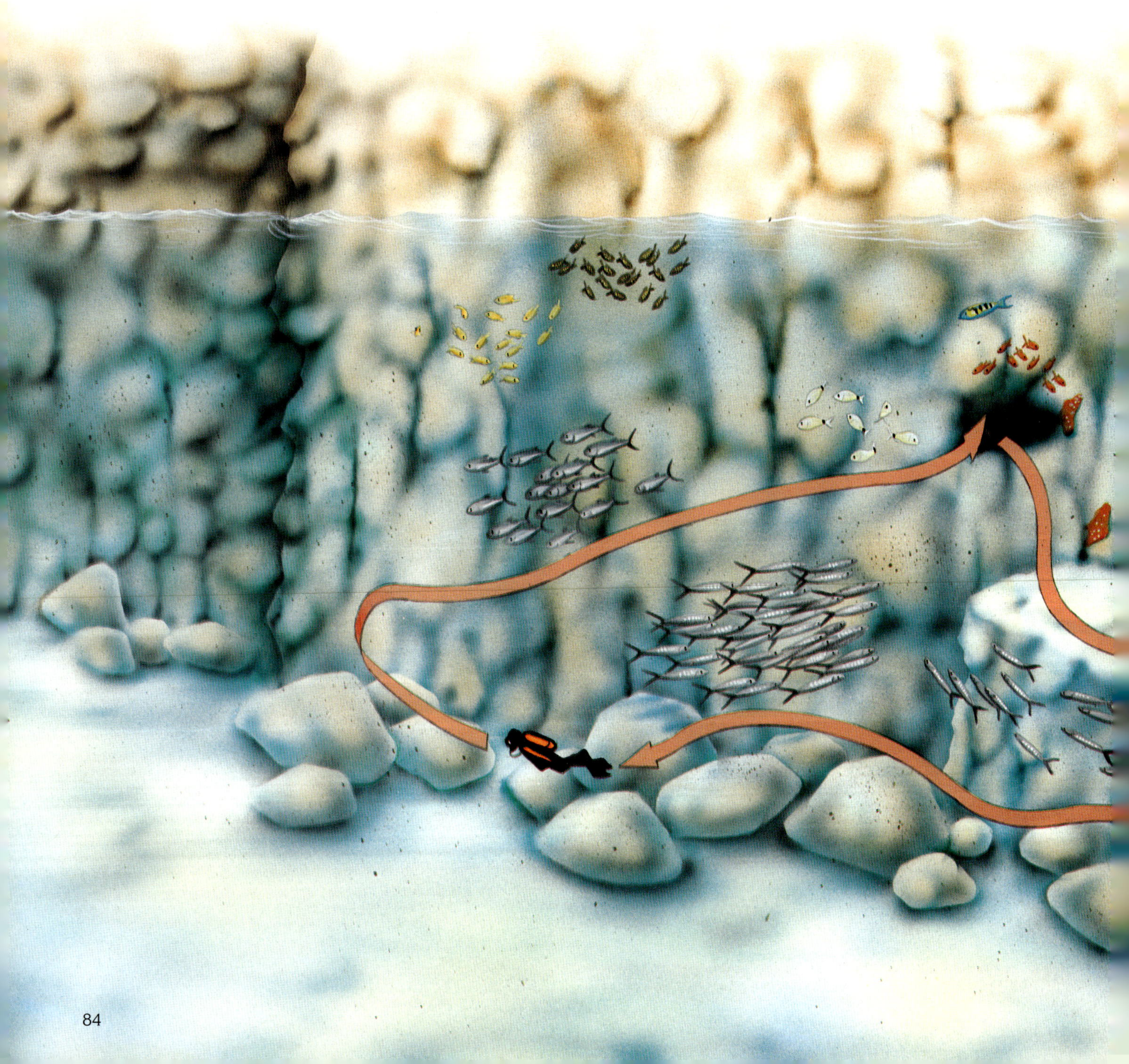

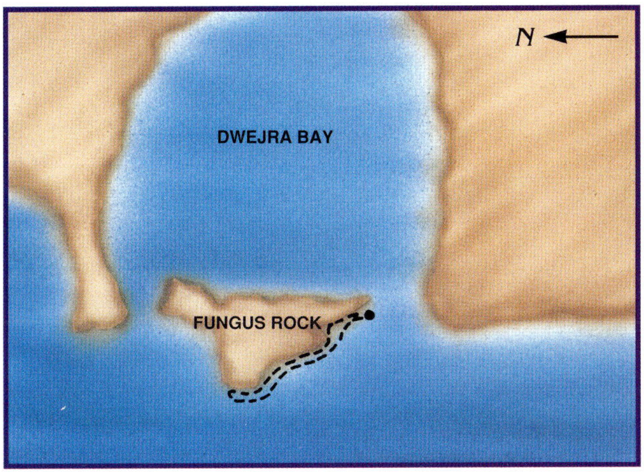
N
DWEJRA BAY
FUNGUS ROCK

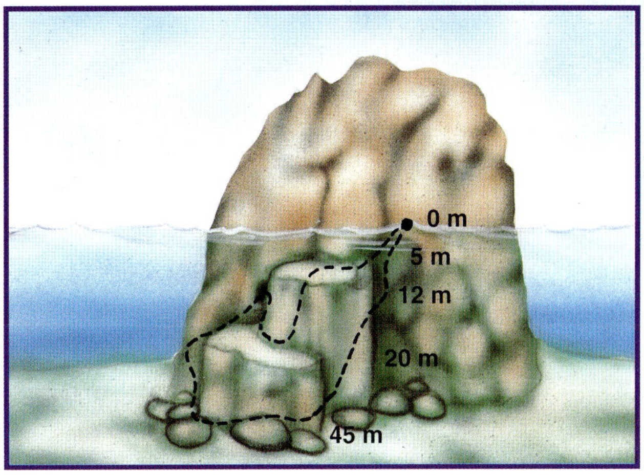
0 m
5 m
12 m
20 m
45 m

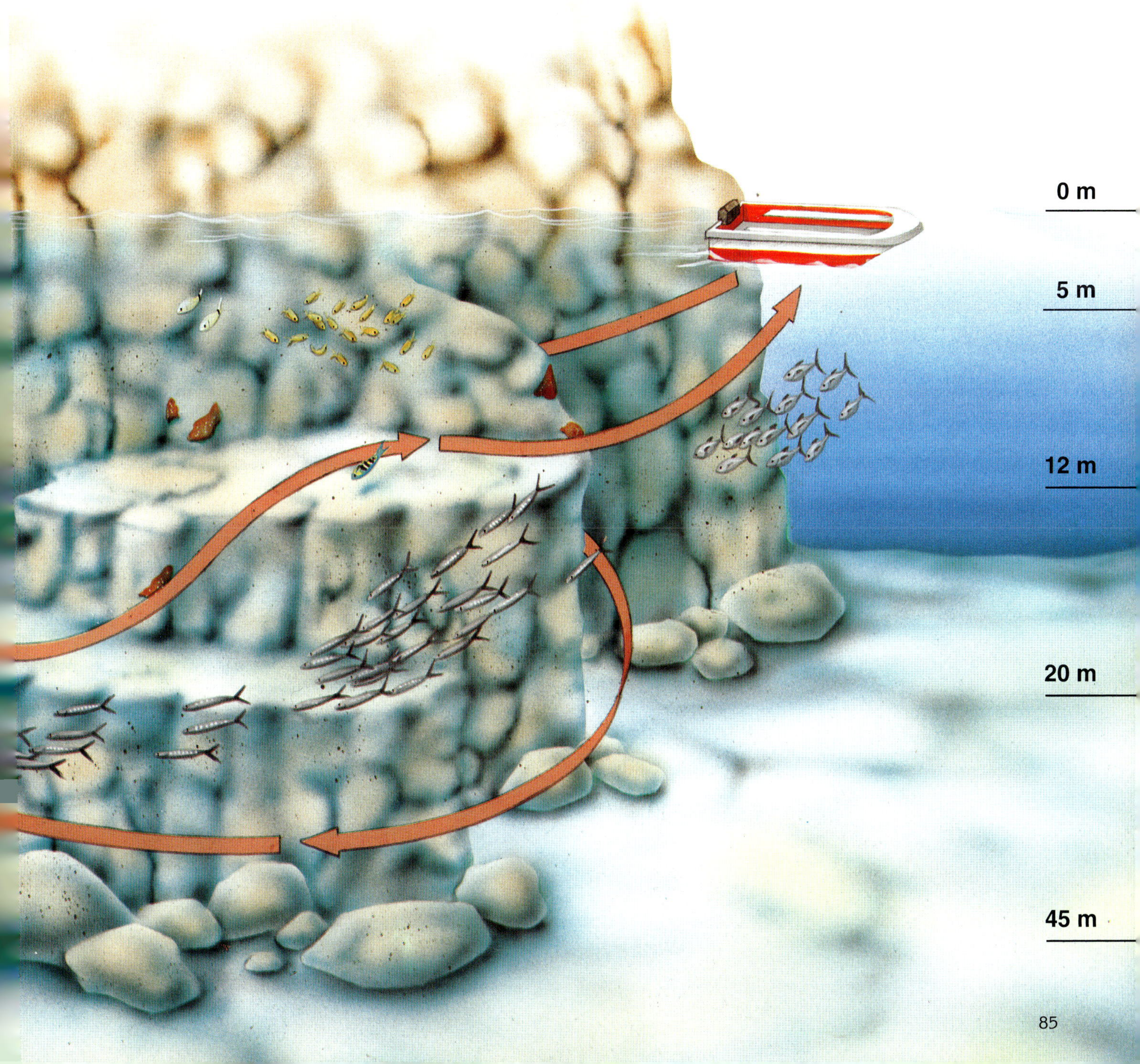
0 m
5 m
12 m
20 m
45 m

A – An der Westküste Gozos steigen quer vor der Bucht von Dwejra die senkrechten Felswände von Fundus Rock auf. Die beste Ankermöglichkeit besteht an der Südspitze des Felsens.

B – Am Fuß der Klippe öffnet sich ein Fenster quer durch den Fels. Im Gegenlicht ergeben sich hübsche Lichteffekte.

C – Dieser Tauchplatz ist sehr beliebt und fasziniert vor allem die Fotografen. Hier kann man aufregende Begegnungen mit pelagischen Fischen wie Thunen, Barrakudas und Bernsteinmakrelen haben, die im Freiwasser rund um das Riff alleine oder in Gruppen patrouillieren.

*D – Der tiefste Bereich ist durch große Gesteinsmassen charakterisiert, die Schutzräume für große Zackenbarsche bieten. Die Braunen Zackenbarsche (***Epinephelus guaza***) findet man entlang der gesamten Westküste Gozos häufig.*

Lage

Isoliert vom Festland ragt Fungus Rock quer vor der Bucht von Dwejra an der Westküste Gozos senkrecht aus dem Meer. Er ist auf Seekarte Nummer 2537 und auf den meisten Touristenkarten markiert. Man kann den Fels nur per Boot erreichen. Einen geeigneten Ankerplatz findet man nahe der Südspitze des Felsens. Von dort beginnt der Tauchgang, der in nordöstliche und dann nördliche Richtung führt. Dabei bleibt man die ganze Zeit auf der seewärtigen Seite von Fungus Rock.

Der Tauchgang

Dieser faszinierende Tauchgang führt bis in 45 Meter Tiefe. Unmittelbar unter dem Ankerplatz ist ein kleiner Einschnitt im Fels, der wie ein senkrechter Graben aussieht. Dieser liegt meist im Schatten, und deshalb kann man hier kleine Muränen beim Jagen beobachten. Eine nähere Erkundung sollte man sich aber für das Austauchen vorbehalten.

Die Felswand fällt senkrecht 45 Meter tief ab, und an deren Fuß liegen beträchtliche Felsklötze verstreut und häufig auch übereinander. Diese bieten – verbunden mit der Tiefe – den größten Zackenbarschen ausgezeichnete Lebensräume. Große Zackenbarsche werden häufig auch als Merkmal der Westküste Gozos erwähnt. Blickt man aufwärts, entdeckt man im Freiwasser Thunfische, Bernsteinmakrelen und Barrakudas. Im allgemeinen schwimmen sie solitär, gelegentlich aber auch im Schwarm.

Wenn man die Nordostecke des Felsens erreicht, wird es Zeit zu einem langsamen Aufstieg, während man umdreht und mit dem Rückweg beginnt. Nun wird die Landschaft abwechslungsreicher, weil Simse und Kamine die Wand auflockern und eine Erkundung wert sind. Ab 20 Meter trifft der Taucher auf kleine Schwärme von Brandbrassen und Zweibinden-Brassen, entdeckt die leuchtend rot gefärbten Schwämme und die ebenso gelb leuchtenden

A

B

C

D

*E – Beim Rückweg kommt man in etwa 15 Meter Tiefe an einer kleinen Höhle vorbei, in der viele Einhorn-Garnelen (*Pleisionika narval*) leben. Diese eleganten kleinen Krustentiere haben ein besonders langes Rostrum.*

*F – Wie eine Krone hockt ein kleiner Drachenkopf (*Scorpaena porcus*) auf einem Felsvorsprung, der auch mit den purpurfarbigen Röhren des Rosa Röhrenschwamms (*Haliclona mediterranea*) geschmückt ist.*

Weichkorallen in einer kleinen, 15 Meter tief liegenden Höhle. Diese Höhle liegt etwas zurückversetzt in einem großen Einschnitt im Fels und ist deshalb beinahe dem Blick verborgen. Es lohnt aber auf jeden Fall, sie zu suchen.

Unmittelbar südlich der Höhle entdeckt man zwei waagerechte Plateaus, die in die senkrechte Wand eingeschnitten sind. Diese fügen dem wahrlich interessanten Tauchplatz eine weitere Dimension hinzu, und ich kann mich dort an der unglaublichen Vielfalt der Meereslebewesen niemals sattsehen. Man findet hier alles – vom größten bis zum kleinsten –, was das Mittelmeer zu bieten hat.

Das obere Plateau weist beinahe direkt zur Ankerstelle. Da es an seiner obersten Stelle nur acht bis neun Meter tief liegt, kann man hier am Ende dieses sehr lohnenden Tauchgangs bereits zu dekomprimieren beginnen.

G

E

F

Unterwasserfotografie

Fungus Rock ist bei allen Tauchern beliebt, besonders aber bei den Fotografen. Steile Klippenwände, riesige Felsblöcke am Fuß, kantige Vorsprünge, kleine Höhlen und die beiden Plateaus bieten eindrucksvolle Rahmen und Hintergründe für das Weitwinkelobjektiv. Auch Taucher passen dabei gut ins Bild. Neben den bereits erwähnten Fischen hat man auch die Chance, große pelagische Fische zu sichten, deshalb sollte man auch immer ein Auge fürs Freiwasser haben.

Untersucht man den Fels näher, bieten sich zahlreiche Motive für die Nah- und Makrofotografie an: Meerbarbenkönige, rote Schwämme und Becherkorallen findet man fast überall in den Bereichen der Wände, an die das Tageslicht nie oder nur selten herankommt.

*G – Der Kontrast zwischen dem oberen Bereich, der mit Neptunsgras bewachsen ist, und dem dunkleren Bereich des Riffs, auf dem Schwämme und Rotalgen zu finden sind, wird durch diese Blitzlichtaufnahme verdeutlicht. Interessant ist das Zusammentreffen von Feuerwurm (*Hermodice carunculata*) – unter dem Arm unten rechts – und Purpur-Seestern (*Echinaster sepositus*).*

CROCODILE ROCK UND CORAL CAVE

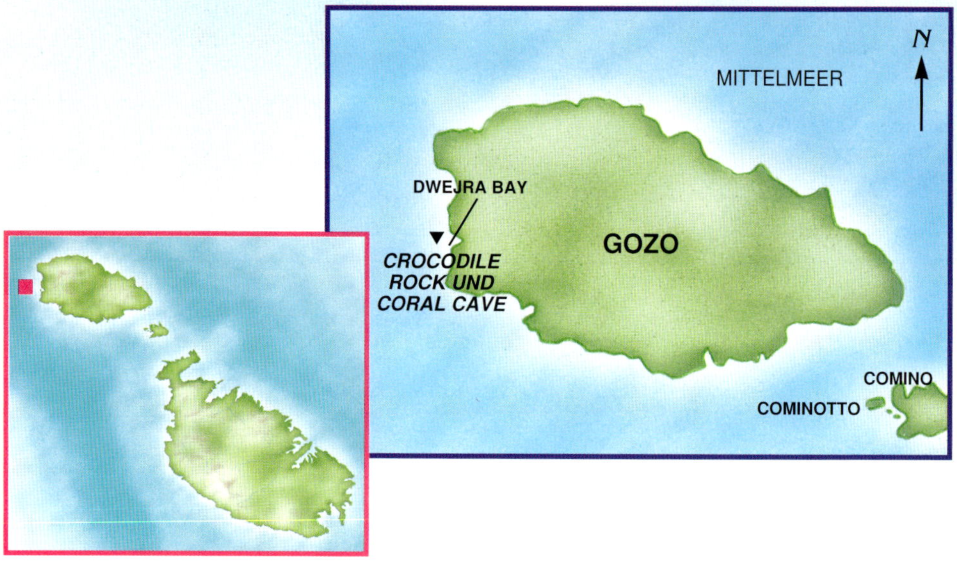

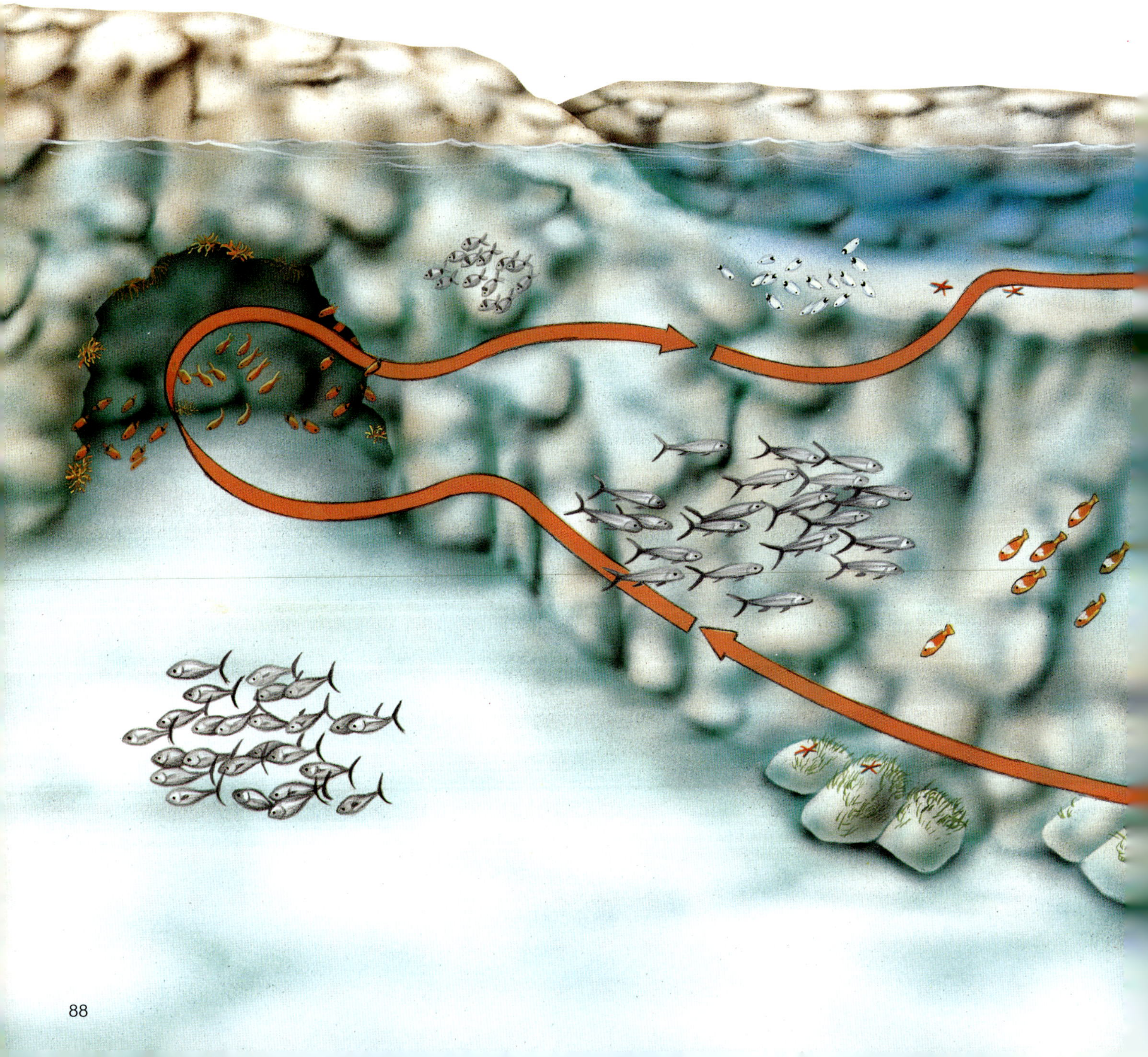

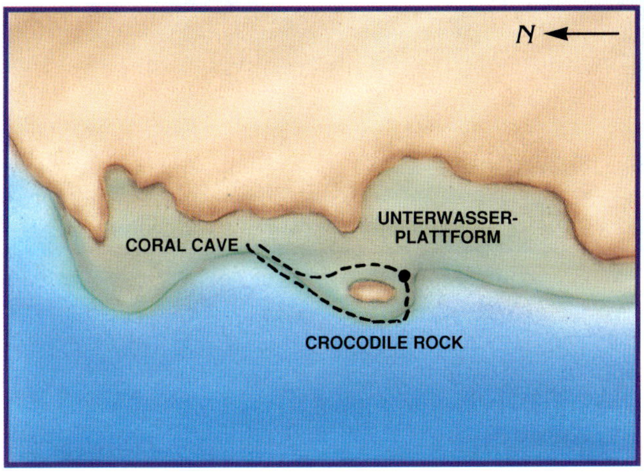
N
UNTERWASSER-
PLATTFORM
CORAL CAVE
CROCODILE ROCK

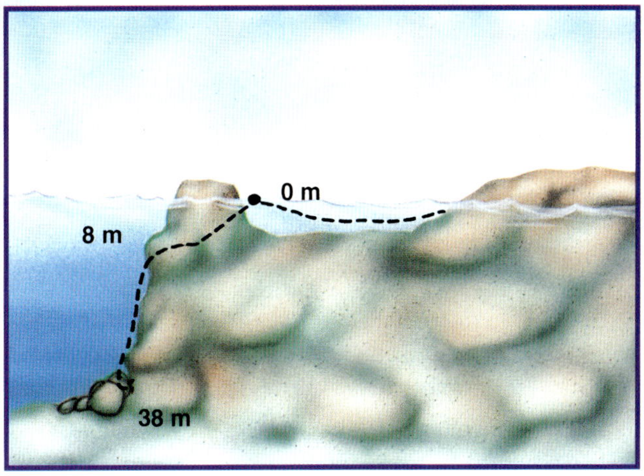
0 m
8 m
38 m

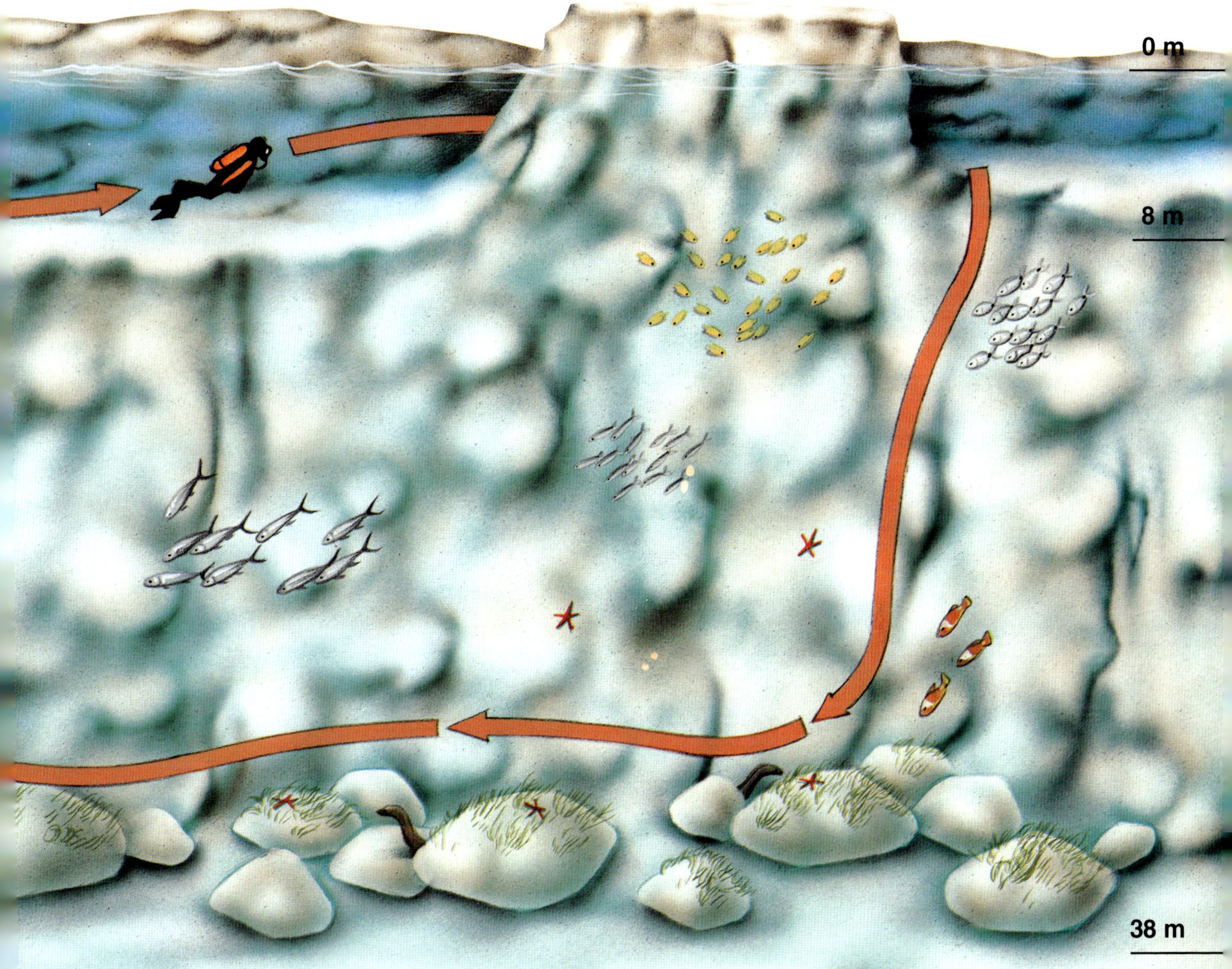
0 m
8 m
38 m

Lage

Aus einem bestimmten Blickwinkel betrachtet sieht Crocodile Rock tatsächlich wie ein ruhendes Krokodil aus. Der Fels schaut unweit von Fungus Rock aus dem Wasser. Dieser Tauchplatz kann vom Ufer aus angeschwommen werden, im allgemeinen fährt man aber mit dem Boot aus. Zwischen dem Fels und der Küste erstreckt sich ein weites Flachwassergebiet, das ideal zum Ankern geeignet ist. Der Tauchplatz allerdings liegt an der dem Meer zugewendeten Seite von Crocodile Rock.

Der Tauchgang

Die Taucher gehen an der geschützten Seite des Felsens ins Wasser und tauchen in westlicher Richtung zur linken Kante ab, an der eine kubische Felsnase zum tieferen Wasser hinleitet und eine Steilwand senkrecht 38 Meter tief abfällt. An deren Fuß liegen große Felsklötze. Von diesen aus gleitet der Sandgrund mit sanfter Neigung hinaus in die Weite des Freiwassers.
Am Fuß der Klippe wendet man sich nach rechts und schwimmt in nördlicher Richtung weiter. Schließlich geht die Zahl der Felsklötze am Fuß der Klippe zurück, da diese sich zurück Richtung Land wendet und langsam ansteigt. Hier findet der Taucher Fische, die das Leben auf dem Sandgrund bevorzugen, beispielsweise Eidechsenfische, Plattfische und gelegentlich auch einen Stechrochen. An dieser Stelle hat man auch gute Chancen, kleine Schwärme von Meerbarben, Seriolas und Thunfischen zu sehen.
Indem man immer die Klippenwand zur Rechten behält, gelangt man schließlich zu der wirklich eindrucksvollen Coral Cave. Diese hat einen sehr großen, bogenförmigen Eingang, der am Boden 20 Meter breit ist, und liegt etwa 22 Meter tief. Die obere Wölbung ist nur fünf Meter von der Wasseroberfläche entfernt. Im Inneren senkt sich das Dach nach hinten hin langsam ab, und der Höhlenboden hebt sich entsprechend nach oben bis zu dem Punkt, an dem beide aufeinandertreffen. In der Höhle bringt die Taucher-

A

B

C

D

A – Nur wenige Meter etwas nördlich von Fungus Rock schaut Crocodile Rock aus dem Wasser heraus. Getaucht wird an der Nordseite des Felsens, und zwar an der dem offenen Meer zugewandten Seite.

B – Felsige Flachwassergebiete umrunden den aus dem Wasser ragenden Teil von Crocodile Rock.

*C – Die zarten Formen der Trichteralgen (*Padina pavonia*) erheben sich über die Grünalgen, die wie ein Teppich die Felsen in Oberflächennähe bedecken. Die Trichteralge ist eine Braunalge.*

*D – Zwei Rote Meerbarben (*Mullus barbatus*) ruhen auf dem Grund. Von den Gestreiften Meerbarben (*Mullus surmuletus*) unterscheiden sie sich durch lebhaftere Farben und Zeichnungen.*

*E – Diese große Kolonie von Trugkorallen (*Myriapora truncata*) wächst an den Wänden von Coral Cave. Die Trugkorallen gehören zu den Bryozoen.*

*F – Ein Großer Drachenkopf (*Scorpaena scrofa*) liegt auf dem Grund und hat seine Rückenflossenstrahlen aufgerichtet. Er kann seine Beute mit einem blitzschnellen Vorstoß erbeuten.*

*G – Die Großen Geißbrassen (*Diplodus sargus*) halten sich meistens in geschützten Nischen auf, verlassen sie aber auch häufig, um zwischen der Vegetation auf den Felsen nach Nahrung zu suchen.*

lampe die Farben der vielen verschiedenen Arten von inkrustierenden Korallen, Schwämmen und Moostierchen zum Vorschein, zusammen mit den Massen von Meerbarbenkönigen und sogar Roten Fahnenbarschen, die zwischen ihnen Zuflucht suchen. Aus den kleinen Löchern und Spalten schauen Seespinnen und Garnelen mit ihren rötlich schimmernden Augen auf den Taucher. Für mich jedoch ist dies eine wundervolle Höhle durch ihren wahrlich einmaligen Korallenbewuchs, und außerdem ist es der einzige Ort auf Malta, an dem ich die wunderschönen Tiefenrötlinge gefunden habe. Vielleicht sollten alle Taucher in dieser fantastischen, von der Natur geformten Halle einmal innehalten und darüber nachdenken, welche Privilegien sie als Taucher doch haben.

Nach dem Verlassen der Coral Cave schwimmt man in Richtung Boot zurück, wobei man bis zum Rand der Klippe aufsteigt und das ausgedehnte Plateau überquert, das sich bis zum Crocodile Rock hinüber erstreckt. Hier bewegt man sich in acht Meter Wassertiefe und kann zwischen all den hier vorkommenden Fischarten, die im allgemeinen im Flachwasser anzutreffen sind, ideal dekomprimieren.

Unterwasserfotografie

Crocodile Rock und Coral Cave sind Tauchplätze, die viele verschiedene Fotowünsche erfüllen. Mit dem Weitwinkelobjektiv kann man den Eingang einer wirklich wunderschönen Höhle festhalten oder auch die Steilwand unterhalb des Crocodile Rock. Andererseits gibt es einen unglaublichen Reichtum an Motiven für Nah- und Makrofotografie während des gesamten Tauchgangs – speziell am Dach und an den Wänden der Höhle, die mit verschiedenen kleinen Korallen förmlich bedeckt sind. Diese sind allerdings teilweise so zart und zerbrechlich, daß sie schon von den Luftblasen des Tauchers von der Höhlendecke gebrochen werden können.

E

F

G

THE BLUE HOLE UND THE CHIMNEY

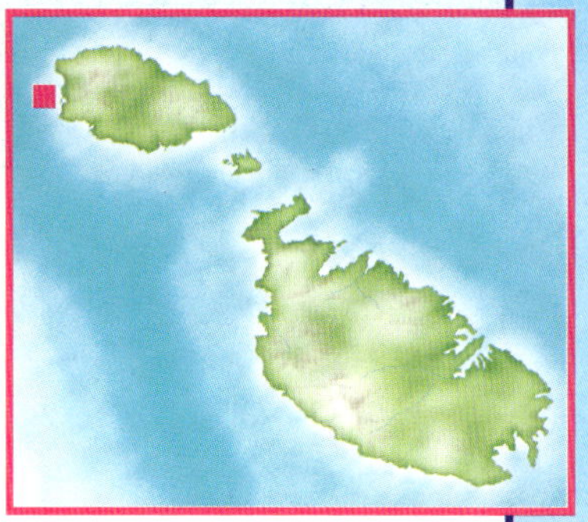

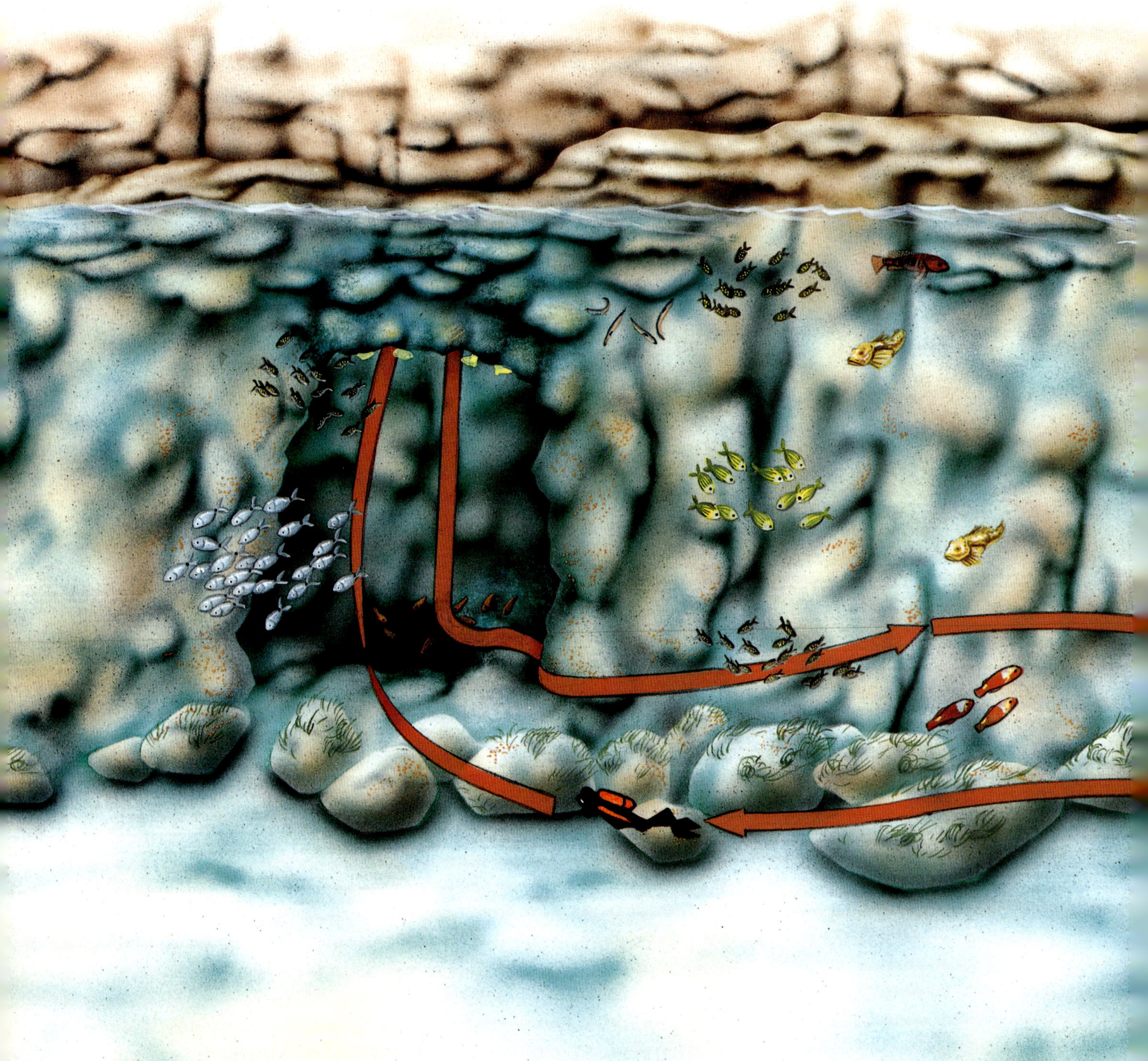

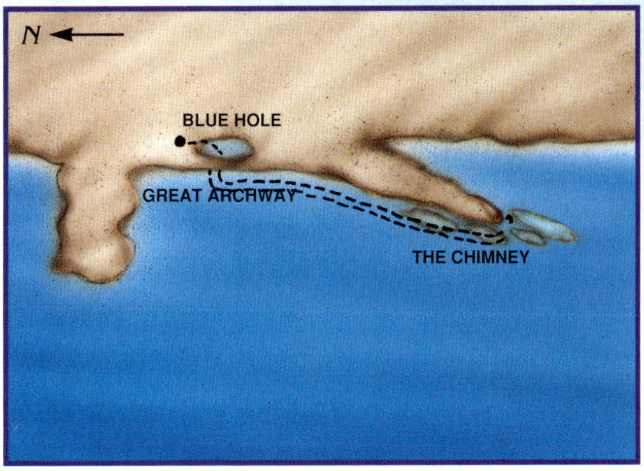
N
BLUE HOLE
GREAT ARCHWAY
THE CHIMNEY

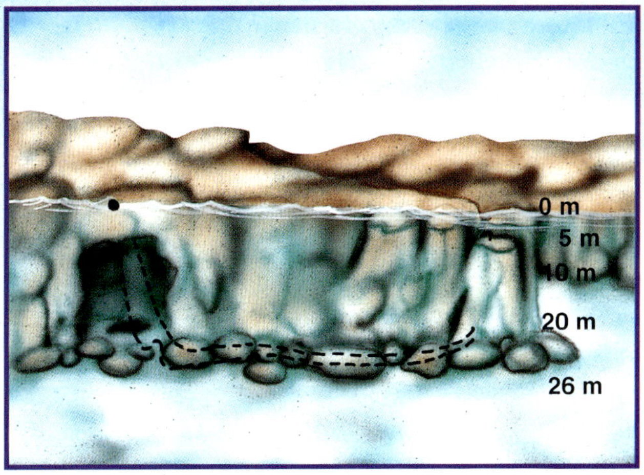
0 m
5 m
10 m
20 m
26 m

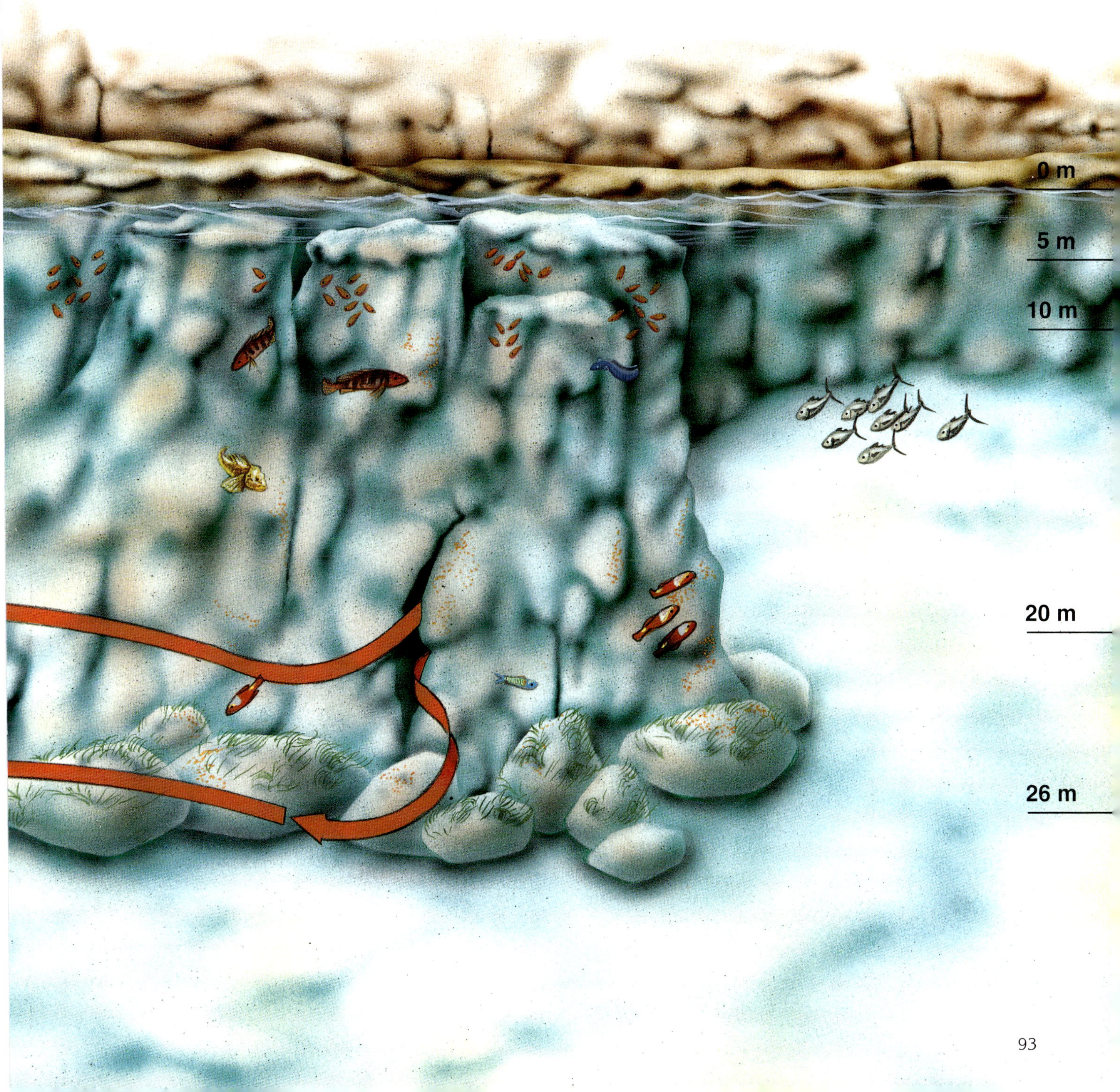
0 m
5 m
10 m
20 m
26 m

SAN DIMITRI POINT

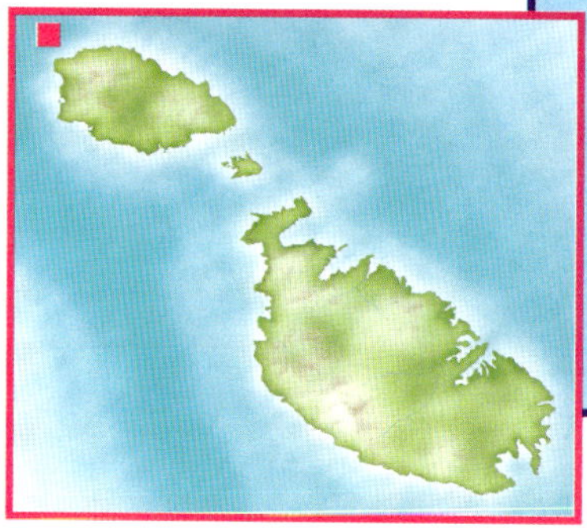

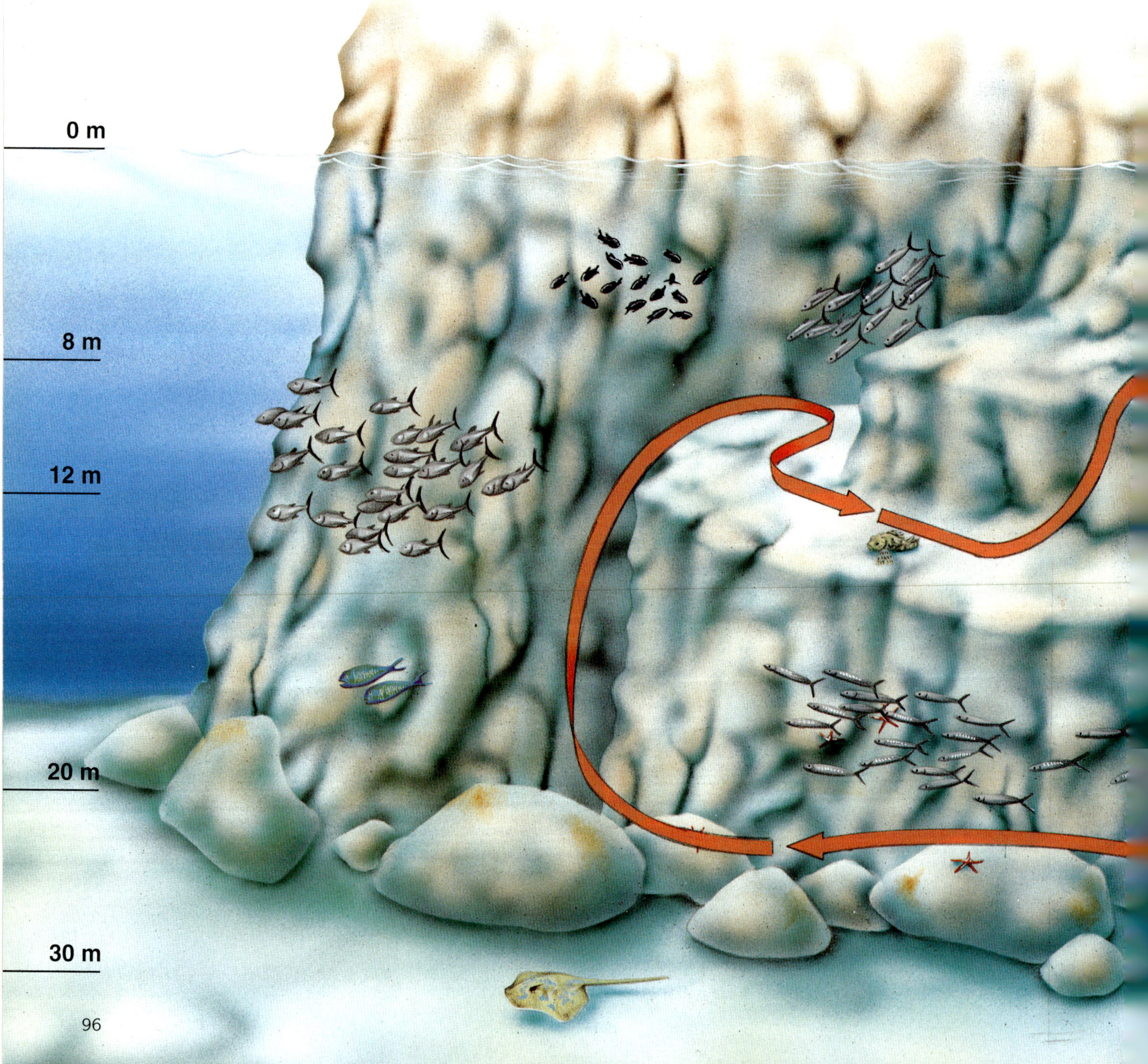

N
SAN DIMITRI
POINT

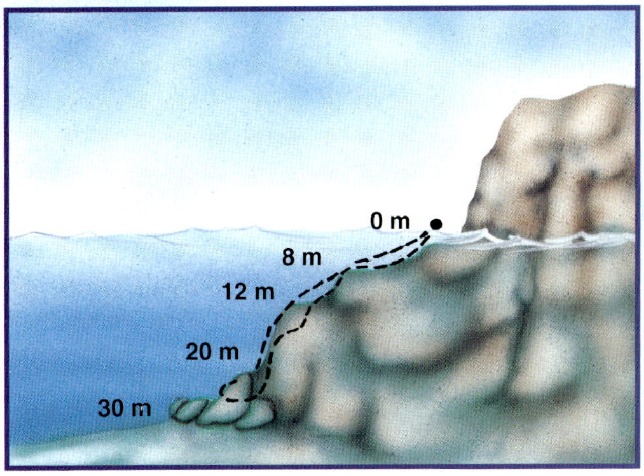
0 m
8 m
12 m
20 m
30 m

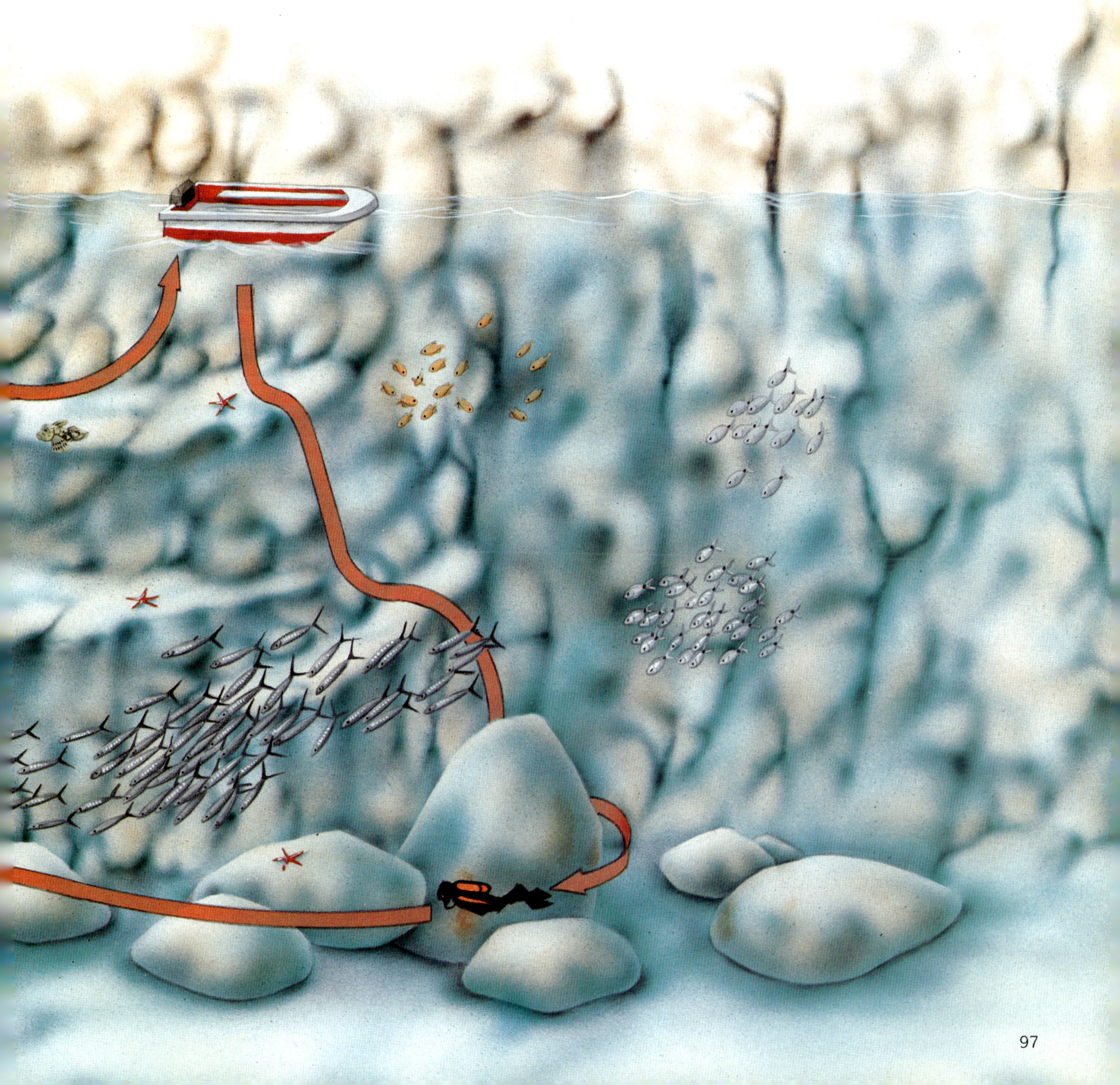

Lage

Die Küstenlinie der Nordwestecke Gozos besteht aus senkrechten Klippenwänden mit großen, einzelnen Felsen, die daraus hervorragen. Einer der imposantesten von ihnen wird San Dimitri Point genannt und ist nur vom Boot aus zugänglich. Da zahlreiche ähnliche Felsen in der Nähe liegen, sind Verwechslungen möglich, so daß man sich auf Ortskundige verlassen sollte. Direkt unter San Dimitri Point liegt ein wirklich außerordentlicher Tauchplatz. Einen guten Ankergrund findet man auf relativ flach liegendem Geröll- und Felsgrund in Ufernähe.

Vor langer Zeit baute ein Eremit eine kleine Kapelle direkt am Rand des Felsens. Er weihte sie dem Heiligen Dimitri und lebte dort für seinen Glauben und meditierend, bis eines Tages ein Felsabrutsch seine Kapelle auf den Meeresgrund warf. Glücklicherweise überlebte der Eremit und baute eine neue Kapelle – dieses Mal hundert Meter vom Abgrund entfernt, wo sie heute noch zu sehen ist. Seit damals erzählt man sich die Legende, man könne die Originalkapelle noch heute unter Wasser finden, und zwar genau unterhalb von San Dimitri Point, und im Fenster der Kapelle brenne immer noch ein Licht!

Schaut man an klaren Tagen zum Himmel empor, erscheint dieser Blau, obwohl sich dort tatsächlich nichts Blaues

A

B

C

D

E

*A – Die länglichen Silhouetten von Pfeilhechten (***Sphyraena sphyraena***) heben sich vom Gegenlicht ab. An diesem Tauchplatz begegnet man auch Thunfischen, Schwärmen von Geißbrassen und sogar Schwertfischen.*

B – San Dimitri Point bietet ausgezeichnete Sichtweiten, manchmal über 50 Meter.

C – Ein bogenförmiger Fels wölbt sich an der Außenwand auf dem letzten Teilstück der Route. Hier kann man dank der klaren Sicht auf viele verschiedene Arten von Fischen treffen.

*D – Ein dichter Schwarm Goldstriemen (***Sarpa = Boops salpa***) leuchten im Blitzlicht auf. Die Goldstriemen halten sich immer in großen Schwärmen auf und suchen ihre Nahrung auf den Felsen in Oberflächennähe.*

*E – Eine Große Bernsteinmakrele (***Seriola dumerili***) kreuzt auf Nahrungssuche durchs Wasser. Dieser typische pelagische Fisch ist leicht an dem dunklen Band zu erkennen, das diagonal übers Auge verläuft und ihm ein finsteres Aussehen verleiht.*

*F – Diese Schlankgrundel (***Gobius geniporus***) verharrt regungslos auf dem Grund und duldet die Annäherung des Fotografen. In der Makroaufnahme sieht man gut ihre smaragdgrünen Augen sowie ein feines Porenmuster auf der Schnauze.*

befindet. Das Blau ist ein Effekt der Dichte und entsteht, weil man durch viele tausend Meter Luft blickt. Im viel dichteren Medium Wasser erscheint der Eindruck von Blau schon weit früher – anstatt mehreren tausend Meter reichen schon 50 Meter. Das menschliche Auge ist nicht in der Lage, über diese „blaue Barriere" hinweg zu sehen, unabhängig davon, wie klar das Wasser oder wie ausgezeichnet die Bedingungen sind. Deshalb habe ich auch nie in meinem Logbuch Sichtweiten von über 50 Meter verzeichnet. Es sagt viel über diesen Tauchplatz, wenn ich hier die Sichtverhältnisse mit „50 Meter plus" notiert habe!

Der Tauchgang

Die senkrechte, glatte Felswand über der Wasseroberfläche gibt einen falschen Eindruck davon, was der Taucher gleich zu Beginn des Tauchgangs erlebt. In vier Meter Tiefe springt eine lange Felsnase aus der Wand hervor und verläuft im Winkel von 45 Grad nach unten. Wo sie acht Meter Tiefe erreicht, bildet sie ein Plateau, über dem das Boot ankert. Wenn die Taucher sich seitlich an dieser Felsnase hinuntergleiten lassen, stoßen sie in zwölf bis 14 Meter Tiefe auf einen weiteren Sims. Direkt darunter liegt ein weit herausragender Felsblock, der alle anderen auf dem 30 Meter tiefen Grund herumliegenden Felsblöcke überragt. An seinem Fuß angelangt, wendet man sich nach rechts und schwimmt in nördlicher Richtung.

Bei diesem Tauchgang kann man jederzeit das Glück haben, wirklich spektakuläre Fische wie Barrakudas, Thunfische und Bernsteinmakrelen sowie weitere pelagische Arten zu sichten. Eines Tages sah ich einen recht großen Schwertfisch auf kurze Distanz vorbeischwimmen. Zwischen den Felsen und Steinen wiederum wird der Taucher ständig mit Oktopussen, Muränen und Zackenbarschen konfrontiert. Aber die faszinierendste Entdeckung ist die von kleinen Nacktschnecken in dieser Tiefe. Nacktkiemenschnecken, wie sie ganz korrekt heißen, sind zierliche und farbenprächtige Meeresschnecken mit außenliegenden Kiemen. Normalerweise findet man sie im flachen Wasser, und wenige von ihnen werden größer als zwei bis drei Zentimeter.

Der Fuß der Wand macht schließlich einen Bogen nach rechts, und dies markiert meistens den Beginn des Aufstiegs in flacheres Wasser. Hier gelangt der Taucher auf ein weiteres Plateau und kann einige bemerkenswerte Exemplare der Seepapageien finden, die in Gruppen bis zu etwa sechs Individuen geschäftig auf Nahrungssuche sind. Dieses Plateau ist halbmondförmig und umrundet die Klippe direkt unter dem eingangs erwähnten ersten Plateau. Es weist eine ziemlich gleichbleibende Tiefe von zwölf Meter auf und ist der Lebensraum für die kleinen Fischarten, die man im allgemeinen in diesen Gewässern erwartet. Außerdem bietet das Plateau eine gute Gelegenheit, mit dem Dekomprimieren zu beginnen, während man noch viele marine Lebewesen erkundet.

Unterwasserfotografie

Die Unterwassersicht ist an dieser Stelle so gut, daß sie sich nicht beschreiben läßt und nur erlebt werden kann. Und das nicht nur, wenn man sich einen guten Tag aussucht oder aus Zufall. Wahrscheinlich ist es die Lage im Verhältnis zu den vorherrschenden Bedingungen, die dazu beiträgt – ich weiß es nicht sicher.

Aber was ich weiß, ist, daß dieser Platz sich hervorragend für Weitwinkelfotografie eignet. Taucher, fotografiert vor dem dramatischen Hintergrund oder zwischen den Felsen, Fenstern und Durchlässen, die von den großen heruntergefallenen Felsblöcken gebildet werden, bilden eines der möglichen Motive. Ein anderes sind die großen Schwärme von Barrakudas, Thunfischen und Bernsteinmakrelen. Der Taucher darf auch nicht vergessen, immer wieder zum offenen Wasser hin zu blicken, denn man hat gute Chancen, vorbeiziehende pelagische Fische zu sichten.

F

G

H

*G – Dieser Bunte Springkrebs (*Galathea strigosa*) wurde bei Nacht fotografiert. Er sucht zwischen den Algen nach Nahrung. Tagsüber verbergen sich diese Tiere in Spalten und Höhlen.*

*H – Dieser Meerpfau (*Thalassoma pavo*) befindet sich in der Geschlechtswechselphase: Die Meerpfauen werden als Weibchen geboren und wandeln sich zu Männchen um, wenn sie erwachsen werden. Während der Wechselphase treten die senkrechten grünen Streifen auf.*

GHASRI VALLEY

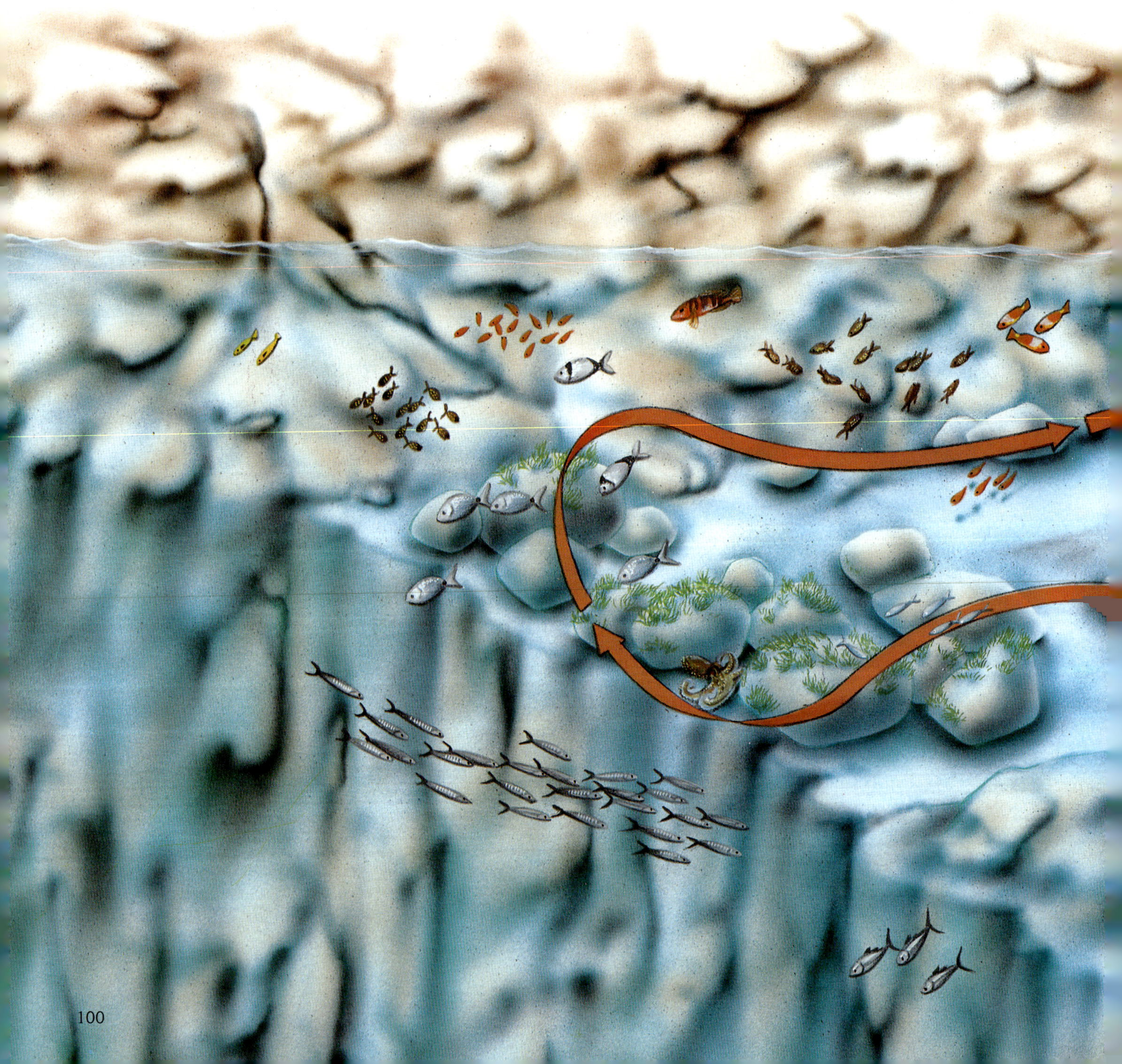

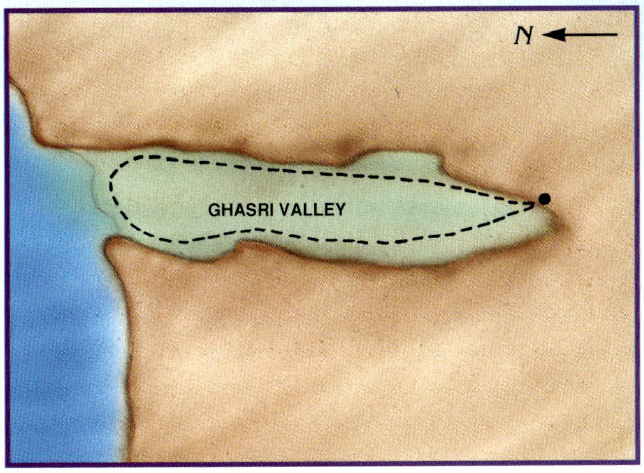
N
GHASRI VALLEY

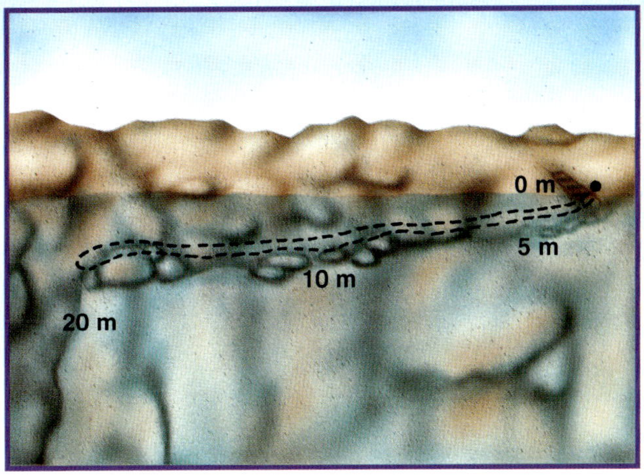
0 m
5 m
10 m
20 m

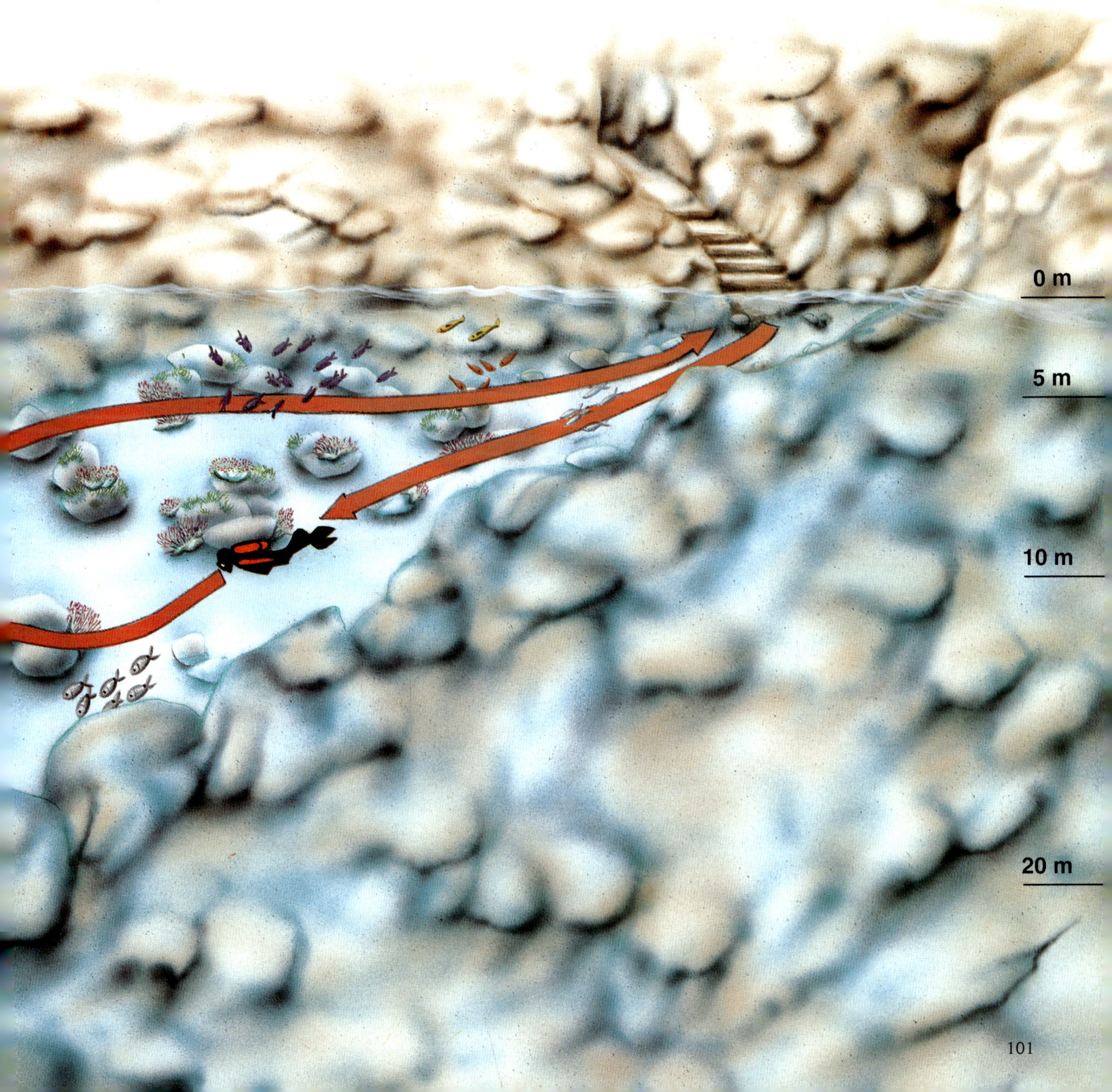
0 m
5 m
10 m
20 m

A – Das Küstengebirge an der Nordküste Gozos wird durch einen engen Fjord geteilt, der sich zum Meer hin ausweitet. Das ist Ghasri Valley. Die Einstiegsstelle für den Tauchgang erreicht man über einen Pfad an den Felsen entlang.

*B – Diese Nahaufnahme eines Mönchsfischs (***Chromis chromis***) zeigt die charakteristischen gelben Flecken und die violett gesäumten Flossen dieser Art. Aus der Entfernung aber sehen die Mönchsfische ganz schwarz aus.*

Lage

An der Nordküste Gozos westlich von Marsalforn liegt zwischen Forna Point und Reqqa Point das wunderschöne Ghasri Valley – eine fjordähnliche, spektakuläre Schlucht, die sich zum Meer hin weitet. Etwa 500 Meter vom Meer entfernt sind Stufen in die Felswände geschlagen worden, die bis hinunter zum Wasser reichen. Von hier kann der Taucher praktisch nur in einer Richtung schwimmen: direkt nach Norden zur Mündung ins Meer.

Der Tauchgang

Dies ist ein langer, gemütlicher Tauchgang, der auf dem Kiesbett am Fuß der Stufen beginnt. Anfangs ist das Wasser flach, wird dann aber über die gesamte Länge des Tals zunehmend tiefer. Eine der auffälligsten Erscheinungen gleich zu Beginn ist die Fülle von Seeanemonen. Der Meeresgrund ist buchstäblich so dicht mit ihnen besetzt, daß ich unwillkürlich erwartete, wie im Roten Meer Anemonenfische aus ihnen herauskommen zu sehen. Wenn die globale Erderwärmung sich fortsetzt, frage ich mich, wie lange es dauert, bis auch diese Fische im Mittelmeer im allgemeinen und an diesem Tauchplatz im besonderen heimisch sein werden.

Allmählich tritt das Geröll zugunsten kleiner Felsen zurück, und diese weichen schließlich größeren. Dann erscheinen die großen Felsklötze, die eines der auffälligsten Merkmale der Gewässer um Gozo herum sind. Jeder von ihnen bietet Lebensräume für eine Vielzahl von Kreaturen wie Lippfische und Brassen, Drachenköpfe, Meerbarben und viele andere mehr. Hier hat man auch die Gelegenheit, Seepferdchen, Seehasen und sogar Nacktschnecken in jedem dieser Lebensräume zu finden. Diese Stelle scheint mir recht verschieden von jedem anderen Tauchplatz in den maltesischen Gewässern zu sein.

Zum Ende des Tals hin befindet man sich in etwa 20 Meter Tiefe. Hier ist der Übergang zum offenen Meer, und

C

D

A

B

*C – Die schattigen Wände bieten den Stern- (***Astroides calycularis***) und Prachtkorallen (***Balanophyllia regia***) günstige Lebensbedingungen. Rechts unten kann man eine Seegurke erkennen.*

*D – Eine Blauweiße Partnergarnele (***Periclimenes sagittifer***) tastet sich auf den Tentakeln einer Dickarmigen Anemone (***Cribrinopsis crassa***) entlang. Dies ist ein klassisches Beispiel von Symbiose im Mittelmeer.*

E

F

G

H

man stößt deshalb auf weit größere Fische, insbesondere auf viele Oktopusse und Zackenbarsche. An diesem Punkt kehrt man um, und auf dem Rückweg erkundet man die Wände von Ghasri Valley näher. Überall entlang der Ostwand findet man kleine Einschnitte – zu klein, um als Höhle bezeichnet zu werden, aber groß genug als Lebensraum für rote Schwämme und gelbe Weichkorallen. Zwischen ihnen schweben wie aufgehängt die Meerbarbenkönige, und bei näherem Hinsehen entdeckt man gelegentlich auch Garnelen. Die Mönchsfische sind überall in den maltesischen Gewässern reichlich vertreten, und hier findet der Taucher sehr kleine Exemplare in großen Mengen. Bei dieser Größe – einen bis zwei Zentimeter lang – haben die Jungfische noch eine neonblaue Färbung. Welch ein Jammer, daß diese Leuchtfarbe verlorengeht, wenn die Tiere älter werden!

Unterwasserfotografie

Ghasri Valley ist einer jener seltenen und wunderschönen Plätze, die nur von wenigen privilegierten Menschen geschätzt werden. Unter Wasser ist deren Zahl noch geringer. Trotz der Mühe, zu diesem Platz hin und wieder zurück zu gelangen, kann ich die Anstrengung nur empfehlen. Bei Sturm und Grundseen von Nordwesten her habe ich beobachtet, wie große Wellen heftig von Seite zu Seite des Tals schlugen und sich ihren Weg über die gesamte Länge des Tals bahnten. Vielleicht ist es diese Zerstörungskraft, die einen bei all den kleinen Arten von Fischen so beliebten Meeresgrund schafft. Was auch immer die Magie von Ghasri Valley hervorrufen mag: Es ist zauberhaft.

Dieser Tauchplatz ist ideal für Nah- und Makrofotografie, und trotz der Beschäftigung mit den vielen verschiedenen Fischarten sollten die Seeanemonen nicht übersehen werden. Obwohl man sie auch anderswo in den maltesischen Gewässern antrifft, sind sie doch nicht übermäßig häufig – jedenfalls findet man sie nicht in so großer Zahl wie hier.

*E – Teile der sanft gerundeten Felsen sind mit orangefarbigen Krustenschwämmen und vereinzelten Sternkorallen (*Astroides calycularis*) bewachsen.*

*F – Zwei kleine Einsiedlerkrebse scheinen auf den dünnen Zweigen einer Weißen Gorgonie (*Eunicella singularis*) Akrobatik zu betreiben.*

*G - Eine hübsche Weiße Fadenschnecke (*Flabellina babai*) frißt auf einer Hydroidenkolonie deren Polypen. Diese Art ist im Mittelmeer häufig und gehört mit bis zu fünf Zentimeter Länge zu den größten dort heimischen Nacktschnecken.*

*H – Eine Brandbrasse (*Oblada melanura*) schwimmt im Freiwasser. Die Brandbrassen kann man in verschiedenen marinen Lebensräumen antreffen. Sie gehören zu den am wenigsten vom Meeresgrund abhängigen Mitgliedern der Brassenfamilie.*

BILLINGSHURST CAVE

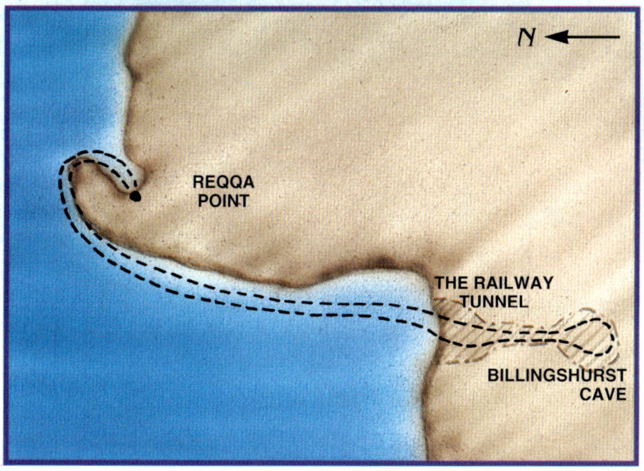
N
REQQA
POINT
THE RAILWAY
TUNNEL
BILLINGSHURST
CAVE

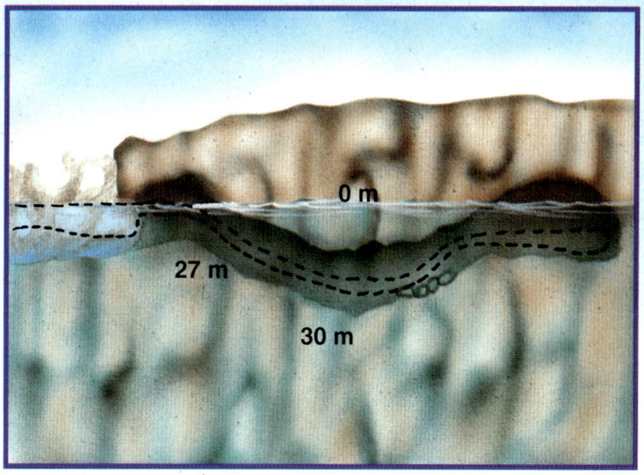
0 m
27 m
30 m

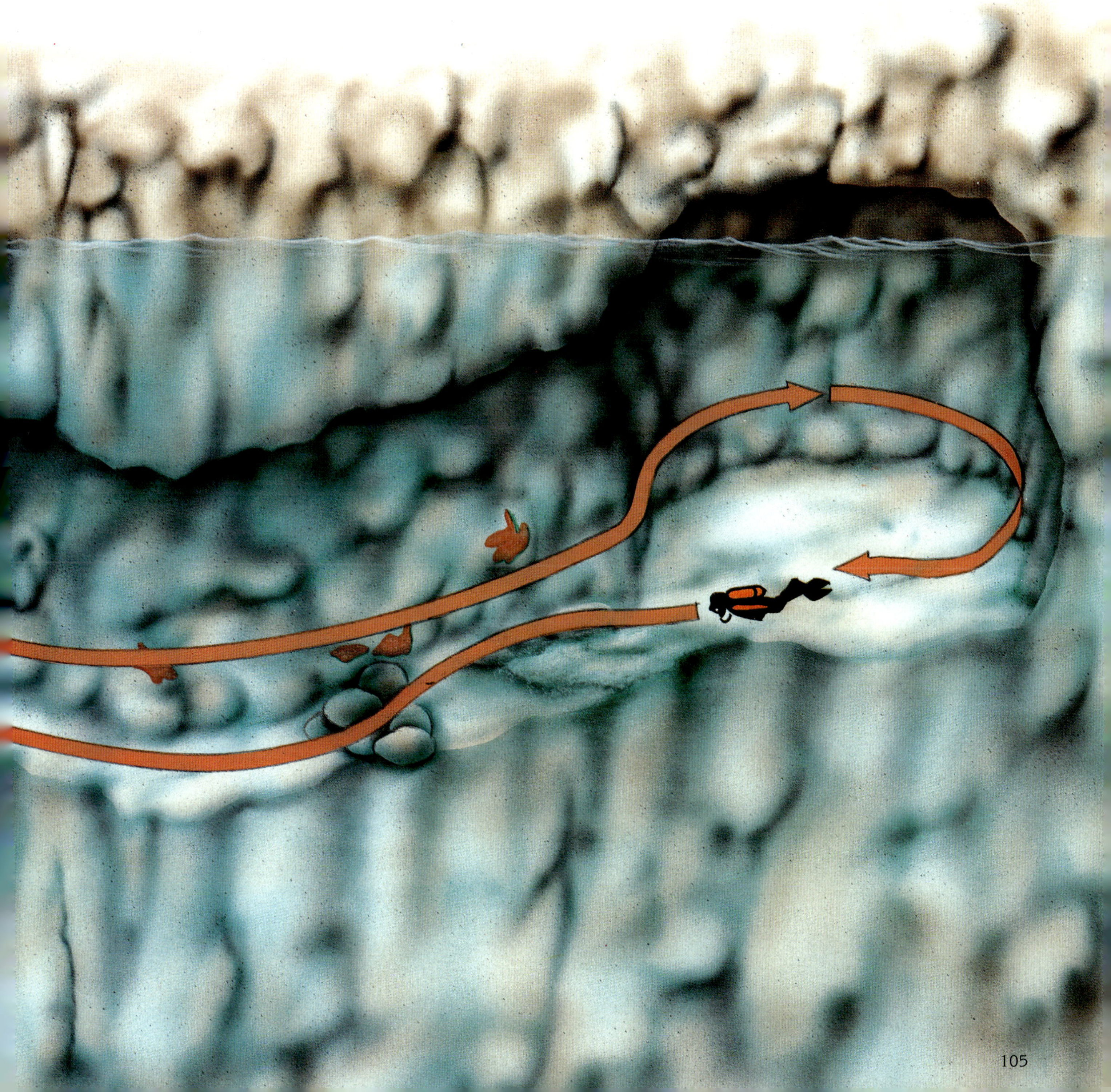

A

B

C

D

Lage

Billingshurst Cave findet man westlich von Reqqa Point. Das obere Gewölbe des Höhleneingangs ragt aus dem Wasser, und der Boden liegt 27 Meter tief. Ein langer Gang, wegen seiner Größe Railway Tunnel genannt, führt zu einer abschließenden Höhle tief im Fels, in der man auftauchen kann. Im allgemeinen schwimmt man die Höhle von Reqqa Point an. Es gibt aber auch Taucher, die den drei bis vier Meter hohen Sprung von den Felsen direkt über dem Eingang bevorzugen.

Große Wellen erzeugen beim Aufprall im vorderen Höhlenbereich einen hallenden Laut, wodurch die Höhle den traditionellen Namen „Booming Cave" erhielt. Zum neueren Namen Billingshurst Cave gibt es eine hübsche Anekdote. Ihr zufolge soll 1984 eine Gruppe von Tauchern beschlossen haben, die Höhle zu erkunden. Nach 50 Metern gelangten sie zu einer Stelle, an der sie auftauchen konnten. Dort fanden sie zu ihrer Überraschung eine in eine Plastiktüte eingewickelte Botschaft. Diese besagte, die Höhle sei bereits vom „Billingshurst Sub Aqua Club" entdeckt und erforscht worden!

Der Tauchgang

Heute wird der Name Billingshurst Cave für das gesamte Höhlengebilde gebraucht. Unmittelbar im Eingangsbereich gibt es rote Schwämme, Weichkorallen, Meerbarbenkönige und andere interessante Kreaturen. Die meisten Taucher kommen aber aus anderen Gründen hierher, nämlich um die Höhle in voller Länge zu erkunden.

Um damit zu beginnen: Die Höhle liegt in einer rechtwinkligen Biegung der Felsküste. Sie schaut direkt nach Norden, und deshalb kann nie direktes Sonnenlicht eindringen. Hinzu kommt, daß der Eingang tief reicht und der Meeresgrund aus weichem Sand und Schlamm besteht, die leicht aufgewirbelt sind.

Nur kurz vom Eingang entfernt ist es schon dunkel, und Tauchlampen sind unbedingt erforderlich. Die Umrisse der Höhle ähneln nun einem Tunnel,

A - Der Eingang zur Billingshurst Cave liegt an der Nordseite Gozos und kann wegen des über Wasser liegenden langen, gewölbeartigen Bogens leicht gefunden werden.

B - Der weiteste Teil der Höhle ist auch als Railway Tunnel bekannt. Er führt zu einer abschließenden Kammer, in der man auftauchen kann.

C - Die Höhle ist nach dem Tauchclub benannt, der sie erstmals gründlich erkundete. Der traditionelle Name lautete Booming Cave und war abgeleitet vom Geräusch der Brandungswellen, die in die Höhle hineinschlagen.

D - In einem waagerechten Spalt schwimmt ein Dunkler Gabeldorsch, eine Art, die dunkle Standorte bevorzugt.

*E - Zwei Kleine Drachenköpfe (*Scorpaena porcus*) scheinen in einer Nische Zwiesprache zu halten. Bemerkenswert ist die unterschiedliche Färbung.*

*F - In der Höhle leben zahlreiche Zebrabrassen (*Diplodus cervinus*). Sie sind im südlichen Mittelmeer die häufigsten Vertreter ihrer Familie und durch die breiten dunklen Bändern auf den Flanken leicht zu identifizieren.*

*G - Wie überall in den Höhlen stößt man auch hier auf die farbenprächtigen Meerbarbenkönige (*Apogon imberbis*).*

daher die Bezeichnung „Railway Tunnel". Sobald man im Tunnel ist, sinkt der Grund langsam ab. Zusammen mit der sich senkenden Decke entsteht der Eindruck, in die Unterwelt abzutauchen. Aus diesem Grund entscheiden sich manche Taucher hier, den Rückzug anzutreten. Es folgt dann aber auf einer Strecke von 25 Meter nur noch ein weiterer Abfall von drei Meter bis auf 30 Meter Tiefe, bevor der Tunnel sich wieder aufwärts zur abschließenden Höhle wendet. Auf diesem hochführenden Tunnelgrund liegen mehrere einzelne Felsblöcke, und gleich danach kommt man in den abschließenden Raum, in dem man in einer Luftglocke auftauchen kann. Die Decke liegt fünf Meter über dem Wasserspiegel, und die entferntesten Wände liegen außerhalb der Reichweite der Lampe! Gelegentlich stellt man einen heißen und schweren Nebel über dem Wasserspiegel fest. So erstaunlich es klingt: Diese Höhle wird regelmäßig betaucht, ohne daß eine Führungsleine vom Eingang bis zum hintersten Ende fest verlegt wäre. Eine solche Orientierungshilfe halte ich für wichtig. Dieser Tauchplatz ist so beliebt, daß Taucher einer anderen Gruppe zuerst in der Höhle sein und die Sichtbedingungen zunichte machen können. Darauf weise ich hin, auch wenn bisher noch keine Berichte über Zwischen- oder Unfälle von diesem besonderen Tauchplatz bekannt geworden sind.

Unterwasserfotografie

Dieser Platz eignet sich ideal für die Weitwinkelfotografie. Man kann hier Gruppen ablichten, wie sie sich nähern, in die Höhle eindringen und diese wieder verlassen. Innerhalb der Höhle ist das Fotografieren aber schwierig. Es gibt zwar gute Motive, aber die schlechten Lichtbedingungen machen das Scharfstellen mühsam. Ein weiteres Problem stellen jene Taucher dar, die immer bestrebt erscheinen, die Sichtbedingungen zu verschlechtern, indem sie Sand und Schlamm aufwirbeln. Hilfreich für den Fotografen ist ein starkes Pilotlicht – entweder in den Blitz integriert oder separat daran befestigt –, damit er klar fokussieren und auch den Blitz ausrichten kann.

E

F

G

REQQA POINT

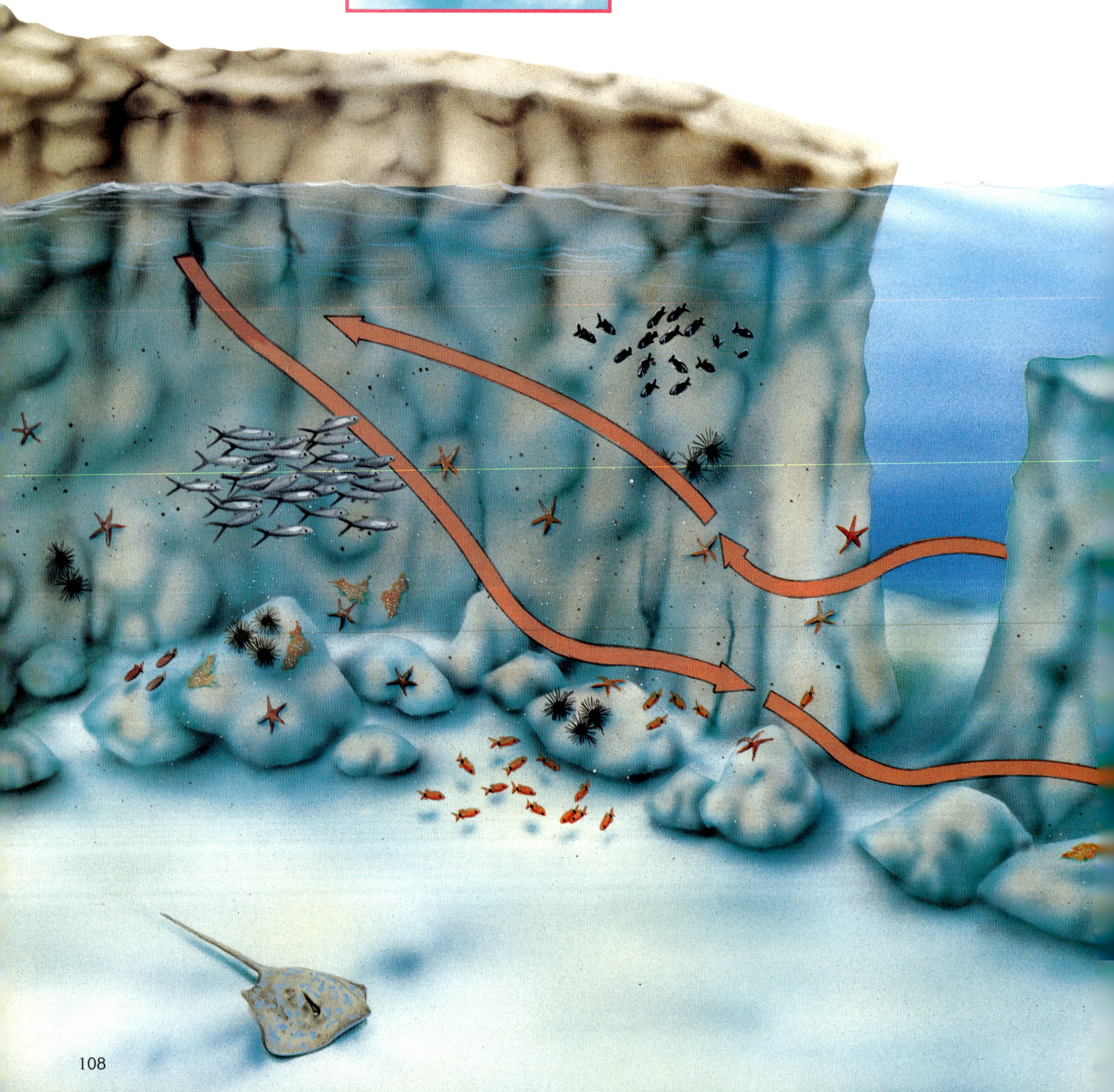

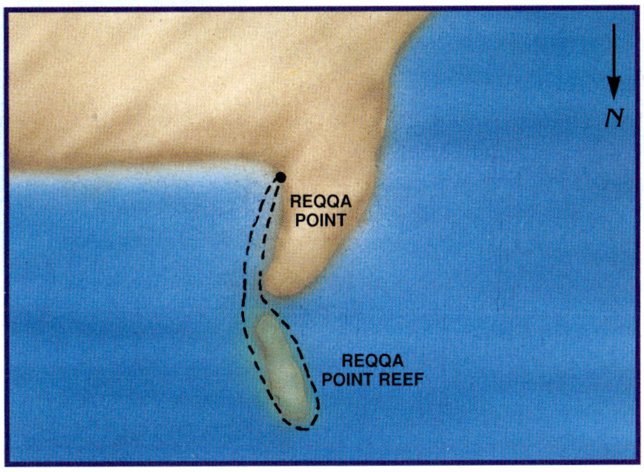

N
REQQA POINT
REQQA POINT REEF

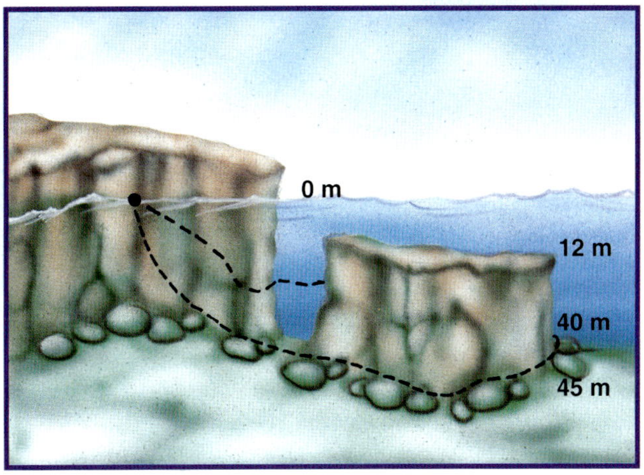

0 m
12 m
40 m
45 m

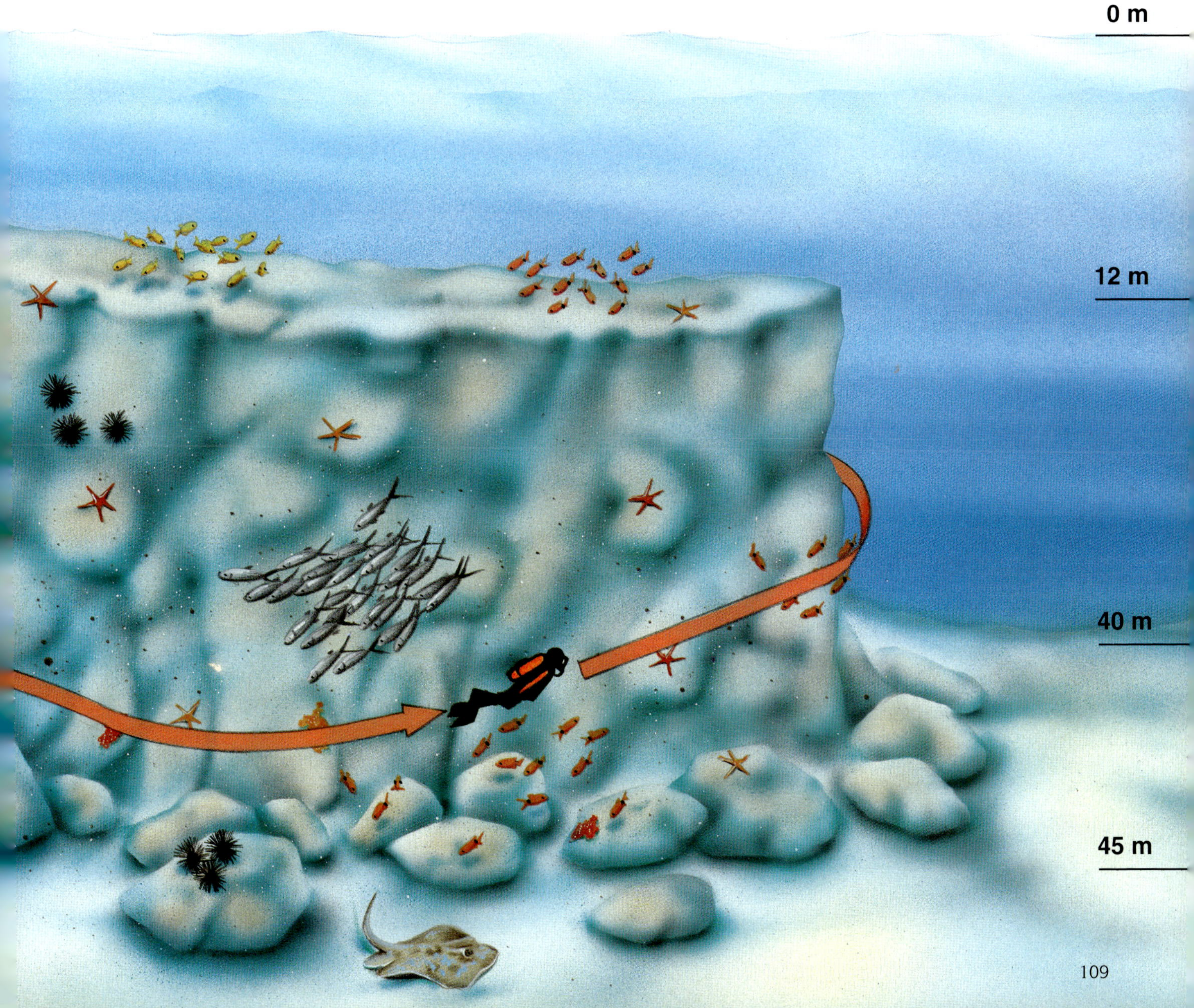

0 m
12 m
40 m
45 m

A - Die Wände fallen senkrecht auf den über 40 Meter tief liegenden Meeresgrund ab. Sonnenstrahlen fallen ins Wasser ein und schaffen eine verzauberte Atmosphäre.

B - Das lange Vorgebirge, das an der Nordküste Gozos vorspringt, setzt sich mit Felsformationen unter Wasser fort. Dort in nördlicher Richtung liegt der Tauchplatz Reqqa Point.

C - Das Ende der Felsformation bildet ein imposanter, senkrecht aufsteigender Felsen. Die Unterwasserszenerie wirkt dramatisch.

Lage

Dieses felsige Vorgebirge an der Nordseite Gozos ist auf den Karten genau verzeichnet. Die Felsen sind sehr scharfkantig, so daß man sich vorsichtig bewegen muß, wenn man zur Einstiegsstelle klettert. Rund um Reqqa Point herum ist das Wasser sehr tief. Der Taucher schwimmt in nahezu nördlicher Richtung und behält die Klippen dabei zur Linken. Diese tauchen schließlich ins Wasser ein und führen zu einem langen, steilen Felsklotz. Er wird Reqqa Point Reef genannt und stellt eine Fortsetzung der Küstenklippen dar.

Der Tauchgang

Man beginnt den Tauchgang an der östlichen Seite von Reqqa Point. Sie wird allgemein als die geschütztere Seite dieses Vorgebirges betrachtet und fällt direkt in Tiefen über 40 Meter ab. Die Tauchrichtung ist nördlich. Sobald die Spalte zwischen Reqqa Point und Reqqa Point Reef erreicht wird, gehen die Taucher auf Tiefe. Zu Füßen der Klippen liegen große Felsbrocken sorgsam angehäuft. Sie bieten Schutzräume für Zackenbarsche, Oktopusse und Große Drachenköpfe. Daneben erstreckt sich Sandgrund, auf dem Stechrochen und Anglerfische jagen.

Während die Taucher rund um das Riff schwimmen, werden sie ständig von einer großen Zahl von Großen Bernsteinmakrelen beschattet. Diese Fische sind sehr neugierig und nähern sich den Tauchern häufig, als wollten sie um Futter betteln. Die Riffwand selbst ist

B

C

A

D

D - Wenn man an der Wand entlangschwimmt, trifft man auf zahlreiche Gruppen von Bernsteinmakrelen. Sie nähern sich dem Taucher neugierig und furchtlos.

mit großen Seesternen und verschiedenen Arten von Seeigeln geschmückt. Das Ende des Riffs bildet ein imposanter, senkrecht aufsteigender Fels, der eine dramatische Unterwasserszenerie schafft. Sein Fuß liegt 45 Meter tief und stellt den tiefsten Bereich dieses Tauchplatzes dar. Von hier setzt man die Umrundung des Riffs fort, steigt dabei aber langsam wieder in die Höhe.
Schließlich erreichen die Taucher wieder den Zwischenraum zwischen den Felsen und kehren zur geschützten Ostseite von Reqqa Point zurück. Bei der Rückkehr zur Einstiegsstelle bleibt üblicherweise noch genug Zeit, die oberen Bereiche des Riffs zu erkunden. Sie liegen zehn bis zwölf Meter tief und beherbergen viele verschiedene Lippfische sowie Drachenköpfe. Auf dem gesamten Tauchgang ist man auch von vielen tausend Mönchsfischen umgeben.
Wenn man zur Einstiegsstelle zurückkehrt, enthüllt Reqqa Point noch eine andere Seite seines vielseitigen und unterschiedlichen Charakters. Die Flachwasserbereiche entlang dieses Bereichs der Felsen werden häufig nicht beachtet – dabei bieten sie eine Überfülle leuchtender Farben: Rote Schwämme, gelbe Weichkorallen, orangefarbige Sternkorallen und Neptunsschleier stehen bunt durcheinander, und alle sind zusätzlich mit den Farben der zahlreichen Meerbarbenkönige dekoriert.

E

F

G

H

*E - Die Nahaufnahme des Feuerwurms (*Hermodice carunculata*) zeigt die Körpersegmente mit den seitlichen Borstenbüscheln. Diese können schmerzhafte Nesselungen hervorrufen.*

*F - Eine Gepunktete Baumschnecke (*Marionia blainvillea*) kriecht über den Grund. Diese Art ist im Mittelmeer häufig. Sie ernährt sich von Nesseltieren.*

*G - An den Wänden von Reqqa Point findet man zahlreiche Violette Seesterne (*Ophidiaster ophidianus*). Charakteristisch sind ihre purpurrote Färbung und die samtartige Haut.*

*H - Ein Oktopus versucht sich zu tarnen, indem er die Färbung seines Mantels verändert. Um ihn herum stehen zahlreiche Sternkorallen (*Astroides calycularis*).*

Unterwasserfotografie

Die Ostseite von Reqqa Point liegt morgens vor der direkten Sonneneinstrahlung geschützt, ebenso wie die Westseite nachmittags. Dieser kleine Unterschied kann – auch an den sonnigsten Tagen – für die Fotografie von entscheidender Bedeutung sein, vor allem wenn man Weitwinkelaufnahmen von Tauchern anfertigen möchte. Etwas vom Riff entfernt stellt sich das Problem aber nicht als so gravierend dar. An diesem Tauchplatz empfiehlt sich die Verwendung des Weitwinkelobjektivs, um die häufig dramatische Unterwasserszenerie abzubilden, was mit oder ohne Einbeziehung von Tauchern geschehen kann.
An diesem Platz findet man aber auch zahlreiche Motive für Nah- und Makrofotografie – vor allem in den flacheren Bereichen gegen Ende des Tauchgangs.

DOUBLE ARCH REEF

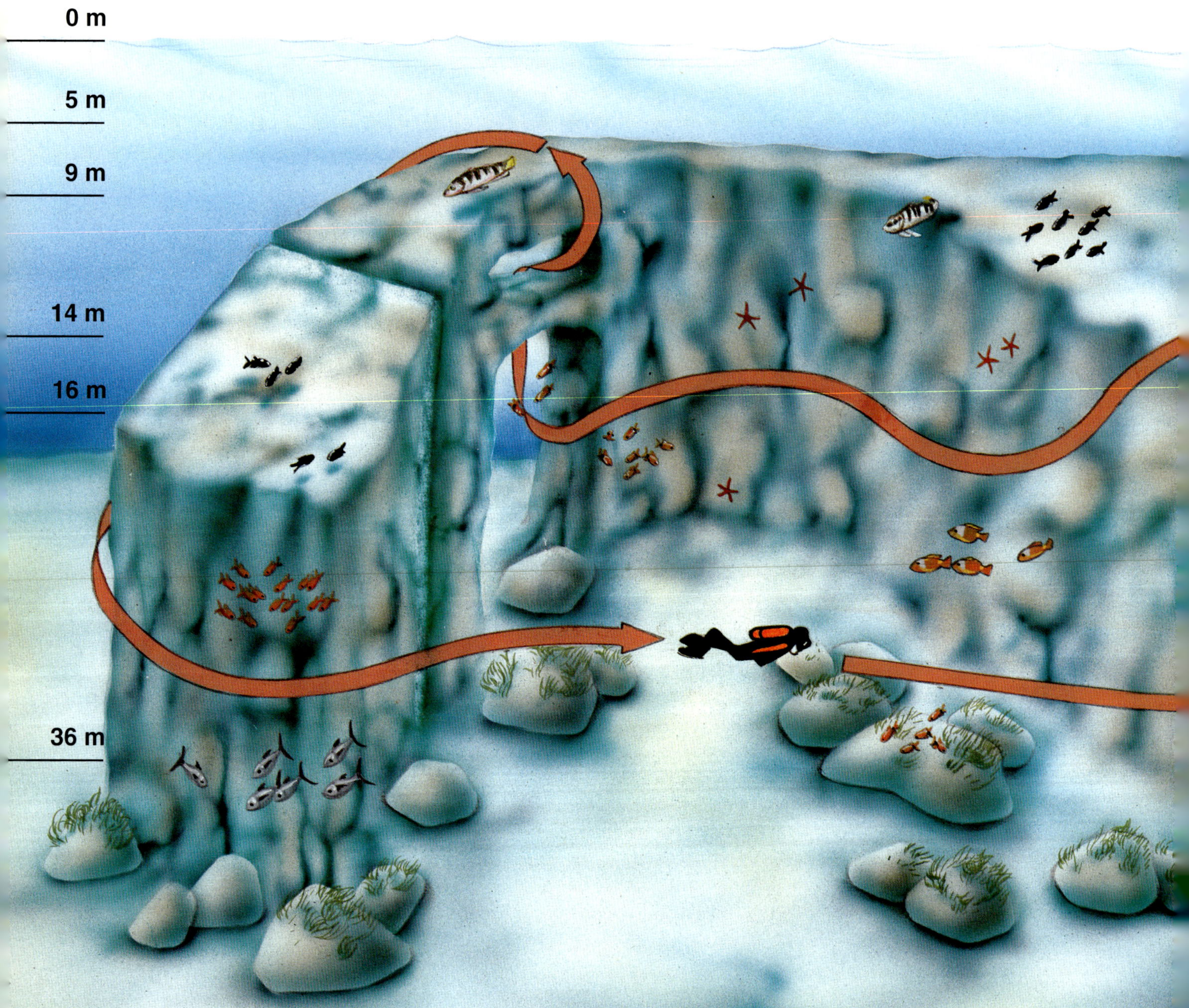

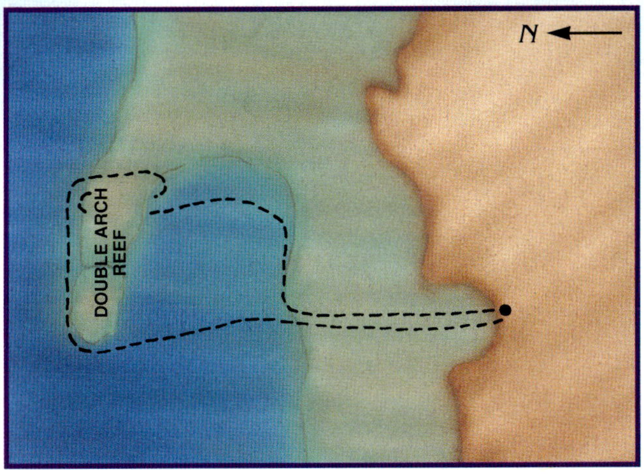
N
DOUBLE ARCH
REEF

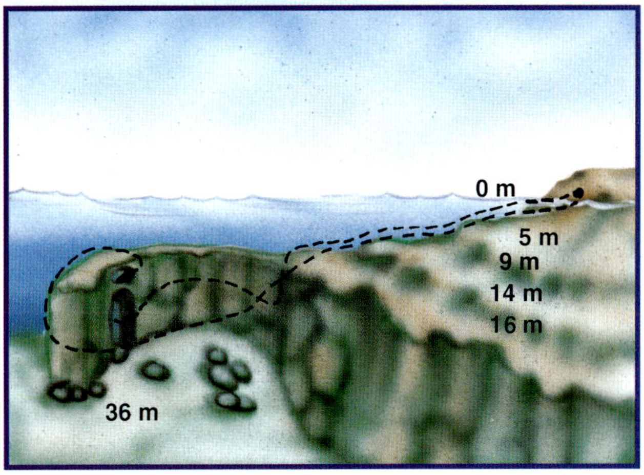
0 m
5 m
9 m
14 m
16 m
36 m

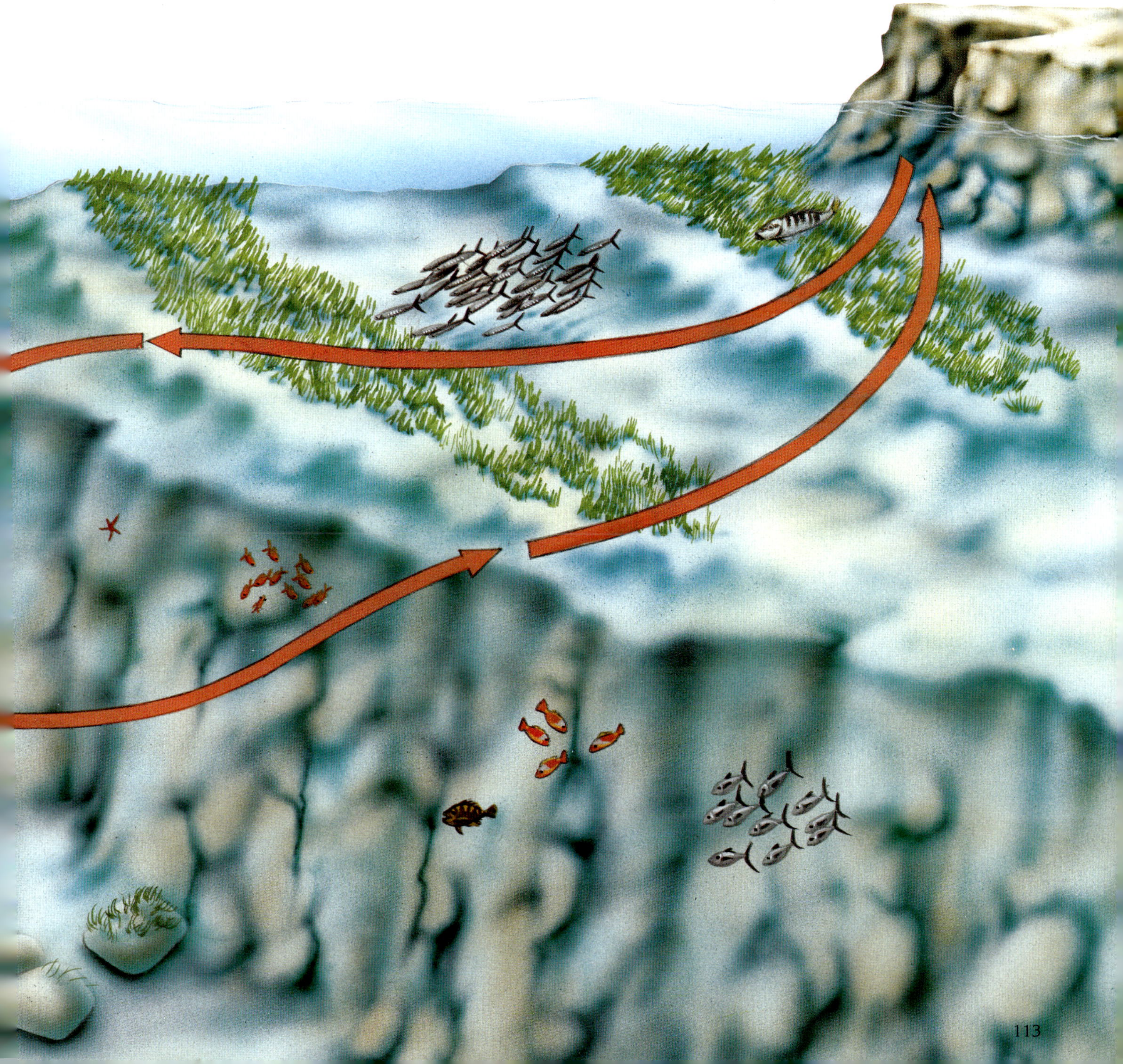

A - Seltsame geologische Struktur: Ein doppelter Bogen überbrückt zwei weite Öffnungen im Fels.

B - Die beiden Felsöffnungen sind so groß, daß man bequem hindurchschwimmen kann.

C - Die Seeigel haben einen komplexen Freßapparat, mit dem sie die Algen verzehren können.

D - Die Felsen grenzen an eine Sandfläche, die wegen ihrer Lage im Flachwasser von der Sonne bestrahlt wird. Das Rippenmuster des Sandes zeugt von den Wasserbewegungen.

*E - Dieser Kleine Drachenkopf (*Scorpaena porcus*) ist eine Nahaufnahme wert. Deutlich erkennt man die für Raubfische charakteristischen großen Augen und Kiefer.*

*F - Auf dem Sandgrund im Flachwasser erstrecken sich Posidonienwiesen, und andere Flächen sind mit Algen bestanden. In diesem Lebensraum stößt man häufig auf Gemeine Sepien (*Sepia officinalis*).*

*G - Ein Gelber Spitzkopf-Schleimfisch (*Tripterygion delaisi*) ruht auf dem Grund. Dies ist ein Männchen und zeigt seine Balzfarben, wie man an den blaugeränderten Flossen und dem dunkelschwarzen Kopf erkennt.*

A

B

C

D

Lage

Ein kurzes Stück östlich der Xwieni Bay an der Nordküste Gozos liegt ein kleiner, U-förmiger Einschnitt in der Felswand nicht weit von der Straße entfernt. Der Einstieg ins Wasser ist relativ leicht, aber auch hier muß vor den scharfkantigen und rutschigen Felsen gewarnt werden. Von hier aus geht es in nördlicher Richtung dem Meer zu, und nach etwa 200 Meter erreicht man ein Dropoff. An diesem Abbruch wendet man sich nach rechts (östlich) und folgt der Steilwand, die sich bogenförmig nach links erstreckt. Bald kommen die beiden ausgeprägten Fenster in der senkrechten Wand in Sicht, die dem Platz zu seinem Namen Double Arch Reef verhalfen.

Der Tauchgang

An diesem Tauchplatz muß man eine weite Strecke zurücklegen und gewisse grundlegende Navigationstechniken beherrschen. Der Meeresgrund liegt anfangs nur wenige Meter tief. Man muß beim Einstieg darauf achten, daß man nicht zu heftig auf die dort liegenden Steine fällt, weil diese mit Tausenden von Seeigeln besetzt sind. Dann folgt man einer Peilung genau nach Norden und beachtet den Meeresgrund. Ab einer Tiefe von neun Meter werden die Steine durch Sandgrund abgelöst. Nach etwa 50 Meter fällt der Sandgrund weiter auf elf und schließlich auf 14 Meter ab. Hier gelangt man über weite Wiesen aus Zwergseegras, die unter anderem von Sepien, Oktopussen und sogar Seepferdchen bewohnt werden. In diesem Gebiet sichtet man auch häufig einen großen Schwarm halbwüchsiger, etwa 50 Zentimeter langer Barrakudas.
Nach einer Strecke von etwa 200 Meter gelangt man plötzlich zu einem Steilabfall, der senkrecht bis in 36 Meter Tiefe reicht und in westöstlicher Richtung verläuft. Hier wendet man sich ostwärts und folgt der Wand, bis sie bogenförmig nach links verläuft und zu einem unterseeischen Vorgebirge wird. Am Ende dieses „Vorgebirges“ steht ein einzelner Fels, der durch

eine schmale Spalte vom anderen Gestein getrennt ist. Unmittelbar vor dieser Spalte stößt man auf die beiden Fenster in der Wand, die jeweils von einem Felsbogen überbrückt werden. Das ist Double Arch, der Doppelbogen. Wenn ich mit derartig seltsamen Naturformen konfrontiert werde, frage ich mich immer unwillkürlich, wie sie wohl entstanden sein mögen. Bei einem einfachen Bogen kann man sich das leicht vorstellen, nämlich daß eine Bruchstelle in der Wand plötzlich nachgibt und sich der Bogen bildet. Aber wie eine große Felsformation plötzlich herausfallen kann, um das obere Fenster zu bilden, ist nicht nachzuvollziehen. Der durchlöcherte Fels reicht bis 16 Meter herauf, und sein Fuß liegt 36 Meter tief. Das untere Fenster ist bei weitem größer als das obere.

Bei diesem Tauchplatz müssen die Taucher gut auf ihren Luftverbrauch achten. Der lange Weg hinaus muß auch wieder zurückgeschwommen werden – und das drückt sich in langer Tauchzeit und gegebenenfalls zum Abschluß in langer Dekompression aus. Den Weg hinaus sollte man schnell und ohne unnötige Verzögerung zurücklegen. Dabei muß man aber nicht versuchen, Geschwindigkeitsrekorde aufzustellen, denn Verzögerungen und Anstrengung durch schnelles Schwimmen führen zu unnötigem Luftverbrauch. Die Einstiegsstelle liegt gut geschützt und eignet sich ideal zum Dekomprimieren.

Unterwasserfotografie

Ziel dieses Tauchgangs ist es, eine der seltsamsten Gesteinsstrukturen in den maltesischen Gewässern zu dokumentieren: Double Arch Reef. Hierzu benötigt man ein Weitwinkelobjektiv sowie einen leistungsfähigen Blitz. Ich empfehle auch einen empfindlicheren Film – mindestens 200 ASA. Der Doppelbogen ist schwierig zu fotografieren. Von der Landseite her gesehen sind die Bogen ständig beschattet. Man muß deshalb seine Tauchpartner auf der seewärtigen Seite plazieren, die immer im Sonnenlicht liegt.

E

F

G

XATT L-AHMAR

N
MITTELMEER
GOZO
XATT L-AHMAR
COMINO
COMINOTTO

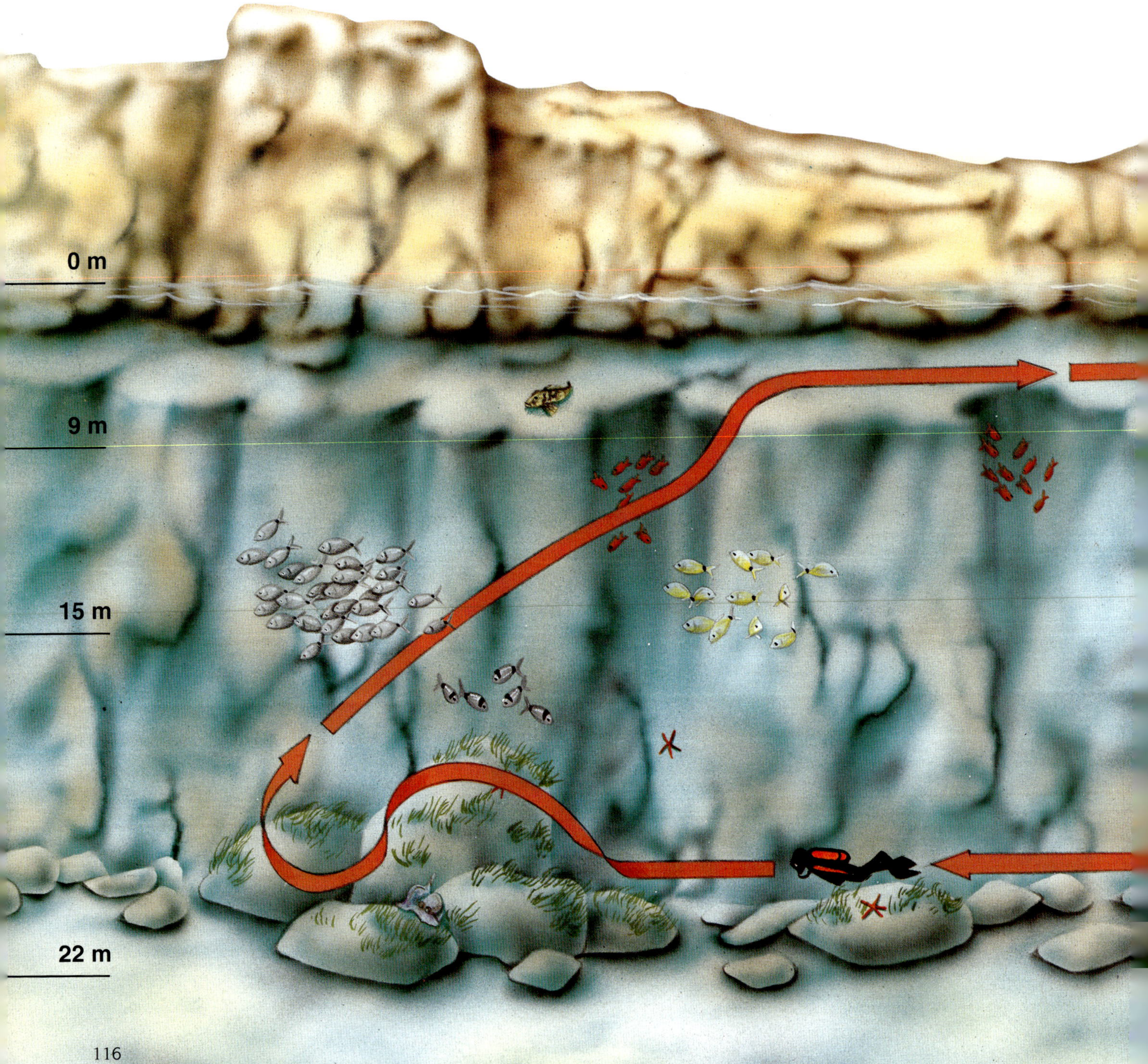

0 m
9 m
15 m
22 m

N
XATT
L-AHMAR
MELLIEHA
POINT

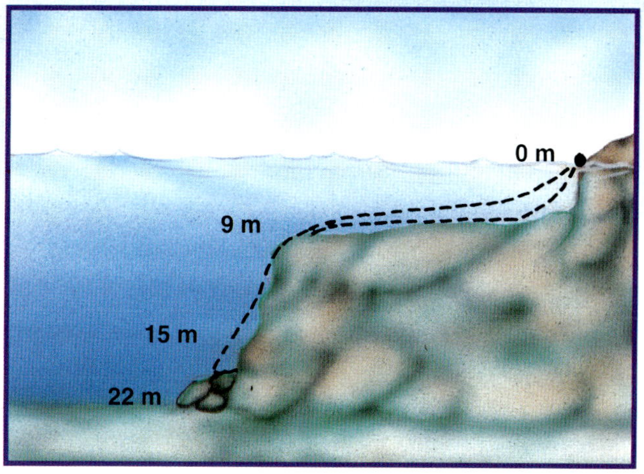
0 m
9 m
15 m
22 m

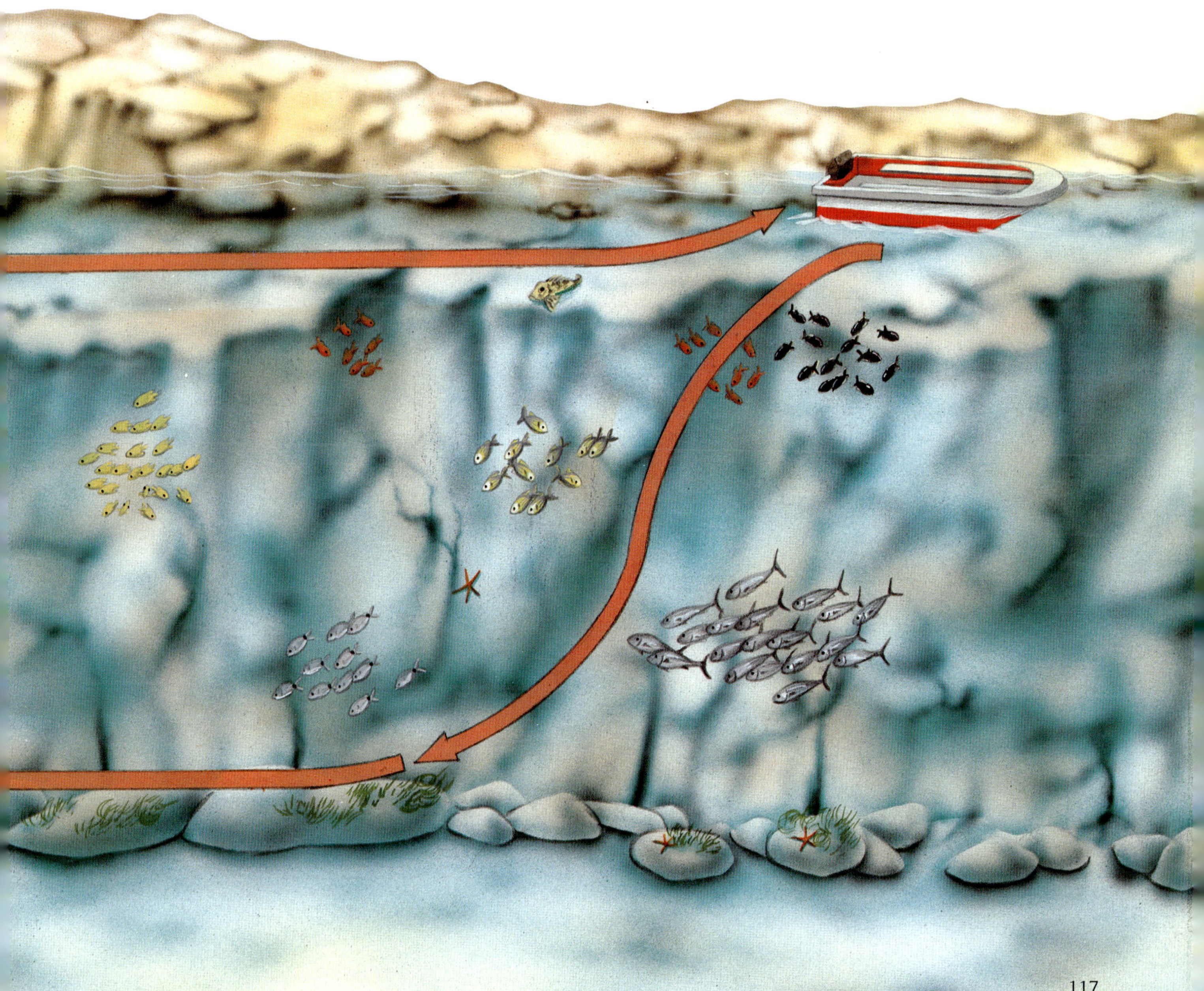

A - *Etwas südlich von Mgarr liegt die kleine Bucht, in der der Tauchgang beginnt. Die Einstiegsstelle ist schwierig zu finden, deshalb sollte man sich von Einheimischen beraten lassen.*

B - *Wenn das Meer ruhig ist, bieten die Felsen an der Küste viele bequeme Einstiegs- und Ausstiegsmöglichkeiten.*

C - *Große Felsmassen wechseln sich mit Geröllhalden ab, in denen eine Vielzahl von Fischen und Wirbellosen Schutzräume finden: Meerbarben, Zackenbarsche, Brassen, Oktopusse und Sepien.*

D - *Die Tauchroute ist abwechslungsreich, und nach den Flachwassergebieten am Anfang taucht man bis zum Fuß der Wand in 22 Meter Tiefe ab.*

Lage

Xatt L-Ahmar ist eine kleine Bucht nicht weit südwestlich von Mgarr. Obwohl auf den Karten vermerkt, ist sie nicht leicht zu finden. Wenn man die Hauptstraße verläßt, führen viele nicht aufgezeichnete Feldwege kreuz und quer durchs Gelände, und da man die Küste selbst nicht sieht, ist es schwierig, sich für den richtigen zu entscheiden. Der Weg ist aber den örtlichen Tauchbasen wohlbekannt. An der Einstiegsstelle führt ein leichter Hang über Felsen und Gestein zum Wasser hinunter, und dort findet man viele Stellen, an denen man bequem ein- und aussteigen kann.

Der Tauchgang

Dieser Tauchgang führt an einem Teil der Küste entlang, der oft übersehen wird. Unmittelbar unter der Wasseroberfläche schwimmen die Taucher quer über einen langen und recht breiten horizontalen Sims, der etwa neun Meter tief liegt. Dieser ist mit Seegräsern und Algen bedeckt, die nahezu golden schimmern. Sprotten und Sardinen in großer Zahl ernähren sich davon. Sie scheinen die Anwesenheit der Taucher gar nicht zu beachten, behalten aber immer einen respektvollen Abstand.
An der Riffkante kann man sich an der Steilwand bis in 22 Meter Tiefe absinken lassen. Dann dreht man nach rechts und folgt der Wand in südwestlicher Richtung. Der Meeresgrund ist übersät mit Steinblöcken und Geröll, die hier etwas anders verteilt sind als an anderen Tauchplätzen: Gebiete mit kleinem Geröll wechseln sich mit sehr großen Felsmassen ab. Es mag seltsam klingen, aber das Arrangement sieht aus, als sei es zum Vergnügen der Taucher so angelegt worden! Das ist natürlich nicht der Fall, aber jedenfalls sind so verschiedene Lebensräume entstanden, die den Ansprüchen verschiedener Lebewesen genügen: Oktopusse, Meerbarben, kleine Zackenbarsche, Sepien, Brassen und viele andere. Außerhalb dieser Konglomerate schafft der Sandgrund ausgezeichnete

A

B

C

D

E - Der Tauchgang folgt einem Teil der Küste, der im allgemeinen vernachlässigt wird. Anfänglich kreuzt man über eine mit Algen bewachsene Zone, in der man Sprotten und Sardinen sichten kann.

*F - Ein großer Brauner Zackenbarsch (***Epinephelus guaza/marginatus***) schwebt über einem algenbewachsenen Felsblock. Die Zackenbarsche sind territorial und halten sich innerhalb eines genau umrissenen Gebiets auf.*

*G - Die das Blitzlicht reflektierenden Goldstriemen (***Sarpa = Boops salpa***) kontrastieren zu dem Azurblau des Freiwassers. Die Goldstriemen sind gesellige Schwarmfische, und ihre Schulen trifft man in den maltesischen Gewässern häufig an.*

Jagdgründe für Eidechsenfische, Anglerfische, Nagel- und Stechrochen. Natürlich kann man nicht erwarten, alle diese Arten bei einem einzigen Tauchgang zu sichten!
Nach etwa 200 Meter Schwimmstrecke gelangt man zu einigen sehr großen Felsbrocken, zwischen denen interessante Passagen zu durchtauchen sind. Hier ist der Wendepunkt dieses Tauchplatzes. Meistens steigt man nun zum oberen Bereich der Wand auf und schwimmt dort zurück bis zur Ausstiegsstelle. Dabei sichtet man überall kleine Schulen von Zweibinden- und Brandbrassen, außerdem große Schwärme von Gelbstriemen und Mönchsfischen. Sowohl ober- als auch unterhalb der Riffkante sieht man auch viele solitäre Fische wie Seepapageien, Goldstriemen und Drachenköpfe, um nur einige wenige zu nennen. Wegen dieses Artenreichtums verdient der Tauchplatz Xatt L-Ahmar besondere Beachtung. In naher Zukunft soll hier in der Nähe ein großes Wrack als neue Attraktion versenkt werden.

G

H

E

I

F

Unterwasserfotografie

Wegen seines Fischreichtums ist dieser Platz ideal für Nah- und Makrofotografie von Fischen und anderen Meerestieren. Besonders wichtig ist hier das Makroobjektiv, denn man findet viele kleine und aufregende Motive zwischen dem Seegras oder in den vielen Spalten und Löchern, die diesen Tauchplatz so interessant machen.

*H - Nachts begegnet man oft den Langarmigen Kraken (***Octopus macropus***). Sie unterscheiden sich vom gewöhnlichen Oktopus vor allem durch die längeren, schlankeren Arme.*

*I - Ein Schriftbarsch (***Serranus scriba***) schwimmt gemächlich am Meeresgrund.*

FESSEJ ROCK

GOZO
MGARR HARBOUR
NORTH COMINO CHANNEL
N
MGARR IX-XINI
FESSEJ ROCK
COMINOTTO
COMINO
SOUTH COMINO CHANNEL
MALTA

0 m
10 m
20 m
45 m
50 m

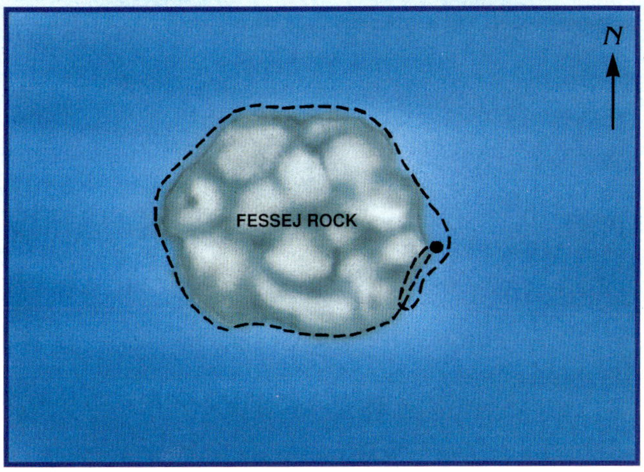
FESSEJ ROCK
N

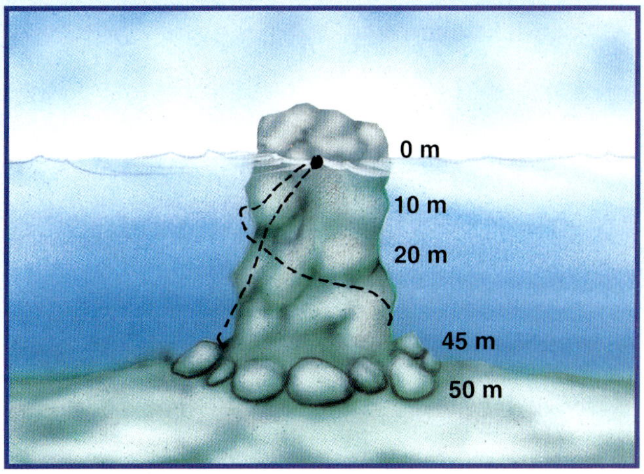
0 m
10 m
20 m
45 m
50 m

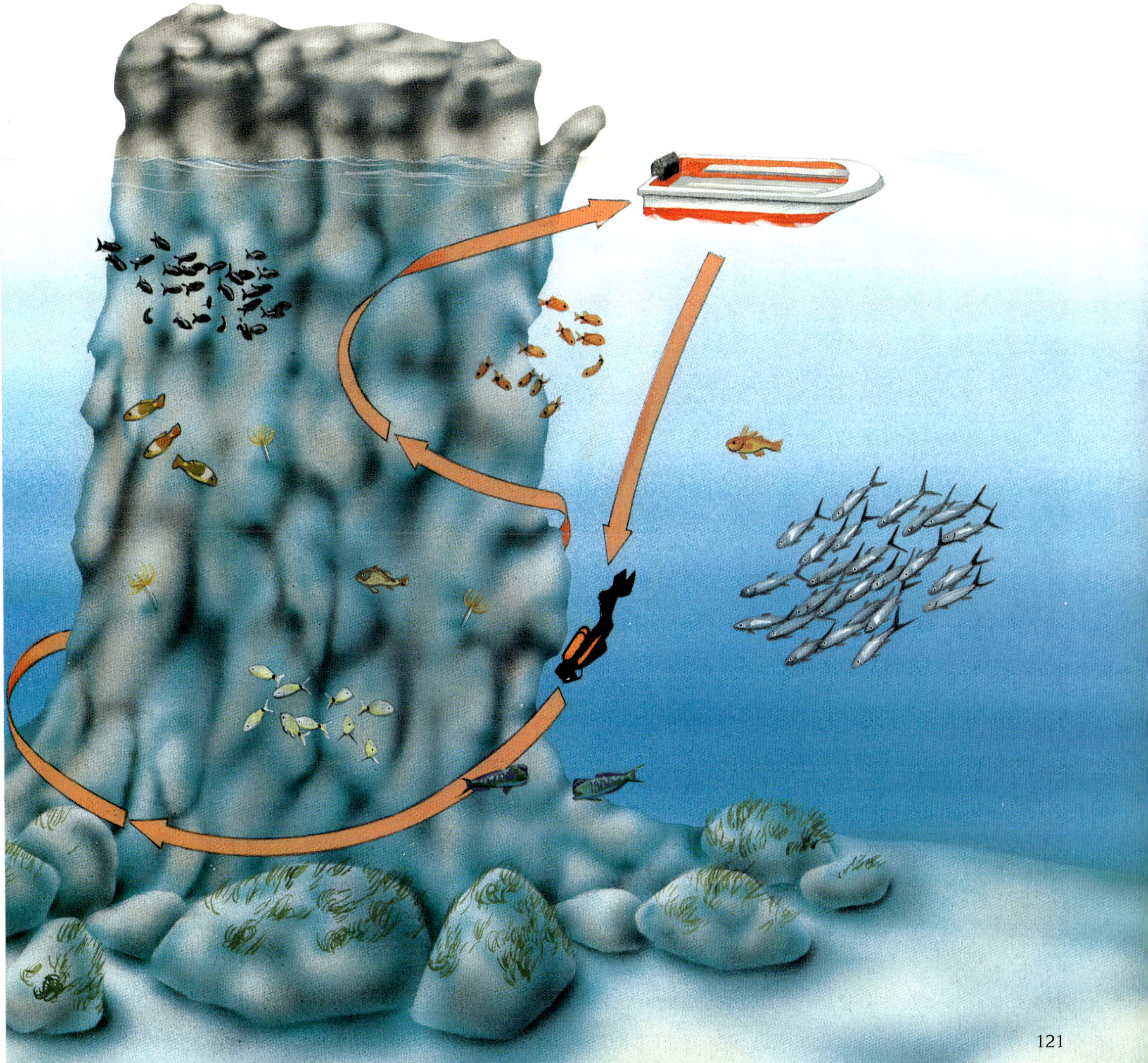

IL-KANTRA

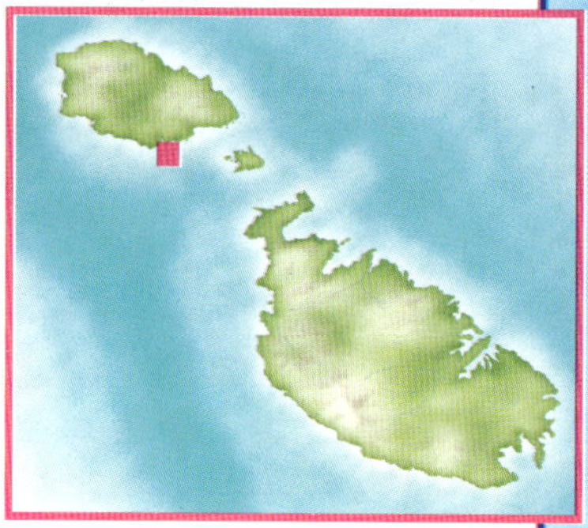

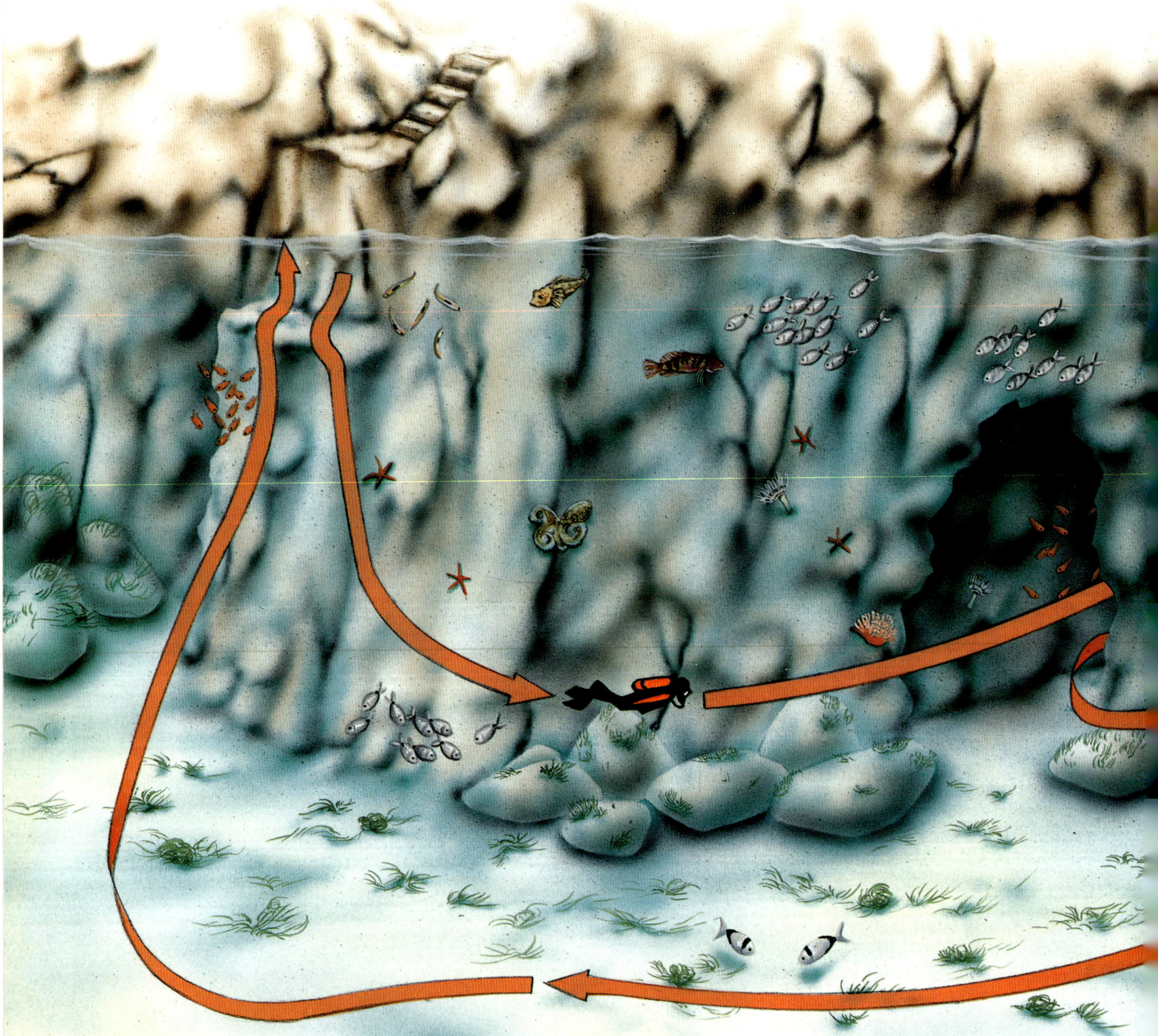

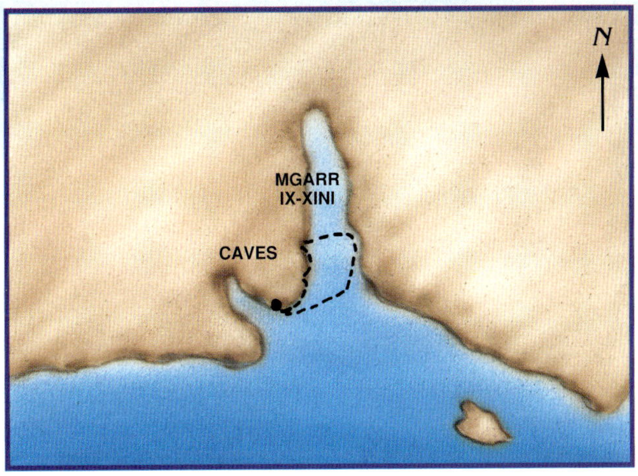
N
MGARR IX-XINI
CAVES

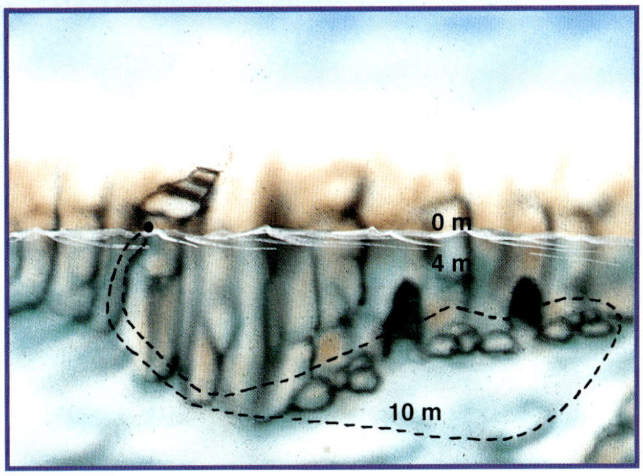
0 m
4 m
10 m

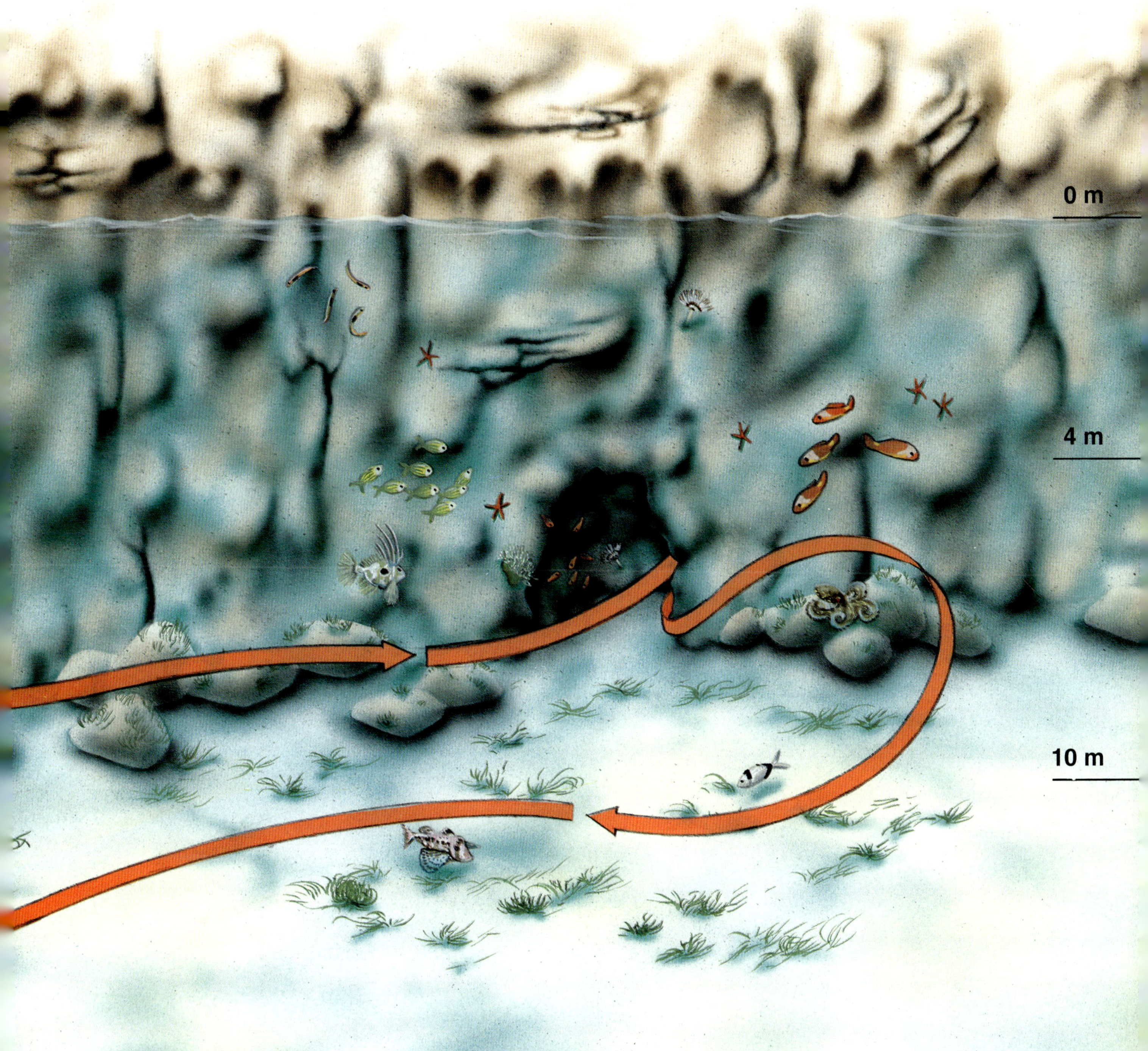
0 m
4 m
10 m

A – *Einhundertunddrei Stufen muß man hinabsteigen, um die kleine Steinplattform zu erreichen, von der aus man ins Wasser kommt! Il-Kantra liegt auf der Westseite der Bucht Mgarr ix-Xini.*

B – *Manchmal ist die Sicht in der Bucht getrübt, aber selbst dann noch ist der Tauchplatz wegen der Vielzahl der anzutreffenden Lebensformen außerordentlich interessant.*

Lage

Direkt am westlichen Eingang der tiefgezogenen Bucht (auf Malta „Inlet“ genannt) Mgarr ix-Xini muß man nicht weniger als einhundertunddrei Stufen hinab zum Wasser steigen, wo eine kleine Steinplattform eine ausgezeichnete Einstiegs- und Ausstiegsstelle bildet. Wegen der vielen Feldwege ist es schwierig, diese Stufen zu finden – aber die örtlichen Tauchbasen kennen sich aus. Der Taucher kann an der Wand zu seiner Linken entlang in die Bucht hinein schwimmen, in der er schließlich zu zwei großen Höhlen gelangt. Eine Alternative ist der Weg zum Meer hinaus, wo die Sichtbedingungen besser sind.

Der Tauchgang

Wenn man abgetaucht ist, findet man sich über einem kleinen Hang wieder, auf dem häufig Seepferdchen gefunden werden. Sie sind aber gut getarnt, und man muß sehr genau danach suchen. Unter diesem Hang liegt der acht Meter tiefe Grund. Diese Form der Klippen setzt sich nach links hin fort, bis man in die Bucht hineingelangt. Die Westseite der Bucht ist zweifellos die interessantere, und man kann hier eine Reihe von Fischen sehen, die man anderswo kaum antrifft. Dazu gehören Gestreifter Flughahn und Seekuckuck, Himmelsgucker und – allerdings nur einmal gesichtet – Petersfische. Daneben sieht man stattliche Exemplare von Meerbarben, Brassen, Schriftbarschen und Drachenköpfen, ferner kleine Oktopusse und große Sepien.

Wenn man etwas weiter in die Bucht hinein schwimmt, gelangt man zur ersten der beiden Höhlen. Diese hat einen am Grund zehn Meter und oben drei Meter breiten Eingang. In der Höhle ist die Decke besonders bemerkenswert, an der man auftauchen kann. Etwa 50 Meter weiter folgt die zweite Höhle, die viel kleiner ist. Im vorderen Eingangsbereich beider Höhlen findet man sehr interessante Seeanemonen, Seegurken und sogar Garne-

C

D

A

B

C – *Ein typischer Bewohner des Sandgrunds ist der Himmelsgucker (***Uranoscopus scaber***). Seine schwarze Rückenflosse ist mit giftigen Flossenstrahlen ausgestattet, die dem Taucher schmerzhafte Wunden zufügen können.*

D – *Auf dem Sandgrund kann man aufregende Begegnungen haben: Hier ist es ein Gestreifter Knurrhahn (***Trigloporus lastoviza***), der seine flügelartigen Brustflossen ausbreitet und damit über den Grund gleiten kann. Dann sieht man auch, daß die Brustflossen blau gesäumt und mit blauen Flecken übersät sind.*

*E – Gleich zu Beginn des Tauchgangs kann man in den Höhlen die eleganten Einhorn-Garnelen (*Pleisionika narval*) mit ihrem langen Rostrum und den Antennen sehen.*

F – Ein Spitzkopf-Schleimfisch ruht zwischen Algen. Er ernährt sich von winzigen Krebstierchen, und wenn nicht gerade Balzzeit ist, kann man Männchen und Weibchen kaum auseinanderhalten.

G – Ein Drachenkopf demonstriert, wie vielfältig die Färbung dieses Raubfisches sein kann. Hier hat er sich farblich dem Grund angepaßt, auf dem er lauert, und Streifen ausgebildet, die den Körperumriß auflösen.

len, die sich vorsichtig zwischen den seltsam geformten Wänden verstecken. Der Grund der Bucht zwischen den Klippenwänden ist mit grobem Sand bedeckt, auf dem verstreut Seegras und Posidonien wachsen. Zwischen dieser Vegetation findet man die erwähnten seltenen Arten. Außer diesen gibt es hier zahlreiche Meerbarben, die den Sand nach ihrer Nahrung durchsuchen. Interessanterweise arbeitet jede dieser Barben mit einer Zweibindenbrasse zusammen. Diese lauert offenbar darauf, daß die Meerbarbe etwas Freßbares übersieht.

Unterwasserfotografie

In der Bucht selbst ist die Sicht recht beschränkt. Weitwinkelfotografie kann man deshalb nur am Ausgang der Bucht sowie in den beiden Höhlen betreiben. Das Innere der ersten Höhle ist besonders interessant und fotografierenswert.
Wenn ich einen Platz benennen sollte, der sich besonders für die Nah- und Makrofotografie eignet, würde ich Il-

G

H

E

I

F

Kantra vorschlagen. Hier trifft der Taucher auf zahlreiche Arten, die man anderswo kaum einmal sichtet. So habe ich an diesem Tauchplatz den sehr seltenen Petersfisch gesehen und zum ersten und bisher einzigen Mal Seekuckuck und Himmelsgucker. Fische gibt es hier so im Überfluß, daß man fast garantiert irgendetwas Außergewöhnliches finden kann. Einmal hatten wir uns fest vorgenommen, nach einem Flughahn zu suchen – und wir haben ihn tatsächlich aufgespürt!

H – Diese Sepia ist als solche kaum zu erkennen, da sie ihre Tentakel aufrollt und die Hautoberfläche in Falten und Auswüchse legt. Sepien begegnet man bei Il-Kantra häufig.

I – Getarnt zwischen Algen und Seescheiden sucht ein kleiner Schleimfisch Zuflucht vor Verfolgern.

COMINO CAVES

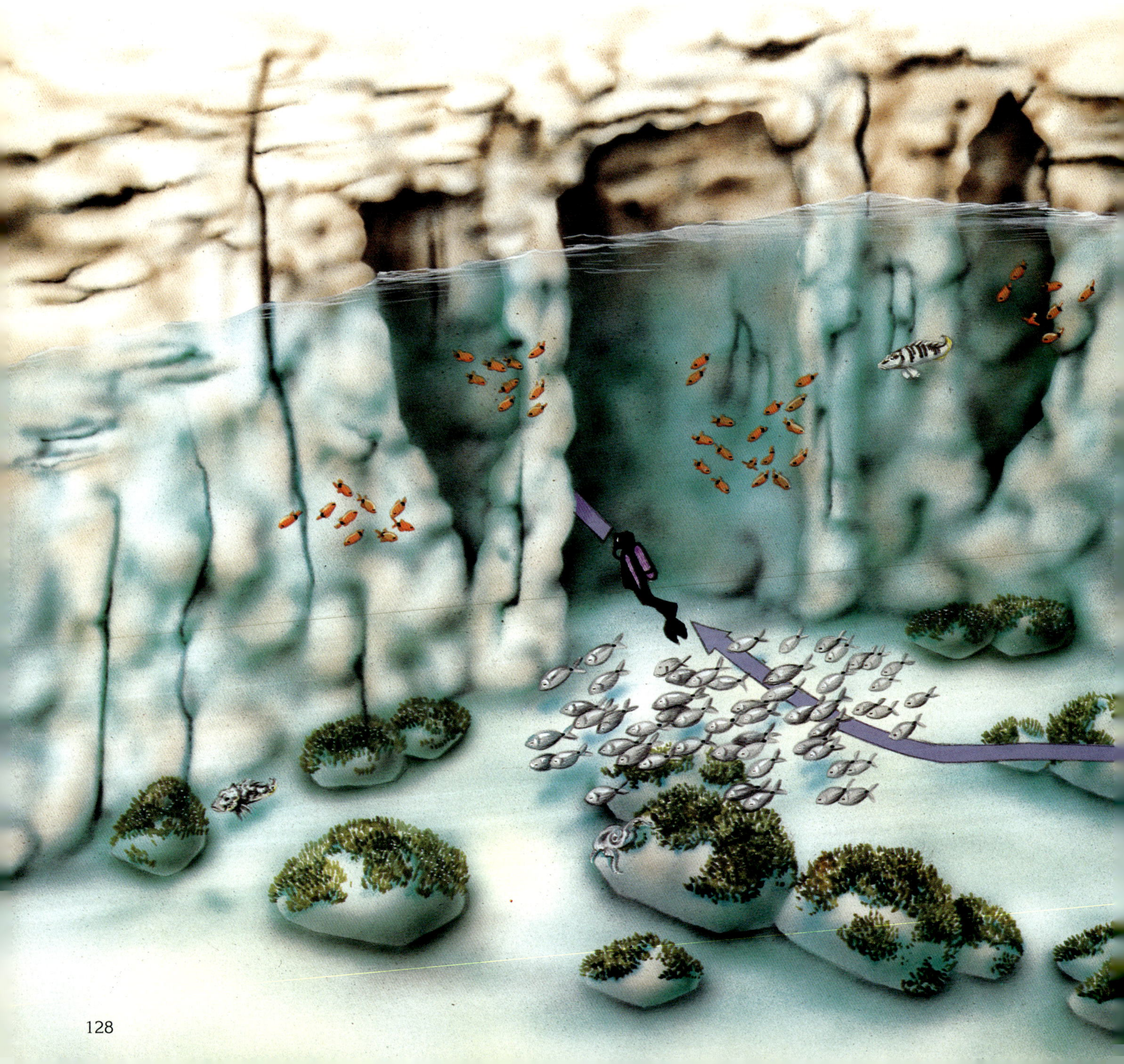

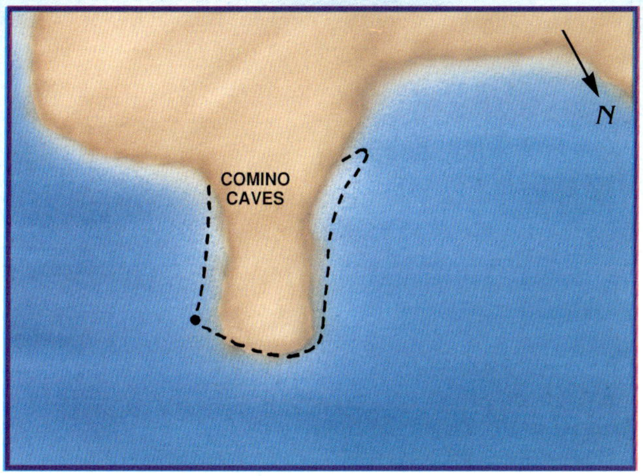
COMINO
CAVES
N

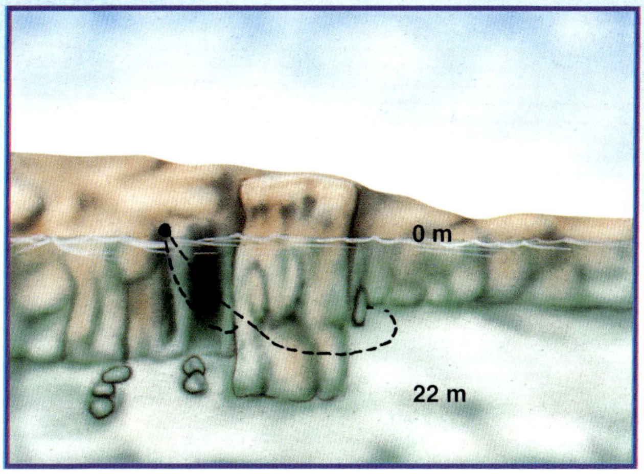
0 m
22 m

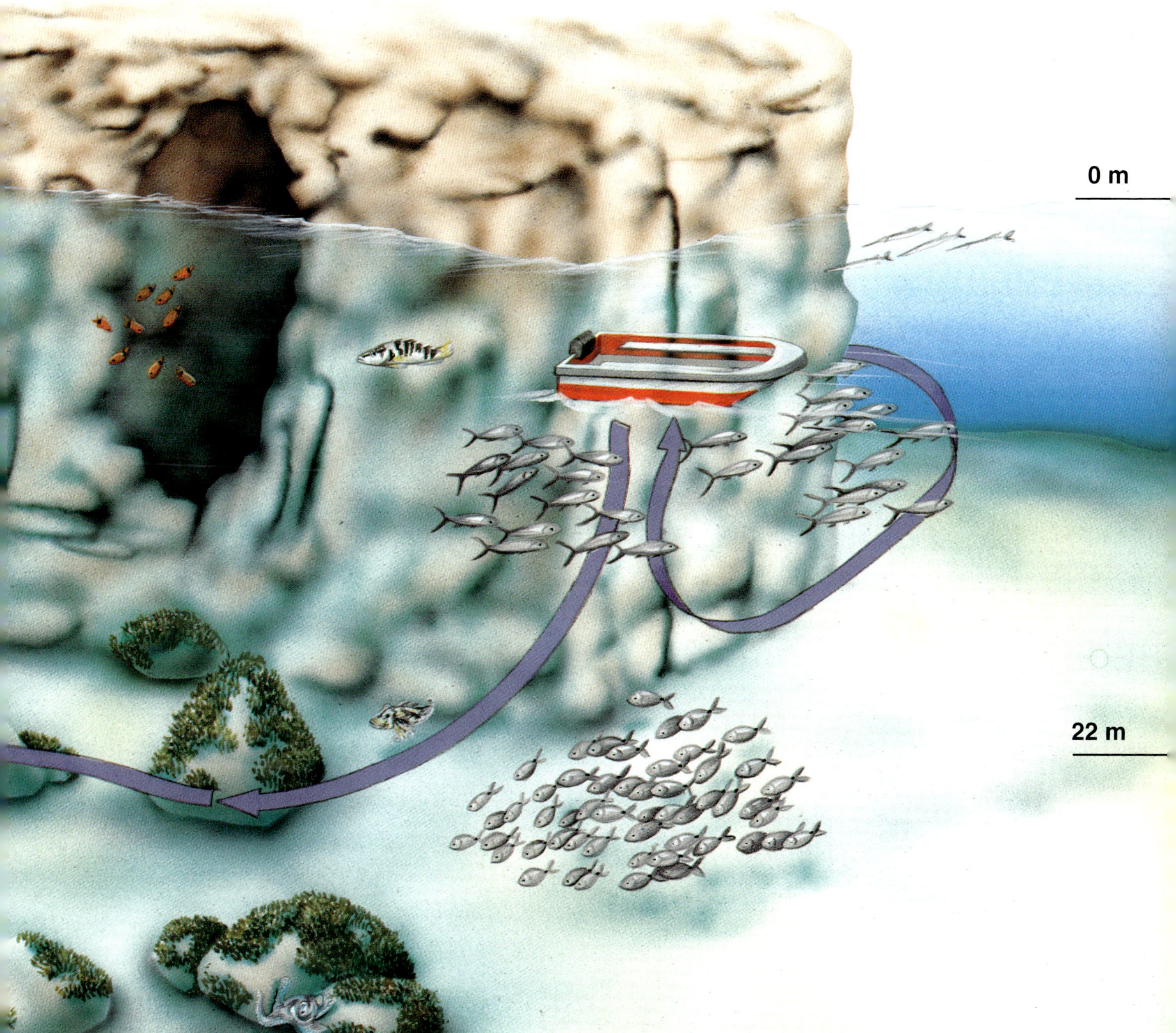
0 m
22 m

A - Die Insel Comino, zwischen Malta und Gozo gelegen, ist berühmt für ihre Unterwasserhöhlen an der Nordküste. Die L-förmige Bucht in der Nähe von Ghemieri ist zu einem der beliebtesten Ziele für Höhlentaucher geworden.

*B - Wenn man ihnen Futter anbietet, tanzen die Brandbrassen (*Oblada melanura*) in einer Art Freßrausch um die Taucher herum.*

C - Die Brandbrassen kommen in den maltesischen Gewässern häufig vor. Diese Art aus der Familie der Sparidae lebt immer gesellig im Schwarm.

D - Die Sonneneinstrahlung vermindert sich schnell nach wenigen Metern in die Tiefe, deshalb sind Lampe und Blitz wichtige Ausrüstungsbestandteile, wenn man die Einzelheiten genau erkunden möchte.

E - Weil sie an den Comino Caves von den Tauchern regelmäßig angefüttert werden, ist die Konzentration von Brandbrassen dort besonders groß.

A

B

C

D

Lage

Comino liegt zwischen den Inseln Malta und Gozo und ist durch seine vielen interessanten Unterwasserhöhlen berühmt geworden. Diese liegen an der Nordküste direkt östlich der Landspitze Ghemieri. Hier gibt es eine L-förmige Bucht, in der man die Höhlen schon an der Oberfläche erkennt. Genau in der Ecke der Bucht findet man einen der beliebtesten Tauchplätze der Maltesischen Inseln. Er wird im allgemeinen zum zweiten, flacheren Tauchgang aufgesucht.

E

Der Tauchgang

Getaucht wird hier vom Boot aus, wofür sich zahlreiche gute Ankerplätze in Ufernähe anbieten. Sobald sie am Meeresgrund sind, werden die Taucher von vielen tausend Brandbrassen richtiggehend belästigt. Diese Fische findet man überall in den Gewässern des Archipels, aber hier werden sie regelmäßig angefüttert und haben sich deshalb in großer Zahl versammelt. Wer Futter austeilt, verschwindet in einer Wolke wimmelnder Fischleiber.
Schließlich schwimmen die Taucher zum Höhleneingang hinüber, der direkt in der Ecke der Bucht liegt. Am Eingang ist die Höhle nur zehn Meter tief, und gleich dahinter wird sie noch flacher. Zuerst hat man den Eindruck, daß die Höhle abrupt endet, aber nachdem sie eine Biegung nach rechts gemacht hat, kommen zwei Ausgänge in

*F - Die Dunklen Gabeldorsche (***Phycis phycis***) sind typische Höhlenbewohner. Sie sind an den beiden verzweigten Barbeln am Unterkiefer sowie an den bis zur Schwanzwurzel ausgezogenen Rücken- und Bauchflossen leicht zu erkennen.*

*G - Ein Fächer-Röhrenwurm (***Bispira volutacornis***) hat seine Tentakelkrone voll entfaltet, während links ein anderer sich vollständig in die Wohnröhre zurückgezogen hat.*

*H - Zu den größten Nacktkiemenschnecken des Mittelmeers zählen die Riesen-Sternschnecken (***Hypsolodoris valenciennesi***). Auf dieser Aufnahme erkennt man deutlich die Kiemenbüschel; diese können aber auch vollständig eingezogen werden.*

*I - Eine Leopardschnecke (***Peltodoris atromaculata***) weidet auf einem Schwamm. Die Farbzeichnung der kleinen Schnecke sieht auf diesem Foto auffällig aus. In Wirklichkeit kann sie auch tarnend wirken, da sie die Gestalt des Tiers auflöst.*

Sicht. Der erste liegt auf der rechten Seite und ist nur ein schmaler Schlitz. Der Tauchführer bringt die Gruppe normalerweise zum zweiten Ausgang etwas weiter vorn, der mehr Platz bietet. Gleichgültig, welchen Weg man wählt, man gelangt nun jedenfalls in eine viel größere Kaverne mit einem herrlichen Ausgang zum Freiwasser hin. Diese Höhle ist eine genauere Erkundung wert, vor allem die herrlich bewachsene Decke.

Nach Verlassen der Höhle wenden sich die Taucher nach links und sehen sich plötzlich einem auffälligen Felsblock gegenüber, dem ich den Namen „George Washington" verliehen habe, weil er dessen berühmtes Profil aufweist. Die Route führt nun durch eine enge Spalte direkt hinter diesem Stein, wonach man über einem wundervollen Riff wieder ins Freie kommt. Dieses ist voller Leben: Röhrenwürmer, Brassen, Lippfische und viele andere Arten. Von hier aus wendet man sich nach rechts und folgt der Kontur der Landspitze, bis man zur Ankerstelle gelangt. Und hier hat man wieder das „Vergnügen" mit den wartenden Brandbrassen...

In den beiden Höhlen liegen die Tiefen zwischen zehn und 15 Meter, aber der Großteil dieses Tauchgangs vollzieht sich in geringeren Tiefen. Dieser Platz bietet deshalb zahlreiche Fotomotive, aber auch die Möglichkeit zum gefahrlosen und dennoch abenteuerlichen Höhlentauchen. Zusätzlich hat die große Zahl anscheinend zahmer Fische die Comino Caves zu einem Lieblingsplatz aller Taucher werden lassen.

Unterwasserfotografie

Sowohl die Höhlen als auch die großen Schwärme der Brandbrassen eignen sich ideal für die Weitwinkelfotografie. Beim Höhleninneren, bei den Ausgängen und auch bei „George Washington" sollte man darauf achten, daß keine Parallaxenverzerrung auftritt. Die Fische kann man am besten fotografieren, wenn der Taucher das Füttern beendet hat und wegschwimmt. Es gibt hier auch viele ideale Motive für die Nah- und Makrofotografie - die zarten Schwämme und Korallen in den Höhlen und auch die vielen anderen Fische und Lebewesen am Riff.

F

G

H

I

LANTERN POINT

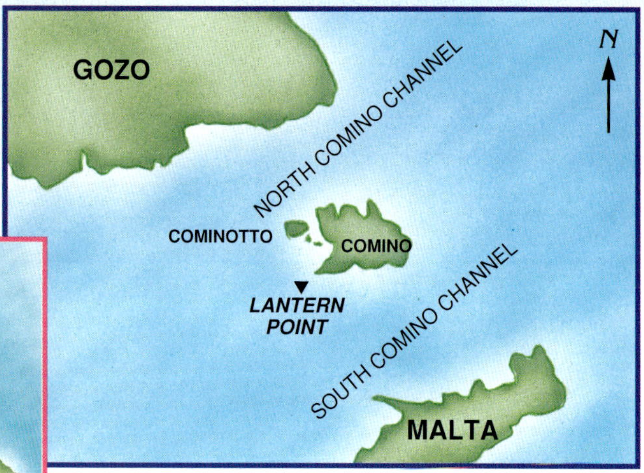

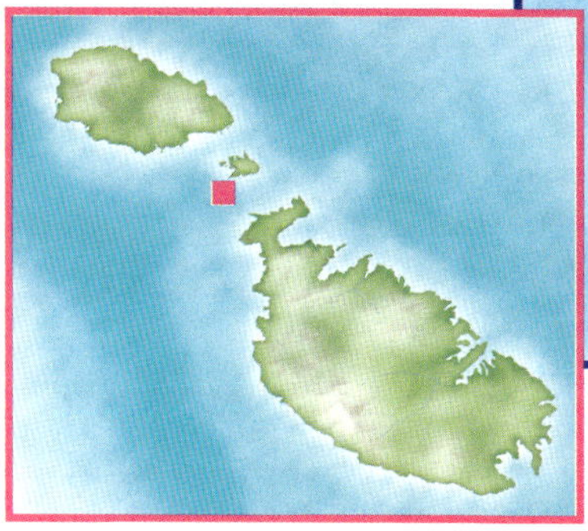

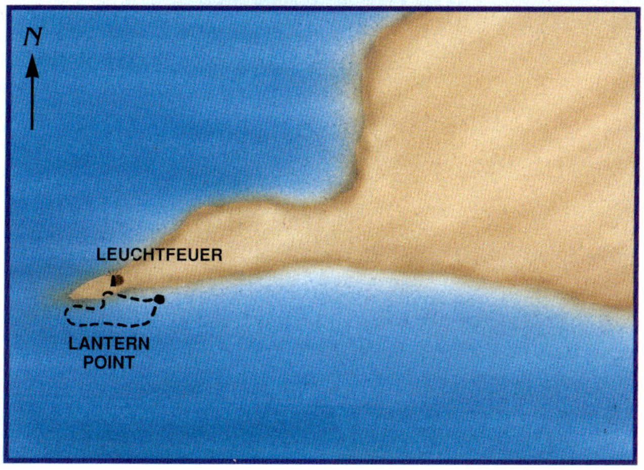
N
LEUCHTFEUER
LANTERN
POINT

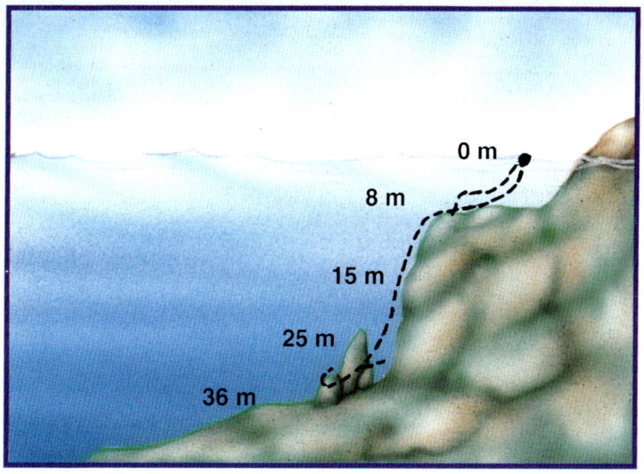
0 m
8 m
15 m
25 m
36 m

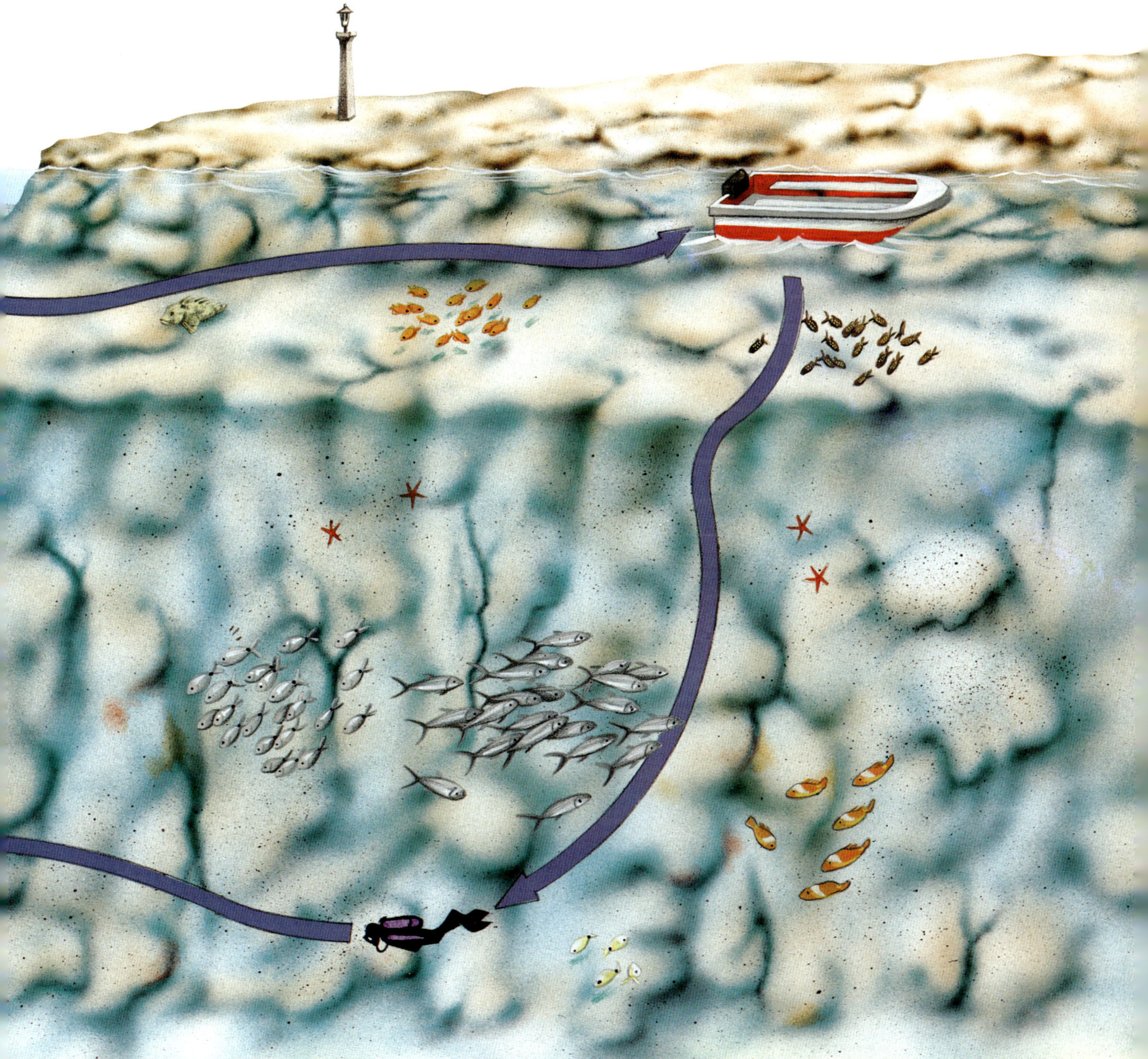

A - Die Südwestseite Cominos wird Ras-i-Irqieqa genannt, und ihre Spitze wird von einem kleinen Leuchtfeuer markiert. Der Tauchgang beginnt direkt unter diesem Miniatur-Leuchtturm.

B - Man taucht zu einem weiten, ebenen Flachgebiet ab, das nach Süden zu einem Dropoff führt. Dieses fällt bis 36 Meter tief ab, und an seinem Fuß sind große Felsbrocken angehäuft.

Lage

Die stark zugespitzte Südwestecke Cominos wird Ras-i-Irqieqa genannt und ist auf den Touristenkarten verzeichnet. Ziemlich am Ende dieser felsigen Landspitze steht ein Leuchtfeuer, von dem der Platz seinen Namen hat. Dieses Warnfeuer ist etwa zwei Meter hoch und sieht wie ein verkleinerter Leuchtturm aus. Direkt unterhalb des Leuchtfeuers beginnt der Tauchgang. Getaucht wird vom Boot aus. Gute Ankermöglichkeiten gibt es über dem Flachwasser unmittelbar in Küstennähe.

Der Tauchgang

Direkt unter dem Boot, in sechs bis acht Meter Tiefe, gelangt man zu einem ausgedehnten Unterwasserplateau. Indem man ziemlich genau in südlicher Richtung schwimmt, erkennt man bald das Dropoff, an dem eine Wand senkrecht bis zu etwa 36 Meter abfällt. Entlang der gesamten Wand gibt es viel Interessantes zu sehen, wobei sich die Fischpopulation stark von den bisher besuchten Plätzen unterscheidet. Meeraale, Langusten und sogar kleine Schulen von Seepapageien sind hier häufig gesichtet worden.

Am Fuß der Wand wendet man sich nach rechts und gelangt bald zu einigen sehr großen Felsblöcken. Diese wimmeln buchstäblich von Leben – Zackenbarsche, Oktopusse, Sepien und einige der größten Meerbarben, die ich je gesehen habe. Wenn man ins Freiwasser hinausblickt, kann man Bernsteinmakrelen, Thunfische und sogar Barrakudas erspähen.

Dem flüchtigen Blick verborgen, liegt hinter diesen Felsblöcken eine interessante Höhle. Da sie ständig im Schatten liegt, haben sich dort wirklich herrliche Weich- und Becherkorallen, Moostierchenkolonien sowie großflächige rote Krustenschwämme entfalten können. Auch viele Meerbarbenkönige halten sich darin auf, und im Licht der Lampe leuchten soviele herrliche Farben auf, daß der Taucher überwältigt ist.

C

D

A

B

C - Wenn man dieses auf den ersten Blick ärmliche Gebiet näher erkundet, findet man eine reiche Fauna. Das Bild zeigt einen Taucher, der einen zwischen den Algen getarnten Drachenkopf entdeckt hat.

D - Die Felsen am Fuß der Steilwand sind mit üppiger Vegetation bedeckt. Wenn man an ihnen vorbeischwimmt, kann man Meeraale, Langusten und große Seepapageien sichten.

*E – Die Nahaufnahme von Gelben Krustenanemonen (*Parazoanthus axinellae*) zeigt den Bau dieser Tiere, die wie Blumen aussehen. Deutlich erkennt man die Körpersäule, die Tentakel und die Mundscheibe der Polypen.*

Etwas weiter entdeckt man in 16 Meter Tiefe einen zweiten Höhleneingang. Dort sollte man hineintauchen, wenn man den Rückweg antreten will, denn aus der Höhlendecke entspringt ein nach oben führender Tunnel. Er mündet in acht Meter Tiefe auf dem Plateau. Dieser Tunnel wird auch „The Chimney" genannt, unterscheidet sich aber von anderen Kaminen. Beim Aufstieg kommt man an einer kleinen Spalte vorbei, die sich eine Muräne und ein Meeraal einträchtig teilen.

E

F

G

H

Unterwasserfotografie

Dies ist ein weiterer Platz, an dem man eigentlich mit einer ganzen Palette von Objektiven ausgestattet sein sollte. Mit dem Weitwinkel kann man die Taucher festhalten, wie sie die vielen interessanten Erscheinungen an der Wand unterhalb des Dropoff erkunden und bewundern. Die Überhänge und Spalten geben ideale Rahmen beziehungsweise Hintergründe ab.

Zusätzlich bietet dieser Bereich mit einer breiten Palette marinen Lebens ausgezeichnete Gelegenheiten für die Nah- und Makrofotografie – und manche dieser Tiere kommen hier häufiger vor als an anderen Tauchplätzen.

F – Diese Felswand, bedeckt mit Algen und inkrustierenden Lebewesen, reicht beinahe bis zur Wasseroberfläche empor.

*G – Eine kleine Muräne versteckt sich im dichten Teppich aus Weichhäutigem Tang (*Dictyopteris membranacea*), der die oberflächennahen Felsen überzieht.*

*H – In den schattigen Bereichen ist die Wand mit einem Teppich von Sternkorallen (*Astroides calycularis*) und Gelben Krustenanemonen bewachsen. Im Blitzlicht kommen die lebhaften Farben dieser Nesseltiere zur Geltung.*

COMINOTTO REEF

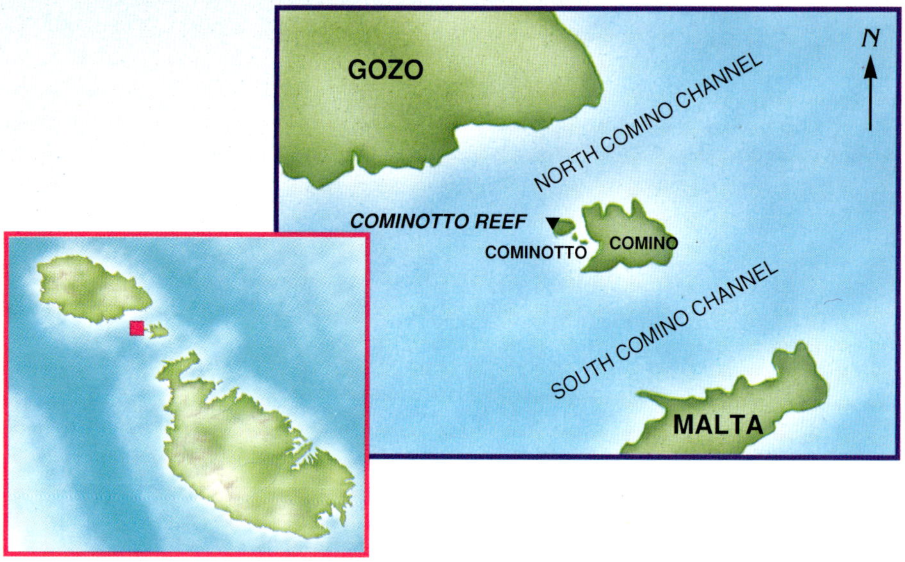

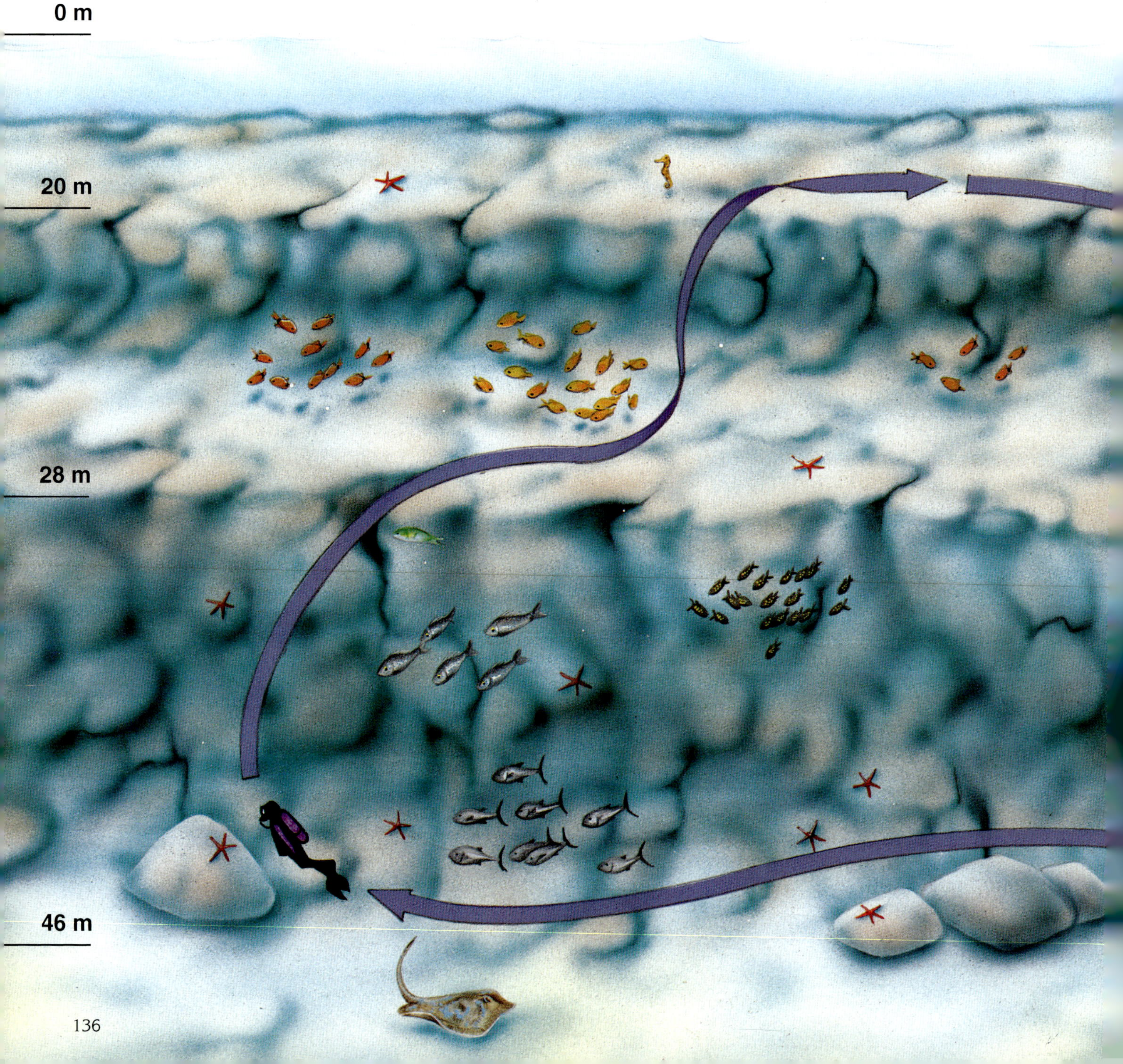

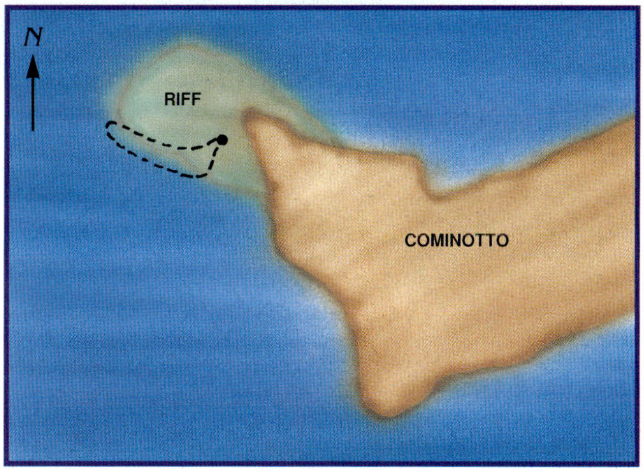
N
RIFF
COMINOTTO

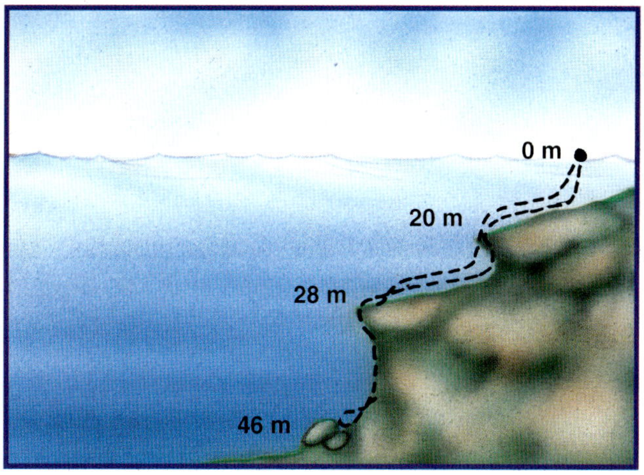
0 m
20 m
28 m
46 m

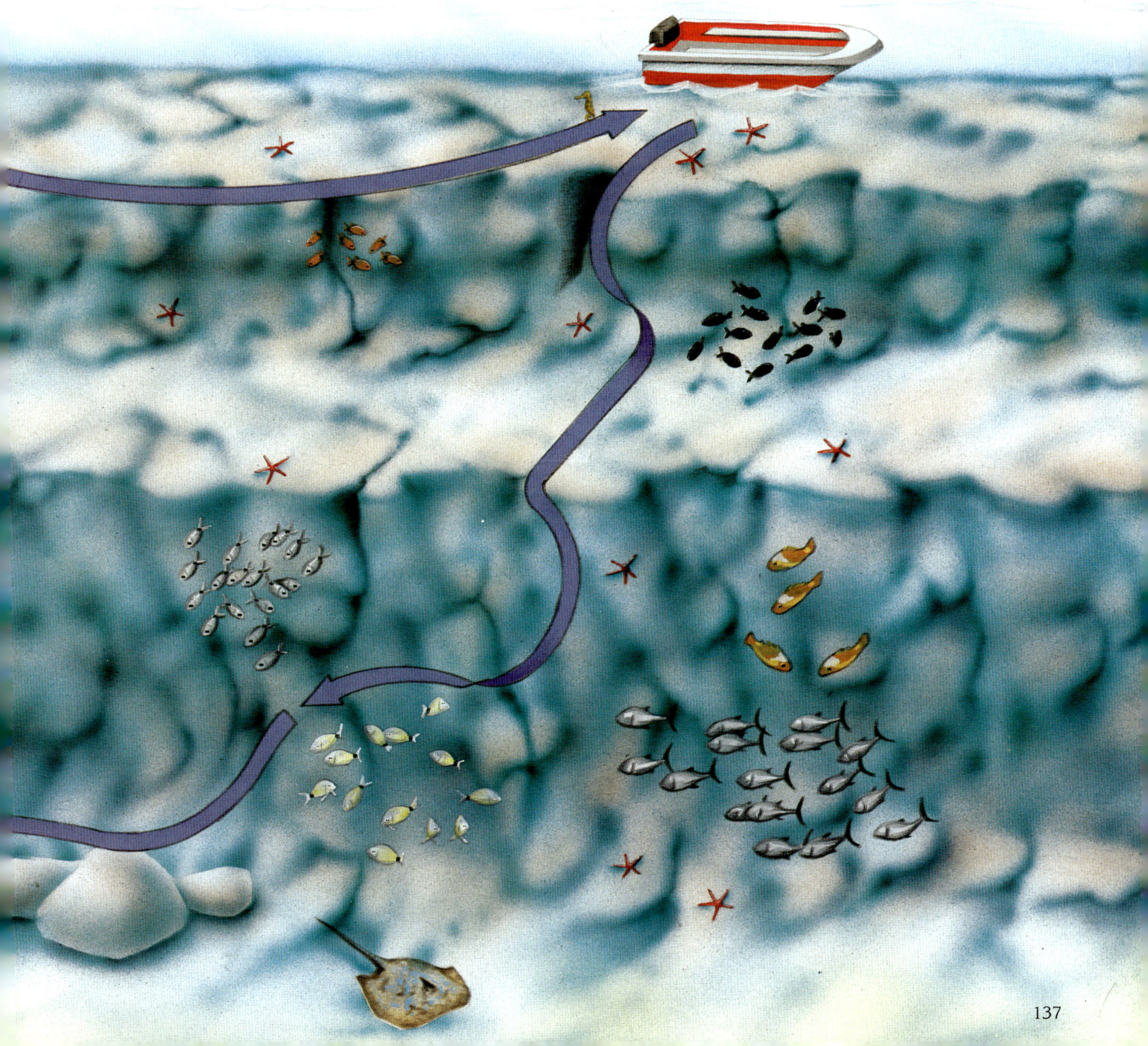

Lage

Vor der Nordwestecke von Comino liegt das viel kleinere Inselchen Cominotto, und dessen Nordwestspitze ist ein Riff vorgelagert, das Ziel dieses Tauchgangs. Wegen des lebhaften Schiffsverkehrs ist das Riff mit einer Boje markiert, die das westliche Umfahren erleichtert. Man taucht hier vom Boot aus und findet zwischen Boje und Ufer viele gute Ankerplätze.

Der Tauchgang

Dieser Platz wird häufig übersehen – und das überrascht um so mehr, als die Unterwasserlandschaften abwechslungsreich und häufig aufregend sind. Das Riffdach ist ein ausgedehntes Plateau, das von acht bis 20 Meter tief reicht, und von dort stürzt ein Dropoff in die Tiefe. Auf der Südseite bildet das Riff vor dem Dropoff in 28 Meter Tiefe ein weiteres Plateau aus. Die senkrechte Wand darüber ist geschwungen und weist zahlreiche Einschnitte, Spalten und Risse auf, die ausgezeichnete Lebensräume für viele kleinere Fische darstellen. Man findet dort auch eine Fülle von Röhrenwürmern, Weichkorallen und roten Schwämmen, die in den Schattenzonen viel Farbe ins Bild bringen.

Unmittelbar nach diesem Plateau bricht das Dropoff ab und führt direkt in 46 Meter Tiefe hinunter, wo der Fuß der Wand wie gewohnt mit herabgefallenen Felsblöcken übersät ist. Auch dieser untere Bereich der Klippe ist geschwungen, und auch hier findet man zahlreiche Spalten im Fels. Hier sind sie jedoch viel größer und deshalb von größeren Fischen besiedelt. Am häufigsten begegnet man hier Schriftbarschen, Seepapageien, Drachenköpfen, Meerjunkern und Achselfleck-Lippfischen sowie dem sehr oft anzutreffenden Oktopus, außerdem sieht man überall an der Wand sehr große Seesterne und Diadem-Seeigel.

Wenn man am Fuß der Wand in nordwestlicher Richtung vorstößt, sollte man immer wieder eine Pause einle-

C

A

D

B

A - Gegenüber der Nordwestecke Cominos liegt Cominotto. Vor der Nordwestspitze dieses flachen Eilands kann man sehr gut tauchen.

B - Dieser häufig vernachlässigte Tauchplatz bietet abwechslungsreiche Unterwasserlandschaften sowohl auf dem Felsrücken als auch am Dropoff.

C - Von diesem 28 Meter tiefen Unterwasserplateau fällt ein weiteres Dropoff bis in 46 Meter Tiefe hinab. Von dort kann man Thunfische und sogar Schwertfische sichten.

*D - Ein Meerjunker (*Coris julis*) schwimmt an der Wand entlang. An den grünen, orangen und schwarzen horizontalen Streifen erkennt man das Männchen.*

gen und vom Riff weg in zwei Richtungen spähen: einmal nach oben, wo große Schwärme von Gelbstriemen und Zweibindenbrassen die Szene dominieren, zum anderen ins Freiwasser hinaus, wo man jede Chance hat, einen neugierigen Thunfisch oder gelegentlich auch einen Schwertfisch zu sichten. An dieser Seite sind nicht so viele Felsblöcke am Fuß der Wand angehäuft, und zwischen ihnen gibt es kahle Zwischenräume. Hier besteht der Meeresgrund aus grobem Sand, und sehr große Gestreifte und Rote Meerbarben sowie Stechrochen sind hier unermüdlich auf Nahrungssuche.

Wenn man eine zweite, sehr auffällige Felsanhäufung erreicht, ist dies das Zeichen für den Beginn des Wiederaufstiegs. Sobald man wieder am Plateau in 28 Meter Tiefe angelangt ist, findet man sich von Mönchsfischen in großer Zahl umrundet, und direkt über ihnen, über dem Riffdach, sieht man häufig große Sprottenschwärme stehen.

Die oberen Bereiche dieses Riffs liegen flach genug, daß man daran dekomprimieren kann und dabei durch die vielen Fische äußerst interessant unterhalten wird, ehe man wieder zur Oberfläche aufsteigt.

G

H

E

F

Unterwasserfotografie

Die ständig vorbeifahrenden Schiffe beeinträchtigen etwas die Sichtweiten. Davon ist natürlich die Weitwinkelfotografie stärker betroffen. Dennoch kann die Riffwand einen ausgezeichneten Hintergrund für Taucherfotos abgeben.

Wenn man auf ein einziges Objektiv beschränkt ist, empfiehlt sich hier beispielsweise das 55-Millimeter-Makro, denn es erlaubt gleichzeitig Fischporträts der größeren Fische wie Bernsteinmakrele und Zackenbarsch und auch der mittelgroßen Oktopusse, Drachenköpfe und Sepien, die man hier bei fast jedem Tauchgang antrifft. Und zusätzlich hat man für die immer vorhandenen kleinen Motive die Makro-Einrichtung zur Verfügung.

*E - Der wissenschaftliche Name der Gelben Krustenanemonen (*Parazoanthus axinellae*) nimmt Bezug darauf, daß sie häufig auf Schwämmen der Gattung* Axinella *siedeln, wie auf dem Foto zu erkennen.*

F - Eine Braunalge scheint ihre Zweige auf den langen Armen eines Seesterns ruhen zu lassen.

*G - Die Leopardschnecke (*Peltodoris atromaculata*) ist im Mittelmeer endemisch und gehört dort zu den häufigsten Nacktschnecken.*

*H - Nur die Tentakel der Wachsrose (*Anemonia sulcata*) schauen aus dem Fels hervor. Die Körpersäule bleibt fast immer vollständig verborgen.*

GRÜN-, BRAUN- UND ROTALGEN

Pfennigalge – *Halimeda tuna*

Zahlreiche scheibenförmige Glieder verleihen dieser Alge das Aussehen eines winzigen Feigenkaktus. Die grüne bis gelbgrüne Alge wird von Kalkablagerungen streifenförmig überzogen. Wächst bis zu 75 Meter tief auf felsigem Substrat und wird zehn bis zu 20 Zentimeter groß.

Falsche Steinalge – *Pseudolithophyllum expansum*

Vollständig verkalkte, purpur- bis rosafarbene Rotalge; überwuchert harte, spärlich beleuchtete Substrate von drei bis zu über 60 Meter Tiefe. Zählt zu den häufigsten Bewohnern der koralligenen Zonen, in denen sie Detritus, Felsstücke und Algen zementartig miteinander verbindet. Durchmesser 25 bis 30 Zentimeter.

SEEGRÄSER

Neptunsgras – *Posidonia oceanica*

Dieses Seegras ist die typischste Meerespflanze und das Symbol des Mittelmeers. Das Neptunsgras wächst auf bis zu 30 bis 35 Meter tiefen Sand- und Detritusböden. Es besitzt echte Wurzeln, einen Sproß, Blätter, Blüten und Früchte. Aus den gelblichen Blüten gehen Früchte hervor, die Ähnlichkeit mit kleinen Oliven haben. Die Blätter sind etwa einen Zentimeter breit und bis zu 100 Zentimeter lang.

SCHWÄMME

Aufrechter Horn-Kieselschwamm – *Axinella cannabina*

Säulenförmiger Schwamm, von dessen Achsen fortsatzähnliche Zweige ausgehen. Oscula an den Spitzen. Färbung gelb oder orange. Wächst in 20 bis 100 Meter Tiefe auf felsigem Boden. Größe 50 bis 60 Zentimeter.

Badeschwamm – *Spongia officinalis*

Schwamm mit kräftiger, runder Form und unregelmäßigen Lappen. Wird schon seit Jahrhunderten im Mittelmeer gefischt. Färbung weißlich oder schwarz. Wächst bis zu 40 Meter tief auf felsigen Böden. Durchmesser 35 bis 40 Zentimeter.

NESSELTIERE

Farbwechselnde Gorgonie – *Paramuricea clavata*

Rote Gorgonie mit riesigen Fächern aus dichten, unregelmäßigen Verzweigungen, die oft untereinander verschmolzen sind. Diese dünnen, biegsamen Zweige sind mit dornartigen Fortsätzen bedeckt, die ihnen eine rauhe Oberfläche verleihen. Färbung grundsätzlich dunkelrot, doch sind auch Exemplare mit gelben Zweigspitzen bekannt. Höhe bis zu einem Meter. Wächst unterhalb von 30 bis 35 Meter Tiefe auf felsigem Boden.

Gelbe Gorgonie – *Eunicella cavolinii*

Gorgonie mit zahlreichen, häufig dichotom verzweigten, fächerförmigen Kolonien. Die gelben Zweige sind wie die Polypen biegsam und rauh. Größe 30 bis 40 Zentimeter. Wächst auf Felsböden in zehn bis zu 150 Meter Tiefe.

Gelbe Krustenanemone – *Parazoanthus axinellae*

Koloniebildendes Blumentier aus länglichen, einziehbaren Polypen, die alle einer gemeinsamen, krustenbildenden Basis entspringen. Mundöffnung von jeweils 24 bis 36 langen, schmalen Tentakeln umgeben. Färbung gelb. Lebt auf Felsböden und anderen Organismen, zum Beispiel Schwämmen, in Tiefen zwischen fünf und über 100 Meter. Die Kolonien bedecken manchmal weite Flächen.

Zylinderrose – *Cerianthus membranaceus*

Länglich gebautes Blumentier, das von einer weitgehend im Sediment verborgenen Hülle geschützt wird. Sichtbarer Teil mit einer doppelten Krone von über 200 langen Tentakeln. Farbe variiert zwischen violett und braun. Größe bis zu 40 Zentimeter. Lebt in Tiefen von fünf bis zu über 40 Meter auf Sand- oder Schlammböden.

WEICHTIERE

Seeohr – *Haliotis lamellosa*

In hohem Maße tarnfähiges Weichtier mit ohrenförmigem Gehäuse, aus dem durch eine Reihe von Öffnungen Sinnesfilamente des Mantels austreten. Innen weitgehend perlmutterartig. Länge bis zu sieben Zentimeter. Lebt auf felsigem Substrat in Tiefen zwischen einem und 20 Meter.

Braune Maus – *Talparia (= Luria = Cypraea) lurida*

Einer der wenigen Vertreter der Porzellanschnecken im Mittelmeer. An der ovalen Form und dem schimmernden Mantel leicht zu erkennen. Färbung bräunlich; an beiden Enden dunkle Flecken. Länge bis zu fünf Zentimeter. Lebt in vier bis 45 Meter Tiefe auf spärlich beleuchteten Fels- und Sandböden.

Echtes Tritonshorn – *Charonia tritonis*

Große Schnecke mit spindelförmig gewundenem Gehäuse und ungewöhnlich großer Endwindung. Gräulich-rosafarbenes Gehäuse mit braunen Streifen und Flecken sowie porzellanähnlicher Innenauskleidung. Größe bis zu 40 Zentimeter. Bewohnt Fels- und Detritusböden in 15 bis über 40 Meter Tiefe, wo sie Stachelhäuter, insbesondere Purpurseesterne, erbeutet.

Riesen-Sternschnecke – *Hypselodoris valenciennesi*

Dies ist eine der größeren Nacktschnecken, und einige Exemplare können bis zu 20 Zentimeter lang werden. Länglicher Körper mit zwei einziehbaren Reniphoren an der Vorderseite und einem verzweigten Kiemenbüschel am Körperende, das ebenfalls eingezogen werden kann. Die Färbung variiert stark. Häufig sind lichte Blautöne mit gelben Streifen und Flecken.

Leopardschnecke – *Peltodoris (= Discodoris) atromaculata*

Nacktkiemer mit rundlichem, flachem Körper; leicht an der weißlichen Grundfärbung mit den dunklen Flecken zu erkennen. Beinahe immer auf dem Feigenschwamm (Petrosia ficiformis) anzutreffen, von dem sie sich ernährt. Lebt auf felsigem Boden von fünf bis zu 50 Meter Tiefe.

Violette Fadenschnecke – *Flabellina affinis*

Nacktkiemer mit schlankem, länglichem Körper, an dem seitlich zahlreiche verlängerte Papillen büschelweise austreten. Färbung variiert in verschiedenen Rosatönen. Länge bis zu vier Zentimeter. Lebt fünf bis 50 Meter tief auf Felsböden, normalerweise in der Nähe der Hydrozoen, von denen sie sich ernährt.

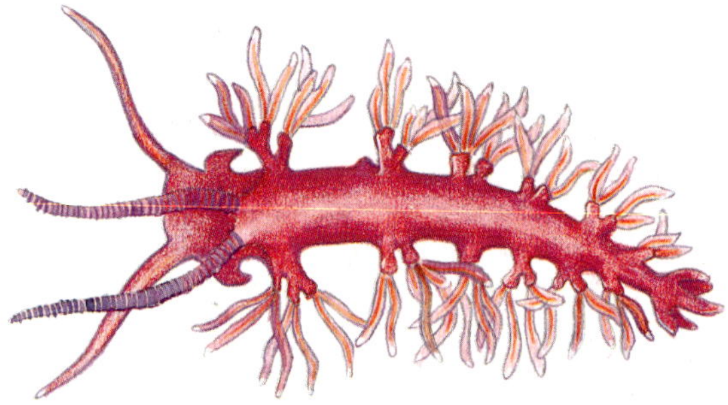

Große Steckmuschel – *Pinna nobilis*

Dies ist die größte Muschel im Mittelmeer. Erwachsene, etwa 20 Jahre alte Exemplare können einen Meter lang sein. Diese Muschel lebt auf Detritusgrund und in Posidonienwiesen und wird häufig von anderen Lebewesen wie Schwämmen, Hydrozoen und Seescheiden besiedelt. Sie beherbergt auch Garnelen und Krabben. Die Steckmuschel ist heute streng geschützt und wird dennoch an den Küsten Sardiniens immer seltener.

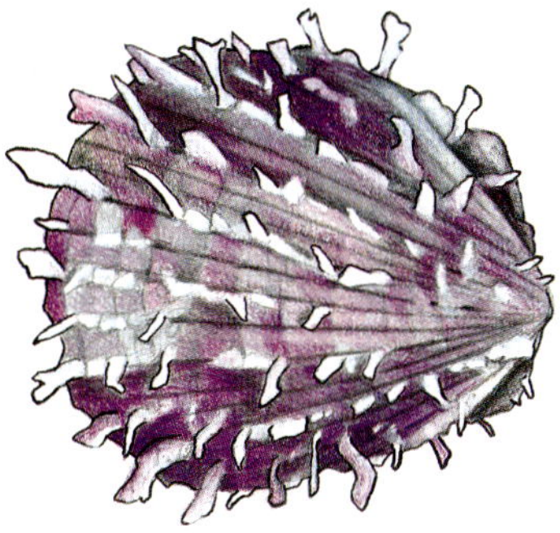

Stachelauster – *Spondylus gaederopus*

Muschel mit kräftiger, asymmetrischer Schale, die sich aus einer flachen und einer konvexen Hälfte zusammensetzt. Typisch sind die langen, derben, stachelähnlichen Fortsätze. Oft unter dem Höckerigen Krustenschwamm (Crambe crambe) verborgen. Besiedelt felsige Substrate.

Gemeiner Krake – *Octopus vulgaris*

Vertreter der Achtarmigen Tintenfische, Ordnung Octopoda. Leicht an dem großen, vom übrigen Körper abgesetzten Kopf und den acht mit doppelten Saugnapfreihen besetzten Fangarmen zu erkennen. Färbung und Zeichnung variieren bei den hervorragenden Tarnfähigkeiten dieser Tiere. Bewohnt spaltendurchsetzte Fels- und Detritusböden von wenigen bis über 100 Meter Tiefe. Größe bis zu 60 Zentimeter.

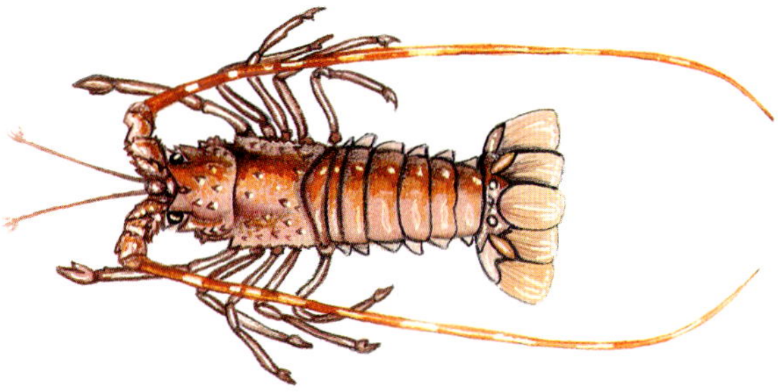

KREBSTIERE

Europäische Languste – *Palinurus elephas*

Großer Krebs mit konvex geformtem, von Stacheln und Warzen bedecktem Carapax. Antennen sind länger als der Körper. Dunkelroter Körper mit weißen Flecken, und auch die Beine sind weiß gestreift. Lebt zehn bis 70 Meter tief auf Felsböden im Inneren von Höhlen und Spalten. Länge bis zu 50 Zentimeter.

Großer Bärenkrebs – *Scyllarides latus*

Krebs mit flachem, rechteckigem Körper, der vorn breiter ist als hinten. Typisch flache, blattförmige Antennen mit wellenförmigem Vorderrand. Violette Antennen, die sich farblich vom rötlich-braunen Körper abheben. Länge bis zu 45 Zentimeter. Lebt zehn bis 100 Meter tief auf felsigem Boden.

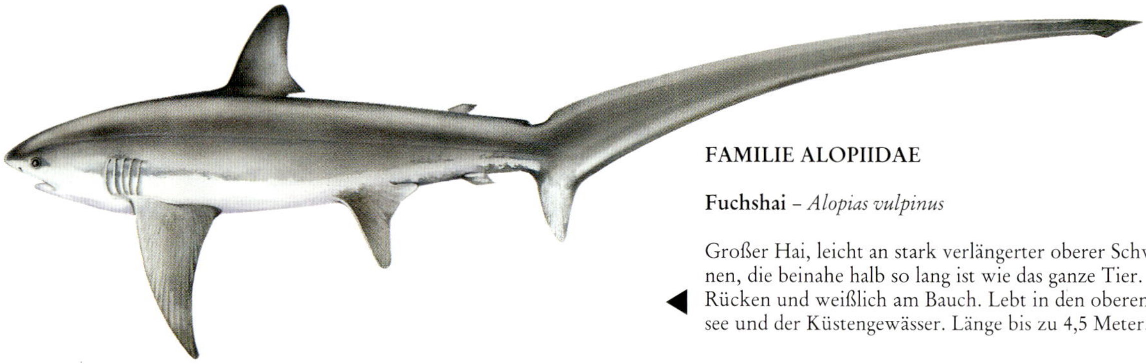

FAMILIE ALOPIIDAE

Fuchshai – *Alopias vulpinus*

Großer Hai, leicht an stark verlängerter oberer Schwanzflosse zu erkennen, die beinahe halb so lang ist wie das ganze Tier. Bläulich-grau am Rücken und weißlich am Bauch. Lebt in den oberen Schichten der Hochsee und der Küstengewässer. Länge bis zu 4,5 Meter.

FAMILIE LAMNIDAE

Weißer Hai – *Carcharodon carcharias*

Großer, menschenfressender Hai. Meistens grau am Rücken und mit heller, praktisch weißer Unterseite. Lebt vorzugsweise in Oberflächengewässern bis 200 Meter Tiefe und tritt häufig an Küsten auf. Ernährt sich von großen Hochseefischen (etwa Thunfischen), Robben und Walen. Seine Wanderungen hängen vermutlich mit Temperaturänderungen zusammen. Länge über sieben Meter.

Makohai - *Isurus oxyrhynchus*

Großer Hai mit schlankem Körper, zugespitzter Schnauze und dünnem, gekieltem Schwanzstiel. Die Schwanzflosse ist sichelförmig, wobei der obere Lappen etwas stärker entwickelt ist als der untere. Die Zähne sind lang und gebogen. Färbung auf dem Rücken mehr oder weniger dunkelblau und unterseits weißlich. Der Makohai ernährt sich hauptsächlich von Fischen (kleine Thunfische, Makrelen, Stachelmakrelen). Er zieht gemäßigte Gewässer vor und wandert entsprechend der Temperaturänderungen des Wassers. Der Makohai wird bis zu vier Meter lang.

FAMILIE SCYLIORHINIDAE

Kleiner Katzenhai – *Scylliorhynus canicula*

Kleiner, stromlinienförmiger Hai mit kurzer, rundlicher Schnauze. Die großen Nasenöffnungen bedecken zum Teil noch das Maul. Die erste Rückenflosse beginnt hinter der Beckenbasis. Hellbraun mit zahlreichen dunklen Flecken. Lebt in Küstengewässern auf Sand-, Schlamm- oder Geröllböden in 35 bis über 150 Meter Tiefe. Länge bis zu 80 Zentimeter.

Großer Katzenhai – *Scylliorhynus stellaris*

Kleiner, schlanker Hai mit kurzer, rundlicher Schnauze. Nasenöffnungen kleiner als bei der vorherigen Art. Die erste Rückenflosse beginnt an der Beckenbasis. Hellbraun mit zahlreichen großen, runden Flecken. Lebt dicht an Fels- oder Schlammböden in 20 bis über 150 Meter Tiefe.

FAMILIE CARCHARHINIDAE

Blauhai – *Prionace glauca*

Stromlinienförmiger Hai mit leicht nach oben versetzten, gut entwickelten, sichelförmigen Brustflossen. Typische blaue Rückenfärbung. Bewohnt Küstengewässer und die Hochsee bis zu einer Tiefe von 150 Meter. Länge bis zu 3,80 Meter.

FAMILIE TORPEDINIDAE

Marmor-Zitterrochen – *Torpedo marmorata*

Rochenförmiger Knorpelfisch mit flachem Körper, an dem Kopf, Körperstamm und Brustflossen zu einer mehr oder weniger scheibenförmigen Einheit verschmolzen sind. Vorderende stumpf. Beiderseits des Kopfes befinden sich zwei durchsichtige elektrische Organe. Färbung dunkel mit hellerer Marmorierung. Bewohnt Detritus- oder sandig-schlammige Böden in 20 bis zu 200 Meter Tiefe. Länge bis zu 100 Zentimeter.

FAMILIE RAJIDAE

Glattrochen – *Raja batis*

Rochen mit typisch verlängerter Schnauze und konkavem Profil des Vorderrandes der Körperscheibe. Die Ränder der Flossen sind scharf. Rücken- und Bauchseite mit zahlreichen Dornen, die bei den Jungtieren noch fehlen. Färbung gräulich-braun mit weißen und schwarzen Punkten auf der Rückseite, auf der Bauchseite hell. Der Glattrochen ernährt sich von bodenlebenden Wirbellosen. Er lebt auf Sand- und Schlickgründen bis in 900 Meter Tiefe und wird bis zu 1,5 Meter lang.

Mittelmeer-Sternrochen – *Raja asterias*

Rochen mit stark zusammengedrücktem Körper, an dem Kopf, Körperstamm und Brustflossen zu einer Scheibe verwachsen sind. Der Schwanz setzt sich deutlich ab. Am Rücken verläuft eine Reihe erhabener Kerben. Färbung bräunlich mit zahlreichen dunklen und gelblichen Flecken. Lebt auf schlammigen und einheitlichen Sandböden in Tiefen zwischen zehn und 300 Meter. Länge bis zu 80 Zentimeter.

▶

◀

Nagelrochen – *Raja clavata*

Flacher Körper, an dem Kopf, Körperstamm und Brustflossen zu einer Scheibe verwachsen sind. Auf dem Rücken sitzen zahlreiche Stacheln, und entlang der Körpermitte verläuft eine Reihe großer Kerben. Bräunlich, mit mehreren Markierungen auf dem Schwanz. Bewohnt sandige Schlammböden oder Sandböden von zehn bis zu 200 Meter Tiefe. Länge bis zu 110 Zentimeter.

FAMILIE DASYATIDAE

Gemeiner Stechrochen – *Dasyatis pastinaca*

Rochen mit scheibenförmigem Körper, etwas breiter als lang. Spitze Schnauze. Die Rückenflosse fehlt, und der Schwanz ist eineinhalbmal so lang wie der Körper. Färbung oliv mit rötlichem Einschlag. Lebt auf sandigen Schlammböden und auf Detritusböden bis zu 200 Meter Tiefe. Länge bis zu 2,5 Meter.

▶

◀

FAMILIE MYLIOBATIDAE

Adlerrochen – *Myliobatis aquila*

Großer Rochen mit rhomboider Körperform, breiter als lang. Der Kopf setzt sich relativ deutlich von der zentralen Körperscheibe ab, und der Schwanz ist wesentlich länger als der Körper. Dunkler Rücken mit weißlichem Bauch. Lebt in Küstengewässern auf Sand- oder gemischten Sand-Schlammböden bis zu einer Tiefe von 200 Meter. Länge 2,6 Meter.

FAMILIE MURAENIDAE

Mittelmeer-Muräne – *Muraena helena*

Kräftiger, aalförmiger Körper, hinten leicht zusammengedrückt. Kurzer Kopf mit gut entwickeltem Maul, das beinahe immer offensteht. Keine Brustflossen. Marmorierte Zeichnung, manchmal schwarz. Lebt auf Felsböden von wenigen bis zu 80 Meter Tiefe. Länge bis zu 1,3 Meter.

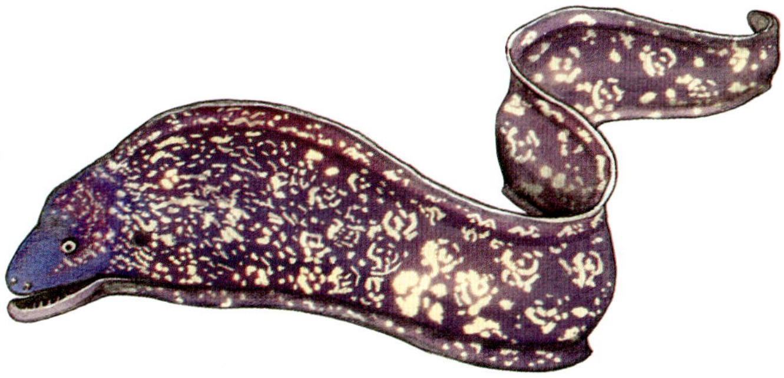

FAMILIE CONGRIDAE

Europäischer Meeraal – *Conger conger*

Aalförmiger Körper mit subzylindrischem Vorderende. Verlängerte Schnauze mit breitem Maul und großen Lippen. Gut entwickelte Brustflossen. Die Färbung ist schwärzlich bis weißlich. Lebt auf steinigen oder sandig-schlammigen Böden von drei bis zu 100 Meter Tiefe. Länge bis zu zwei Meter.

FAMILIE CLUPEIDAE

Sardine – *Sardina pilchardus*

Im Querschnitt ovaler, spitz zulaufender Körper. Im ventralen Profil steht eine Reihe kleiner, gezähnter Schuppen hervor. Grünlicher Rücken und goldweiße Seiten mit dunklen Flecken. Küsten- und hochseebewohnender Schwarmfisch von 25 Zentimeter Länge. Lebt in Tiefen von zehn bis zu 180 Meter.

FAMILIE ENGRAULIDAE

Sardelle – *Engraulis encrasicholus*

Sehr schlanker, sich verjüngender Körper, der in einer konischen, spitzen Nase endet. Oberkiefer stärker entwickelt als der untere. Die Schuppen gehen bei Berührung leicht ab. Blaugrüner Rücken und silbrige Seiten. Lebt in Gruppen an Küstengewässern und der offenen See bis in 180 Meter Tiefe. Länge bis zu 20 Zentimeter.

FAMILIE GADIDAE

Dunkler Gabeldorsch – *Phycis phycis*

Spitz zulaufender, hoher Körper mit zusammengedrücktem Hinterabschnitt. Trägt am Unterkiefer eine Bartel. Fadenförmige Bauchflossen. Dunkel oder rötlich braun. Lebt auf Felsböden oder sandigen Schlammböden in zehn bis zu 650 Meter Tiefe. Länge bis zu 65 Zentimeter.

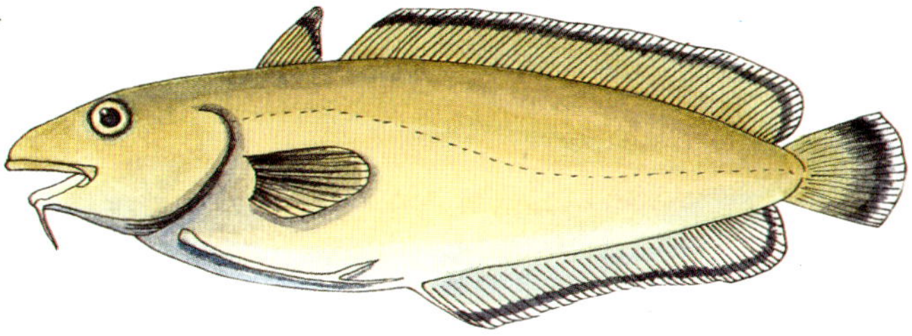

FAMILIE GOBIESOCIDAE

Ansauger – *Lepadogaster candollei*

Kleiner Fisch mit zusammengepreßtem Vorderende und verlängertem Kopf. Das Maul ist unterständig, und zwischen den Bauchflossen befinden sich zwei Sauger. Rötlich oder gelblich-grün. Bewohnt Oberflächengewässer über algenreichen Felsböden und Riffen. Länge bis zu sieben Zentimeter.

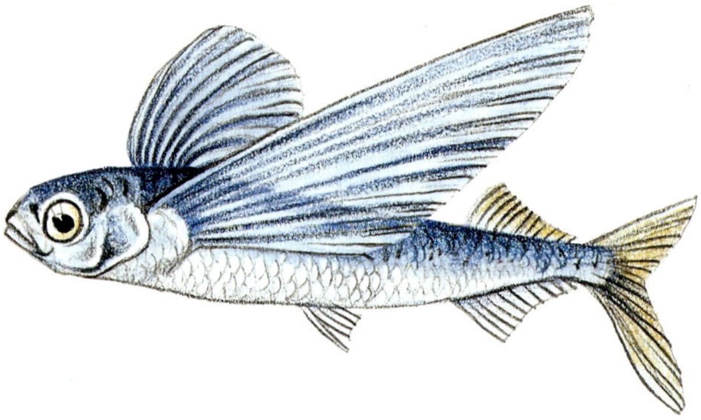

FAMILIE EXOCOETIDAE

Fliegender Fisch – *Hirundichthys rondeletii*

Länglicher Körper mit abgeflachtem Bauch. Die großen Brustflossen reichen bis zur Rückenflosse. Der untere Lappen der Schwanzflosse ist stärker entwickelt als der obere. Rückenseite bläulich, helle Unterseite. Lebt oberflächennah und springt bei Gefahr in langen, segelnden Sätzen aus dem Wasser. Länge bis zu 30 Zentimeter.

FAMILIE BELONIDAE

Hornhecht – *Belone belone*

Länglicher, subzylindrischer Körper. Die spitze Nase und die Kiefer sind schnabelähnlich verlängert. Rücken bläulich, Seiten und Bauch silbrigweiß. Bewohnt die Küstengewässer von der Oberfläche bis zu 30 Meter Tiefe. Länge 90 Zentimeter.

FAMILIE ZEIDAE

Heringskönig (Petersfisch) – *Zeus faber*

Hoher, ovaler, seitlich zusammengedrückter Körper. Typisch sind die langen Strahlen an der Rückenflosse und den seitlichen Augenflecken. Goldgrau mit dunkler Schattierung. Lebt über Sand- oder Schlammböden in 20 bis zu 400 Meter Tiefe. Länge bis zu 60 Zentimeter.

FAMILIE CAPROIDAE

Eberfisch – *Capros aper*

Hoher, zusammengedrückter Körper; über den Augen konvexe Einbuchtungen. Kleines, weit vorstülpbares Maul, das beim Beutefang zu einer Röhre geformt wird. Rot mit gelben Querbändern. Lebt 25 bis zu 600 Meter tief über schlammigem Grund. Länge bis zu 16 Zentimeter.

FAMILIE MACRORHAMPHOSIDAE

Schnepfenfisch – *Macroramphosus scolopax*

Hoher, zusammengedrückter Körper, der in einem verlängerten Kopf endet. Lange, röhrenförmige Schnauze mit kleinem, endständigem Maul. Körper rosa bis rot und rauh. Bewohnt den Meeresgrund in 40 bis über 200 Meter Tiefe. Länge bis zu 20 Zentimeter.

FAMILIE SYNGNATHIDAE

Langschnäuziges Seepferdchen – *Hippocampus hippocampus*

Unverwechselbare Form mit Greifschwanz. Der Kopf wird im typischen Winkel zum Körper getragen. Fadenförmige Hautanhänge an Kopf und Rücken. Bräunlich oder grünlich-schwarz. Das Männchen brütet die Eier in einer Hautfalte am Bauch aus. Lebt in der Nähe von Neptunsgras in zwei bis zu 30 Meter Tiefe. Länge bis zu 15 Zentimeter.

Grasnadel – *Syngnathus typhle*

Seenadel mit dünnem, länglichem Körper. Auffällig ist die hohe, im geraden Profil verlaufende, zusammengepreßte Nase, die in einem nahezu senkrecht geschnittenen Maul endet. Die Färbung ist braun bis grünlichbraun. Lebt zwischen Neptunsgras und Gewöhnlichem Seegras in Tiefen zwischen einem und 30 Meter. Länge bis zu 35 Zentimeter.

FAMILIE DACTYLOPTERIDAE

Flughahn – *Dactylopterus volitans*

Länglicher, vorne ausgesprochen quadratischer Körper. Kopf mit kräftigen Knochen bedeckt. Auffällig zweigeteilte Brustflossen, deren zweiter, breiter Abschnitt leuchtend blau gefärbt ist und weiße Flecken trägt. Bewohnt acht bis 80 Meter tiefe Sand- oder Schlammböden in der Nähe von Neptunsgraswiesen. Länge bis 50 Zentimeter.

FAMILIE SCORPAENIDAE

Großer Roter Drachenkopf – *Scorpaena scrofa*

Größter Drachenkopf des Mittelmeers, leicht an den vielen fransenförmigen Anhängen am Kopf, am Maul und an den Seiten zu erkennen. Rötlich mit bräunlicher und schwarzer Fleckenzeichnung. Lebt auf Fels- oder Detritusböden und zwischen Neptunsgras in drei bis über 300 Meter Tiefe. Länge bis zu 50 Zentimeter.

Kleiner Drachenkopf – *Scorpaena porcus*

Stämmiger, für Drachenköpfe typischer Körperbau. Über den Augen auffällige fleischige Auswüchse und um die Augen herum ein deutlicher Sockel. Schwärzlich-braun mit dunkleren Flecken. Lebt auf Fels- oder Detritusböden und zwischen Neptunsgras in Tiefen zwischen drei und über 100 Meter. Länge bis zu 30 Zentimeter.

Kleiner Roter Drachenkopf – *Scorpaena notata*

Der Kopf dieses Drachenkopfes ist praktisch frei von allen häutigen Anhängen. Typisch sind die leuchtendere rote Färbung und ein schwarzer Fleck in der Mitte der Rückenflosse. Bewohnt dämmerige Felsböden zwischen fünf und 700 Meter Tiefe. Länge bis zu 18 Zentimeter.

Blaumaul – *Helicolenus dactylopterus*

Fisch mit gedrungenem Körper und großem Kopf mit kleinen, auf dem Kiemendeckel verstreuten Dornen. Weites Maul mit zahlreichen kleinen, spitzen Zähnen. Die Färbung ist gelb-rötlich, weiß marmoriert, mit fünf oder sechs dunklen Querbinden. Das Blaumaul ernährt sich von Krusten- und Weichtieren sowie Kopffüßern. Es lebt auf Fels- und Sandgrund in Tiefen bis 1000 Meter und wird bis zu 45 Zentimeter lang.

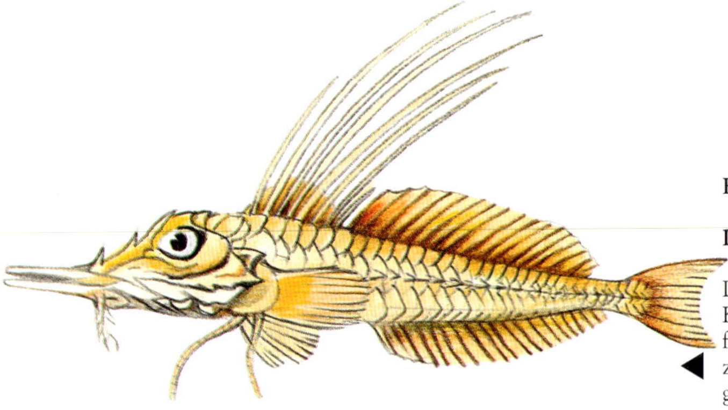

FAMILIE PERISTEDIIDAE

Panzerfisch – *Peristedion cataphractum*

Länglicher Körper von achteckigem Querschnitt, vollständig von großen Knochenschuppen bedeckt. Der flache Kopf trägt zwei typische rostrumförmige Fortsätze auf jeder Seite des Kopfes. Färbung rot. Lebt in Tiefen zwischen 30 und 700 Meter auf sandigen Schlammböden und auf Detritusgrund. Länge bis zu 40 Zentimeter.

FAMILIE TRIGLIDAE

Gestreifter Knurrhahn – *Trigloporus lastoviza*

Fisch mit stromlineinförmigem Körper, der zum Schwanz hin dünner wird. Der große Kopf ist von Knochenplatten bedeckt. Typische breite Brustflossen mit blauen Flecken; die ersten drei Flossenstrahlen stehen beweglich ab. Färbung rötlich. Lebt auf Detritus- und sandigen Schlammböden in 20 bis über 200 Meter Tiefe. Länge bis zu 40 Zentimeter.

Leier-Knurrhahn – *Trigla lyra*

Länglicher Körper mit beinahe viereckigem Profil. Der große Kopf wird von kräftigen, Grate und Stacheln tragenden Knochenplatten bedeckt. Die ersten drei Strahlen der Brustflossen stehen frei. Färbung rötlich mit bläulichen Flecken auf den Flossen. Lebt auf Schlamm- oder Detritusböden in 40 bis über 400 Meter Tiefe. Länge bis zu 60 Zentimeter.

FAMILIE PERCICHTHYIDAE

Wolfsbarsch – *Dicentrarchus labrax*

Stromlinienförmiger, spitz zulaufender Körper mit kräftigem Kopf und gut entwickeltem Maul. Auf dem Präoperculum stehen robuste, nach vorn weisende Stacheln. Doppelte Rückenflosse. Färbung silbrig-grau. Lebt drei bis 100 Meter tief auf Sand- und Felsböden. Länge bis zu einem Meter.

FAMILIE SERRANIDAE

Roter Fahnenbarsch – *Anthias anthias*

Fisch von ovalem Körperbau mit kurzer Nase und deutlich sichelförmigem Schwanz mit verlängerten Lappen. Stark entwickelte Bauchflossen. Rot oder leuchtend Rosa mit goldenen Streifen am Kopf und an den Seiten. Bewohnt spaltendurchzogene Felsböden zwischen 15 und 200 Meter Tiefe. Länge bis zu 25 Zentimeter.

Tiefenrötling – *Callanthias ruber*

Kleiner Fisch mit kurzem Kopf und schlankem Körper. Die Augen sind recht groß. Die hinteren Flossenstrahlen der Rückenflossen sind ausgezogen. Die Lappen der Schwanzflosse mit lang ausgezogenen Filamenten. Färbung rot oder rosa. Der Tiefenrötling ernährt sich von kleinen Krebstieren. Er lebt auf Felsgründen und wenig beleuchteten Gebieten der koralligenen Zone bis zu 300 Meter tief und wird bis zu 27 Zentimeter lang.

Brauner Zackenbarsch – *Epinephelus guaza*

Großer, ovaler Körper mit gut entwickeltem Kopf und großem Maul. Breite, rundliche Schwanzflosse. Färbung bräunlich mit unterschiedlich dunklen Flecken. Bewohnt spaltenreiche Felsböden von drei bis 100 Meter Tiefe. Länge bis zu einem Meter.

Wrackbarsch – *Polyprion americanum*

Hoher, kräftiger Körperbau mit großem Kopf und leicht konkaver Halsregion. Querstehender Knochenkamm auf dem Kiemendeckel. Rauhe Körperschuppen. Färbung bräunlich-grau. Lebt auf felsigen und gemischten Sand- und Schlammböden zwischen 30 und 400 Meter Tiefe. Länge bis zu zwei Meter.

Schriftbarsch – *Serranus scriba*

Leicht zusammengepreßter, sich verjüngender Körper mit spitzem Kopf. Rötlich-braun mit dunklen, senkrechten Streifen und einem typischen blauen Fleck an den Seiten. Nase und Kiemendeckel sind unterschiedlich gezeichnet. Lebt zwischen vier und 100 Meter tief auf Felsböden und in der Nähe von Posidonien. Länge bis zu 35 Zentimeter.

FAMILIE APOGONIDAE

Meerbarbenkönig – *Apogon imberbis*

Großäugiger Fisch von ovalem Körperbau, mit kurzem Kopf und vorstehendem Kiefer. Die erste Rückenflosse ist weniger entwickelt als die zweite. Roter oder rosafarbener Körper mit weißen Streifen über den Augen. Die Männchen brüten das Gelege im Maul aus. Die Art lebt zwischen zwei und 200 Meter tief auf spaltendurchsetzten Felsböden. Länge bis zu 15 Zentimeter.

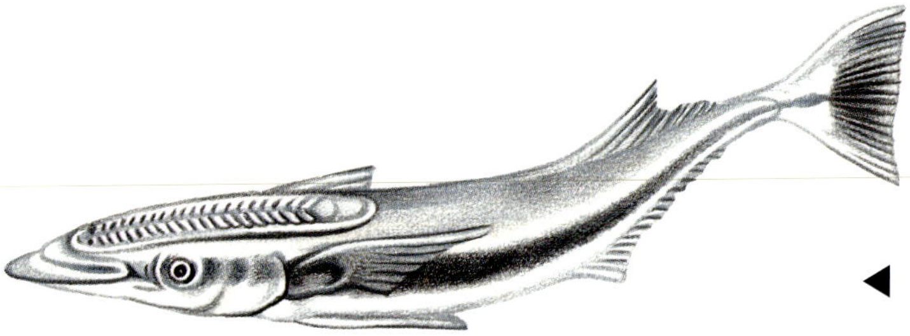

FAMILIE ECHENEIDIDAE

Großer Schiffshalter – *Echeneis naucrates*

Länglicher, an den Enden sich verjüngender Körper. Leicht an der modifizierten vorderen Rückenflosse zu erkennen, die sich in ein Haftorgan mit Querlamellen umgewandelt hat. Weißlich mit breitem, dunklem Längsstreifen von der Nase bis zum Schwanz. Lebt in Küstengewässern allein oder an große Fische geheftet. Länge bis zu einem Meter.

FAMILIE CARANGIDAE

Große Gabelmakrele – *Lichia amia*

Langer, etwas hochgezogener Körper, der in einer spitzen Nase endet. Gut entwickeltes Maul, dessen Öffnung über das Auge hinausreicht. Sehr unregelmäßige Seitenlinie. Dunkler Rücken, Seiten und Bauch silbrig-weiß. Bewohnt die Küstengewässer bis in 50 Meter Tiefe. Bis zu zwei Meter lang.

Seriola – *Seriola dumerili*

Robuster, seitlich zusammengepreßter, sich verjüngender Körper. Zweilappige, gut entwickelte Schwanzflosse an schlankem Schwanzstiel. Silbriggrau mit einer dunklen Linie, die von den Augen am Körper entlangläuft. Bewohnt tiefe Gewässer, kommt aber auch an der Küste in Tiefen zwischen zehn und 70 Meter vor. Länge bis zu zwei Meter.

Blaue Stachelmakrele – *Caranx crysos*

Der Körper ist schlank und seitlich zusammengepreßt, die Schnauze leicht gerundet. Das Maul ist mit einer ersten Reihe konisch zugespitzter Zähne besetzt, hinter denen ein zweite Reihe kleinerer Zähne folgt. Die Brustflossen sind sichelförmig und verlängert. Der hintere Teil der Seitenlinie ist kielartig angehoben. Die Färbung ist auf dem Rücken oliv-blau und an den Flanken silbrig. Die Blaue Stachelmakrele ernährt sich von kleinen Hochseefischen und Garnelen. Sie lebt in Schwärmen in Küstennähe bis zu 100 Meter tief und kann bis zu 70 Zentimeter lang werden.

Lotsenfisch – *Naucrates ductor*

Langer, plötzlich in einer stumpfen Nase endender Körper. Die vordere Rückenflosse besteht nur aus wenigen getrennten Strahlen. Der Schwanzstiel trägt auf jeder Seite einen fleischigen Kiel. Färbung silbrig mit dunklen Querstreifen. Pelagische Art, die mit Haien und anderen großen Fischen zusammenlebt, Länge bis zu 70 Zentimeter.

Pompano – *Trachinotus ovatus*

Länglicher und seitlich zusammengepreßter Körper. Die zweite Rückenund die Afterflosse stehen symmetrisch zueinander. Die Färbung ist grünlich-grau auf dem Rücken und silbrig-weiß unterseitig mit einigen dunklen Flecken auf den Flanken. Die Spitzen der Rücken-, After- und Schwanzflossen sind schwarz. Der Pompano lebt in Schwärmen und ernährt sich hauptsächlich von kleinen Wirbellosen. Man findet ihn in Küstengewässern in der Nähe von Stränden und über schlickigem und detritusreichem Meeresgrund bis zu 200 Meter tief. Er wird bis zu 70 Zentimeter lang.

Mittelmeer-Stöcker – *Trachurus mediterraneus*

Länglicher, leicht zusammengepreßter Körperbau. Die großen Augen werden von einem gut entwickelten fettigen Augenlid geschützt. Die Seitenlinie verläuft über Knochenschilder. Rücken bläulich-grau, Bauch hell gefärbt. Lebt in Schwärmen pelagisch oder in Küstengewässern bis in 600 Meter Tiefe. Länge bis zu 60 Zentimeter.

FAMILIE SPARIDAE

Gelbstrieme – *Boops boops*

Spitz zulaufender, vorn annähernd zylindrischer Körper mit kurzer Nase und großen Augen. Bläulich oder grünlich am Rücken und silbrig mit goldenen Streifen an den Seiten. Lebt in Tiefen zwischen drei und 350 Meter über Fels-, Detritus- und sandigen Schlammböden und zwischen Neptunsgras. Länge bis zu 36 Zentimeter.

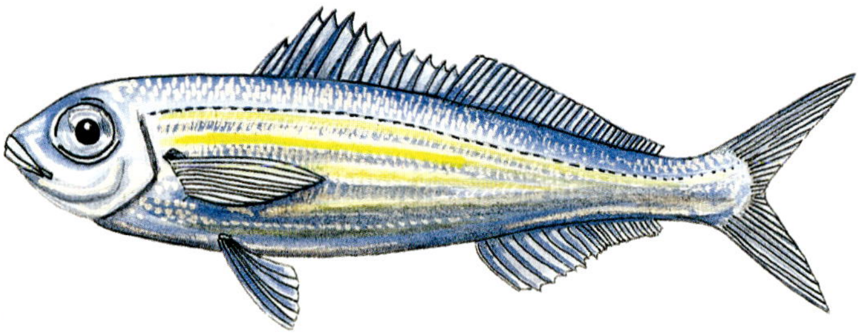

Zahnbrasse – *Dentex dentex*

Robuster, hochgezogener und zusammengepreßter Körper. Großer Kopf mit breitem Maul und großen Zähnen. Färbung blau-grau mit dunkler Zeichnung an den Seiten. Flossen mit rosafarbener Schattierung. Lebt nahe an Fels- oder Sandböden oder in Posidonienwiesen in Tiefen zwischen 15 und 150 Meter. Länge bis zu einem Meter.

Große Geißbrasse – *Diplodus sargus sargus*

Ovaler, sehr hoher, zusammengepreßter Körperbau. Silbrig-grau, an der Schnauze dunkler. An den Seiten acht bis neun abwechselnd helle und dunkle Streifen. Hinterrand der Schwanzflosse schwarz. Lebt zwei bis zu über 50 Meter tief auf steinigen und sandigen Böden in der Nähe von Felsen. Länge bis zu 40 Zentimeter.

Spitzbrasse – *Diplodus puntazzo*

Ovaler Körper mit spitzer Schnauze. Im leicht geöffneten Maul sieht man große, dunkle Zähne. Silbrig-grau mit fünf bis sieben hellen und dunklen Streifen an den Seiten. Dunkler Schwanzstiel. Bewohnt felsige Böden in zwei bis zu 150 Meter Tiefe. Länge bis zu 60 Zentimeter.

Zweibindenbrasse – *Diplodus vulgaris*

Hoher, ovaler, zusammengepreßter Körper. Leicht vorstülpbares Maul. Färbung bräunlich oder grünlich-grau mit typischem dunklem Streifen am Hals. Die dunkle Zeichnung des Schwanzstiels erreicht noch die Strahlen der Rücken- und Afterflossen. Lebt auf felsigem und sandigem Grund und zwischen Neptunsgras in Tiefen zwischen zwei und 130 Meter. Länge bis zu 45 Zentimeter.

Marmorbrasse – *Lithognathus mormyrus*

Länglicher, zusammengepreßter Körper mit langer, spitzer Nase. Färbung silbergrau, am Rücken dunkler, mit 14 bis 15 senkrechten dunklen Linien an den Seiten. Lebt zwischen zwei und 80 Meter tief auf Sandböden in der Nähe von Neptunsgraswiesen. Länge bis zu 55 Zentimeter.

Brandbrasse – *Oblada melanura*

Länglicher, leicht zusammengepreßter Körper mit kurzer Nase und großen Augen. Silbrig-grau mit bläulichem Schimmer am Rücken. Typisch ist die große schwarze, weiß umrahmte, sattelförmige Zeichnung am Schwanzstiel. Lebt drei bis zu 40 Meter tief auf Felsböden und in der Nähe von Neptunsgras. Länge bis zu 30 Zentimeter.

Rotbrasse – *Pagellus erythrinus*

Ovaler, zusammengepreßter Körper, der in einer spitzen Nase und einem geraden Kopf endet. Kleine Augen. Färbung hellrosa mit kleinen blauen Flecken an den Rückenseiten. Hinterer Kiemendeckelrand rötlich. Lebt auf Stein-, Detritus- und sandigen Schlammböden zwischen 15 und 300 Meter Tiefe. Länge bis zu 60 Zentimeter.

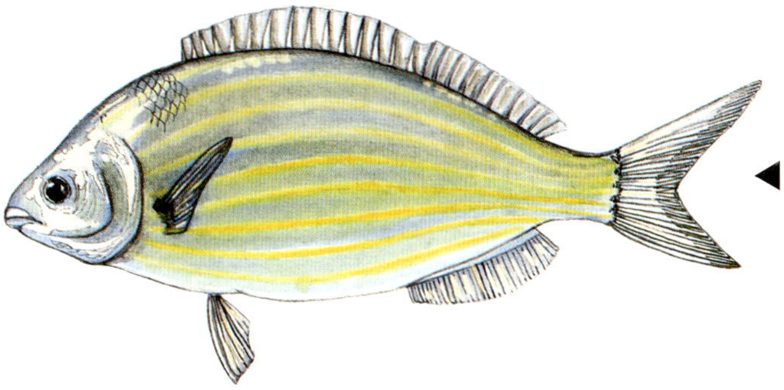

Goldstrieme – *Sarpa (= Boops) salpa*

Länglicher, seitlich zusammengepreßter Körper. Kleiner Kopf mit abgerundeter Schnauze und dicken Lippen. Die Färbung ist bläulich mit zehn oder elf goldenen Längsstreifen, die besonders bei den großen Exemplaren ausgeprägt sind. Der Jungfisch ernährt sich von kleinen Krustentieren, während die Adulten hauptsächlich Pflanzenfresser sind. Die Goldstriemen leben bei felsigen und sandigen Meeresgründen mit reicher Vegetation in Tiefen von zwei oder drei bis zu 20 Meter. Sie werden bis zu 50 Zentimeter lang.

Goldbrasse – *Sparus auratus*

Ovaler, hochgezogener Körperumriß, seitlich zusammengepreßt. Kräftiger Kopf mit großen, molarförmigen Zähnen im Maul. Färbung grau mit goldenem und silbrigem Schimmer. Zwischen den Augen verläuft ein goldener Streifen. Lebt zwei bis 40 Meter tief auf Sand- und Detritusböden. Länge bis zu 70 Zentimeter.

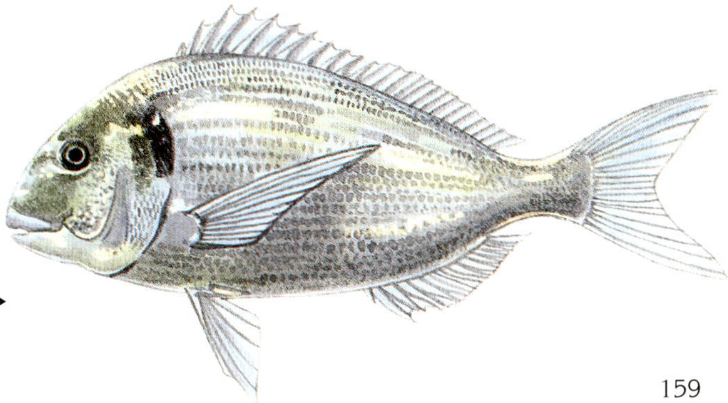

Streifenbrasse – *Spondyliosoma cantharus*

Ovaler, zusammengepreßter Körper mit kurzer, aber spitzer Schnauze. Leicht schräg stehendes, aufwärts gerichtetes Maul. Die lange Rückenflosse kann dem Rücken vollkommen anliegen. Färbung bräunlich-grau mit metallischem Schimmer und goldenen Längsstreifen. Lebt zehn bis 150 Meter tief auf Fels- oder Sandböden in der Nähe von Neptunsgraswiesen. Länge bis zu 60 Zentimeter.

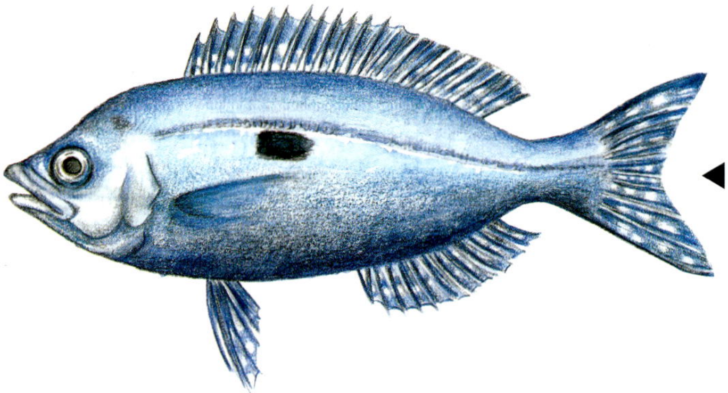

FAMILIE CENTRACANTHIDAE

Gemeiner Laxierfisch – *Maena (= Spicara) maena*

Länglicher, leicht zusammengepreßter Körper, am hinteren Kopfbereich leicht konvex. Oberkiefer weit vorstülpbar. Färbung blau oder grünlichgrau; Seiten silbrig mit deutlich rechteckigem, schwarzem Fleck. Lebt auf steinigem Grund oder zwischen Neptunsgras in fünf bis 170 Meter Tiefe. Länge bis zu 25 Zentimeter.

Schnauzenbrasse – *Maena (= Spicara) flexuosa*

Länglicher, leicht zusammengepreßter Körper mit weit vorstülpbarem Oberkiefer. Rücken gelblich, blau- oder grüngrau; Rückenflosse dunkel gesäumt. An jeder Seite ein schwarzer, rechteckiger Fleck. Lebt auf fünf bis 130 Meter tiefen Sand- und Schlammböden. Länge bis zu 20 Zentimeter.

FAMILIE SCIAENIDAE

Meerrabe – *Sciaena umbra*

Derb gebauter Fisch mit leicht gewölbtem Rücken. Unterständiges Maul mit fünf Poren am Vorderrand des Unterkiefers. Bauch- und Afterflossen tragen einen weißen Vorderrand. Kann unter Wasser sehr gut wahrnehmbare Töne hervorbringen. Bewohnt felsige Böden in der Nähe von Neptunsgras sowie an Höhleneingängen in Tiefen zwischen fünf und 180 Meter. Länge maximal 70 Zentimeter.

Umber – *Umbrina cirrosa*

Langer, zusammengepreßter Körper mit geradem Bauchprofil. Das kleine, unterständige Maul trägt unter dem Unterkiefer eine kurze Bartel. Färbung silbrig-grau mit dunklen, schrägen Streifen an den Seiten und am Rücken. Bewohnt Fels-, Sand- und Detritusböden in Tiefen von zehn bis 100 Meter. Länge bis zu einem Meter.

FAMILIE MULLIDAE

Rote Meerbarbe – *Mullus barbatus*

Leicht zusammengepreßter Körper. Der kurze Kopf trägt unter dem Unterkiefer ein Paar Barteln, die ebenso lang sind wie die Brustflossen. Der Kopf hat ein beinahe senkrechtes Profil. Färbung rosa oder rötlich. Lebt zehn bis 500 Meter tief auf Schlamm- oder Detritusböden. Länge bis zu 30 Zentimeter.

Gestreifte Meerbarbe – *Mullus surmuletus*

Leicht zusammengepreßter Körper. Der kurze Kopf trägt unter dem Unterkiefer ein Paar Barteln, die ebenso lang sind wie die Brustflossen. Deutlich schräges Kopfprofil. Färbung rötlich mit einem dunklen Streifen von den Augen bis zum Schwanz. Lebt zehn bis zu 500 Meter tief auf Fels- oder Detritusböden. Länge bis zu 40 Zentimeter.

FAMILIE POMACENTRIDAE

Mönchsfisch – *Chromis chromis*

Ovaler, zusammengepreßter Körper mit kurzem Kopf und kleinem Maul. Die Erwachsenen sind bräunlich, während die jüngeren Exemplare beinahe leuchtende Blautöne besitzen. Wohnt an felsigen Böden und in der Nähe von Posidonienwiesen in Tiefen zwischen fünf und 50 Meter. Länge bis zu 15 Zentimeter.

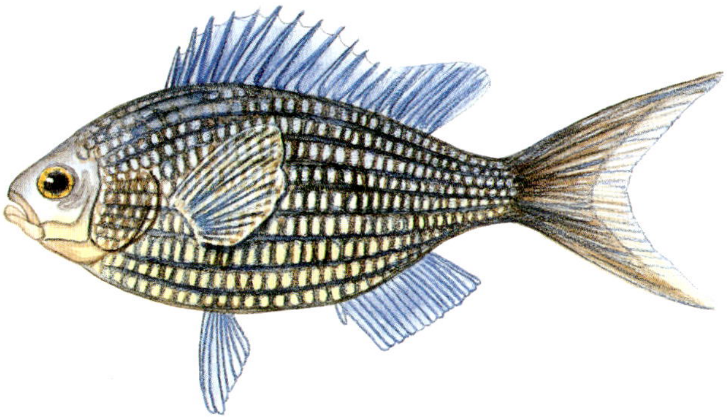

FAMILIE SPHYRAENIDAE

Barrakuda – *Sphyraena sphyraena*

Pfeilförmiger, kompakter, seitlich zusammengepreßter Körper. Langer Kopf mit spitzer Nase und vorstehendem Unterkiefer. Die beiden Rückenflossen stehen weit auseinander. Oberseite bläulich-grau mit zahlreichen dunklen Streifen an den Seiten. Bewohnt die offene See bis zu einer Tiefe von 100 Meter. Länge bis zu 165 Zentimeter.

FAMILIE LABRIDAE

Meerjunker – *Coris julis (Männchen und Weibchen)*

Schlanker, sich verjüngender Körperbau. Weibchen mit braunem oder rotem Rücken und einem hellen Seitenstreifen, Männchen dagegen mit grünlich-blauem Rücken und blau gesäumten roten oder orangen Streifen an der Seite. Bewohnt felsigen Grund in der Nähe von Neptunsgraswiesen in zwei bis zu 120 Meter Tiefe. Länge bis zu 25 Zentimeter.

♀

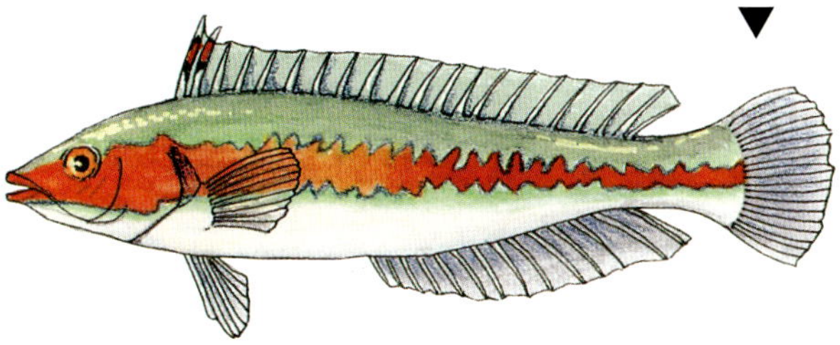

♂

Streifenlippfisch – *Labrus bimaculatus*

Länglicher, leicht zusammengedrückter Körper. Kopflänge übertrifft die Höhe des Körpers. Jungtiere und Weibchen sind orange oder rot mit drei dunklen Flecken auf dem Rücken. Die Männchen sind bräunlich mit grünlich-blauem Kopf und blauer Zeichnung an den Seiten und am Rücken. Lebt drei bis zu 200 Meter tief auf Felsböden, oft in der Nähe von Seegraswiesen. Länge bis zu 40 Zentimeter.

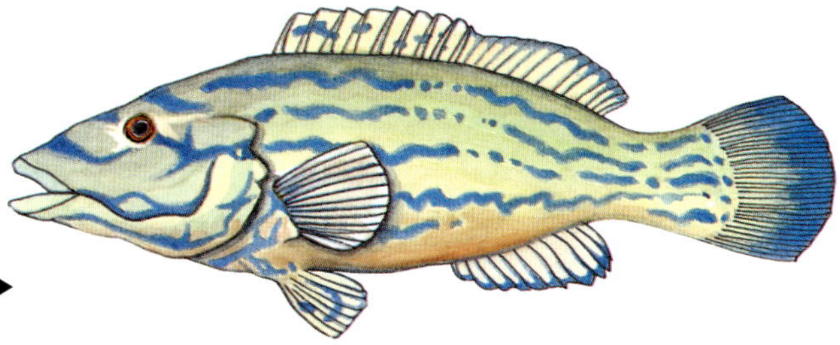

Grüner Lippfisch – *Labrus viridis*

Länglicher Körper mit langer, spitzer Nase. Grundsätzlich grünlich und heller am Bauch. Oft verläuft ein weißer Seitenstreifen von der Nase bis zum Schwanz. Lebt auf felsigen Böden, in der Nähe von Neptunsgras, in Tiefen zwischen vier und 50 Meter. Länge bis zu 45 Zentimeter.

Fünffleckiger Lippfisch – *Symphodus roissali*

Gedrungener, ovaler Körper mit kurzer Schnauze; Kopflänge entspricht der Körperhöhe. Weibchen bräunlich oder grünlich-braun, Männchen rötlich-braun oder grün mit gelber und grünlicher Zeichnung und roten Lippen. Beide Geschlechter tragen einen Fleck auf dem Schwanzstiel und fünf Flecken auf der Rückenflosse. Lebt auf felsigen Böden und in der Nähe von Neptunsgraswiesen zwischen drei und 30 Meter Tiefe. Länge bis zu 20 Zentimeter.

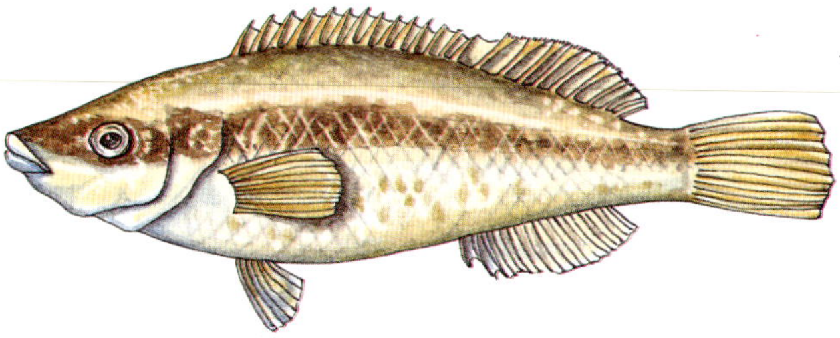

Pfauen-Lippfisch – *Symphodus (= Crenilabrus) tinca*

Ovaler, leicht zusammengepreßter Fisch mit länglicher, flacher Schnauze. Jungfische und Weibchen grünlich- oder bräunlich-grau mit weißen Lippen; Männchen grünlich, bläulich oder gelblich-grün mit mehreren Reihen kleiner, roter Flecken an den Seiten und blau gefärbtem oberem Kopf. Lebt auf Felsböden und nahe an Posidonien in Tiefen zwischen zwei und 80 Meter. Länge bis zu 44 Zentimeter.

Augenfleck-Lippfisch – *Symphodus ocellatus*

Fisch mit ovalem, stark zusammengepreßtem Körper, kurzem Kopf und kurzer Nase. Weibchen gelblich-braun mit grün oder rosa gestreiften Seiten. Männchen grün, orange oder bräunlich mit zwei großen, dunklen Längsstreifen und bläulicher Zeichnung. Beide Geschlechter tragen am Schwanzstiel und am Kiemendeckel einen Augenfleck. Die Art bewohnt algenreiche Felsböden von fünf bis zu 30 Meter Tiefe. Länge bis zu 15 Zentimeter.

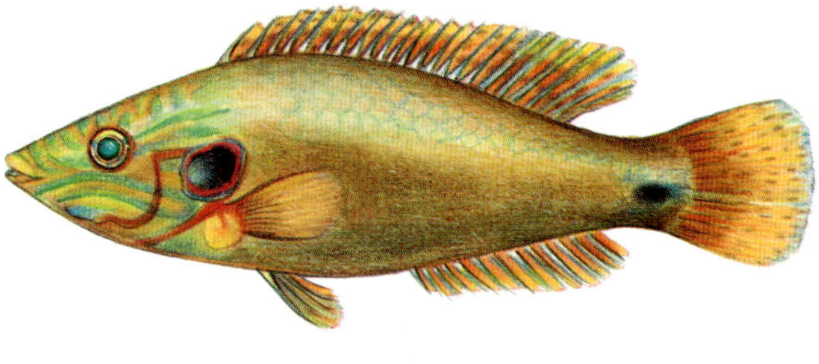

Achselfleck-Lippfisch – *Symphodus (= Crenilabrus) mediterraneus*

Ovaler, untersetzter Fisch mit kurzem Kopf und kurzer Nase. Jungfische und Weibchen gelblich, marmoriert und braun. Männchen bläulich-, bräunlich- oder grünlich-grau mit zahlreichen hellen, in Linien angeordneten Flecken. Beide Geschlechter tragen am Schwanzstiel und am Kiemendeckel einen Augenfleck. Die Art lebt vorzugsweise in der Nähe von Posidonienwiesen in zwei bis zu 50 Meter Tiefe. Länge bis zu 18 Zentimeter.

Meerpfau – *Thalassoma pavo*

Länglicher, zusammengepreßter Körper mit ovalem, spitzem Kopf und kleinem, dicklippigem Maul. Schwanzflosse mit verlängerten Lappen. Weibliche Fische grünlich-braun mit einem dunklen Seitenstreifen. Männchen mit rotem Kopf, bläulichen Streifen und einem senkrechten roten Streifen hinter dem Kiemendeckel. Bewohnt die meisten südlichen Regionen des Mittelmeers auf steinigen Böden und in der Nähe von Neptunsgraswiesen in Tiefen zwischen zwei und 150 Meter. Länge bis zu 28 Zentimeter.

Schermesserfisch – *Xyrichthys novacula*

Stark zusammengepreßter Körper mit sehr hohem Kopf, der bei erwachsenen Fischen ein beinahes senkrechtes Profil besitzt. Die Rückenflosse erstreckt sich über den ganzen Körper. Bei Gefahr gräbt sich der Fisch ein. Lebt in Tiefen zwischen vier und 50 Meter auf Sand- und Schlammböden und in der Nähe von Neptunsgras. Länge bis zu 30 Zentimeter.

FAMILIE SCARIDAE

Seepapagei – *Sparisoma cretense*

Ovoider, länglicher und leicht zusammengepreßter Körper. Endständiges Maul mit kräftigen Kiefern und schnabelförmigen Zähnen. Weibchen rötlich, Männchen bräunlich oder grünlich. Lebt auf Felsböden und in der Nähe von Neptunsgraswiesen in Tiefen zwischen drei und 50 Meter. Länge bis zu 50 Zentimeter.

FAMILIE URANOSCOPIDAE

Himmelsgucker – *Uranoscopus scaber*

Solider, hinten leicht zusammengepreßter Körper mit großem Kopf und flachem Rücken. Trägt im Maul einen einziehbaren Tentakel, mit dem kleine Fische angelockt werden, Färbung gräulich-braun. Lebt 15 bis zu 250 Meter tief auf Sand- und Schlammböden. Länge bis zu 35 Zentimeter.

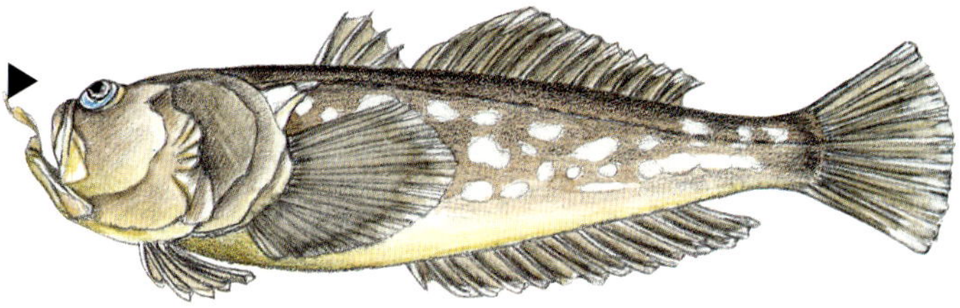

FAMILIE TRYPTERYGIIDAE

Roter Spitzkopf-Schleimfisch – *Tripterygion tripteronotus*

Länglicher, spindelförmiger Körper mit spitzer Nase. Dreigeteilte Rückenflosse. Färbung gräulich-braun. Männchen in der Paarungszeit rot mit schwarzem Kopf. Bewohnt felsigen, dämmerigen Meeresgrund zwischen zwei und zehn Meter Tiefe. Länge bis zu acht Zentimeter.

FAMILIE BLENNIDAE

Seeschmetterling – *Blennius ocellaris*

Länglicher Körper mit großem, im Profil rundem Kopf. Auffällige Augenzeichnung auf der großen Rückenflosse. Bewohnt Fels- und Detritusböden zwischen 30 und 200 Meter Tiefe. Länge bis zu 20 Zentimeter.

Pfauenschleimfisch – *Lipophrys pavo*

Länglicher Körper mit kurzer Nase; Frontprofil beinahe senkrecht. Erwachsene Männchen mit auffälligem Nackenkamm. Grünlich mit senkrechten dunklen, blau gesäumten Streifen. Lebt fünf bis zu sieben Meter tief auf felsigem oder sandigem, algenreichem Grund. Länge bis zu 13 Zentimeter.

Geweihschleimfisch – *Parablennius gattorugine*

Großer Schleimfisch mit mächtigem Kopf und Nase mit schrägem Profil. Über den Augen große, fetzenförmige Tentakel. Bräunlich mit dunklen, senkrechten Streifen. Lebt in Tiefen von zwei bis 35 Meter auf Felsböden und zwischen Neptunsgras. Länge bis zu 30 Zentimeter.

Gestreifter Schleimfisch – *Parablennius rouxi*

Stark nach hinten zulaufender Körper mit kleinem Kopf und beinahe senkrechtem Profil. Über jedem Auge gefiederter Tentakel. Zeichnung weißlich mit dunklem Längsstreifen. Bewohnt felsige Böden von zwei bis zu 40 Meter Tiefe. Länge bis zu acht Zentimeter.

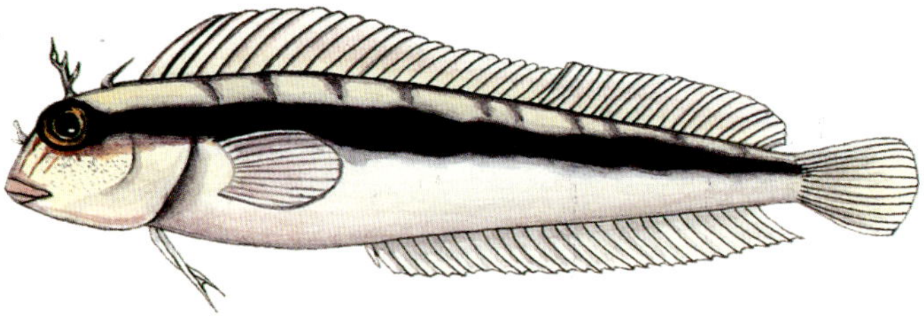

FAMILIE AMMODYTIDAE

Mittelmeer-Sandaal – *Gymnammodytes cicerullus*

Länglicher Körper, der in einer langen, spitzen Nase endet. Oberkiefer vorstreckbar. Keine Bauchflossen. Rücken braun mit grünlichem Schimmer. Dunkelblauer Kopf, Bauch silbrig. Bewohnt Detritusböden in Tiefen bis zu 120 Meter. Länge bis zu 17 Zentimeter.

FAMILIE CALLIONYMIDAE

Großer Leierfisch – *Callionymus lyra*

Langgestreckter Körper mit breitem, flachem, dreieckigem Kopf. Männchen mit hoher vorderer Rückenflosse. Körper schuppenlos, gelblichbraun. Weibchen mit grünlichen Flecken, Männchen während der Paarungszeit blau. Lebt zehn bis zu 400 Meter tief auf sandigen und schlammigen Böden. Länge bis zu 30 Zentimeter.

FAMILIE GOBIIDAE

Rotmaulgrundel – *Gobius cruentatus*

Grundel mit länglichem Körper, großem Kopf und breitem Maul. Lippen und Wangen leuchtend rot. Färbung rötlich-braun mit unregelmäßiger Fleckenzeichnung. Lebt über zehn bis zu 40 Meter tiefen Fels- und Sandböden und zwischen Neptunsgras. Länge bis zu 18 Zentimeter.

Anemonengrundel – *Gobius bucchichii*

Länglicher, von rauhen Schuppen bedeckter Körper. Großer Kopf mit vorgewölbten Wangen. Zeichnung hellgelblich-grau mit kleinen, zum Teil auf den Augen sitzenden, dunklen Flecken. Lebt auf sandigen Schlammböden und zwischen Neptunsgras neben Anemonia sulcata. Länge bis zu zehn Zentimeter.

Schwarzgrundel – *Gobius niger (= G. jozo)*

Grundel mit beinahe zylindrischem Körper und großem, leicht abgeflachtem Kopf. Breites Maul mit dicken Lippen. Die erste Rückenflosse hat bei den Männchen lange, filamentartige Stachelstrahlen. Die Färbung ist grauschwarz mit einem schwarzen Fleck an der Spitze der Rückenflosse. Die Schwarzgrundel ernährt sich von verschiedenen Arten von Wirbellosen einschließlich Insektenlarven (im Brackwasser). Sie lebt auf Sand- und Schlickgrund sowie auf Detritus von wenigen Metern unter der Oberfläche bis zu 80 Meter tief und wird bis zu 15 Zentimeter lang.

FAMILIE SCOMBRIDAE

Kleiner Thun – *Euthynnus alletteratus*

Kräftiger, spindelförmiger Körper, bis auf den vorderen Körperbereich und die Seitenlinie schuppenlos. Rücken bläulich, mit unregelmäßigem Streifen- und Fleckenmuster. Seiten und Bauch silbrig-grau. Bewohnt die Küstengewässer bis zu 50 Meter Tiefe. Länge bis zu einem Meter.

▶ 

 ◀

Pelamide – *Sarda sarda*

Kleiner Thunfisch mit hinten zulaufendem Körper und sehr breitem Maul. Beide Rückenflossen sitzen dicht beieinander. Metallisch blaue Färbung mit dunklen Streifen auf dem Rücken; Seiten und Bauch silbrig. Bewohnt die Küstengewässer bis zu 200 Meter Tiefe. Länge bis zu 90 Zentimeter.

Japanische Makrele – *Scomber japonicus*

Langgestreckter und runder Körper mit zugespitzter Schnauze. Ausgeprägte Augen, die vorn und hinten durch dicke Augenlider geschützt werden. Die Färbung ist oberseits grünlich-blau und mit schwarzen, unregelmäßigen Linien gemustert, unterseits silbrig-gelb mit kleinen dunklen Punkten. Die Japanische Makrele ernährt sich von Sardellen und Wirbellosen des freien Wassers. Sie lebt in Schwärmen in der Hochsee sowie in Küstennähe von der Oberfläche bis zu 300 Meter Tiefe und wird bis zu 50 Zentimeter lang.

▶ 

 ◀

Albakora – *Thunnus alalunga*

Länglicher Körper mit zugespitztem Kopf und großen Augen. Die erste Rückenflosse ist größer und besser entwickelt als die zweite. Die Brustflossen sind sehr lang; in angelegtem Zustand reichen sie bis hinter die Rückenflossen. Die Färbung ist oberseits metallblau und an Flanken und Bauchseite weiß. Die Rücken- und Afterflossen sind gelb. Die Albakore leben in der Hochsee, ihre Verbreitung wird durch die Wassertemperatur gesteuert. Sie werden bis zu einem Meter lang.

FAMILIE XIPHIIDAE

Schwertfisch – *Xiphias gladius*

Kräftig gebauter Fisch mit schwertförmig verlängertem Rostrum an der Nase. Rücken schwarz-braun, Bauch hell gefärbt. Lebt pelagisch und in Küstengewässern bis zu 600 Meter Tiefe. Länge bis zu 4,5 Meter.

▶ 

FAMILIE SCOPHTHALMIDAE

Glattbutt – *Scophthalmus rhombus Brill*

Typischer Plattfisch mit den Augen auf der linken Seite. Die Körperscheibe ist oval und breit, das Maul endständig und sehr schrägliegend. Die ersten Rückenflossenstrahlen haben charakteristisch ausgefranste Ränder. Die Färbung ist braun oder gräulich mit zahlreichen kleinen dunklen Punkten und winzigen weißen Flecken. Der Glattbutt ernährt sich von kleinen Fischen sowie Wirbellosen. Er lebt auf Sandgründen von zehn oder 15 bis zu 120 Meter Tiefe und wird bis zu 75 Zentimeter lang.

FAMILIE BOTHIDAE

Weitäugiger Butt – *Bothus podas*

Plattfisch mit auf der linken Seite schräg angeordneten Augen. Das vordere Kopfprofil verläuft insbesondere bei geschlechtsreifen Männchen beinahe gerade. Zeichnung bräunlich mit zahlreichen, unterschiedlich gefärbten Flecken, deren Farbumfang von Weiß über Blautöne bis Gelb reicht. Bewohnt sandigen Schlammgrund und Detritusböden zwischen zehn und 400 Meter Tiefe. Größe bis zu 45 Zentimeter.

FAMILIE SOLEIDAE

Seezunge – *Solea vulgaris*

Ovaler Plattfisch, dessen Augen auf der rechten Körperseite sitzen. Kleines, leicht gebogenes Maul. Färbung normalerweise grau-braun oder rötlich, kann jedoch dank der Tarnkünste dieses Fisches erheblich variieren. Länge bis zu 70 Zentimeter.

FAMILIE BALISTIDAE

Drückerfisch – *Balistes carolinensis*

Breiter, stark zusammengepreßter, ovaler Körper, der von dicken, rauhen Schuppen bedeckt wird. Spitze Nase und kräftige „Schneidezähne". Vordere Rückenflosse mit großen, stacheligen Strahlen, die in aufrechter Stellung eingerastet werden können. Blaugraue, marmorierte Zeichnung mit gefleckten Flossen. Lebt zwischen vier und 100 Meter tief an felsigen Böden. Länge bis zu 45 Zentimeter.

FAMILIE MOLIDAE

Mondfisch – *Mola mola*

Unverwechselbarer Fisch mit ovalem, zusammengepreßtem und sehr hohem Körper. Hochentwickelte Rücken- und Afterflossen, die hinten einander wie eine Art Schwanzflosse berühren. Bräunlich mit hellen und silbriggrauen Flecken auf den Seiten. Lebt pelagisch in Tiefen bis zu 360 Meter. Länge bis zu drei Meter.

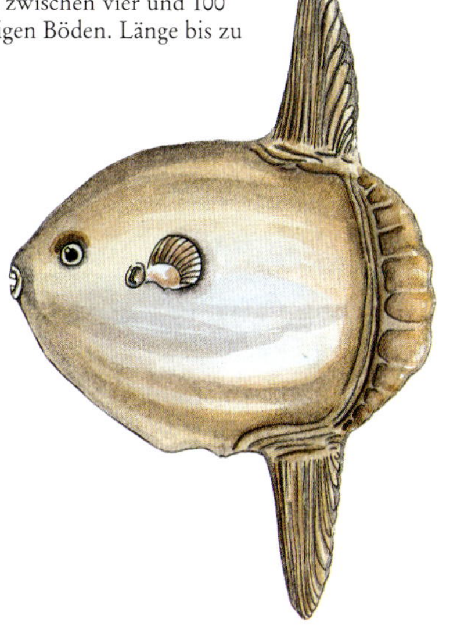

In gleicher Aufmachung sind in dieser Reihe bereits erschienen:

WRACKS IM MITTELMEER · Tauchführer
Dieser Band stellt die 32 berühmtesten und berüchtigsten Wracks vor, die auf dem Grund des Mittelmeers ihr ewiges Grab gefunden haben. Dreidimensionale Darstellungen der Wrackstellen und zahlreiche spektakuläre Fotos verdeutlichen die jeweilige Situation.
ISBN 3-86132-160-2

Die Begegnung mit einer Unechten Karette (Caretta caretta) ist im Mittelmeer stets ein unvergeßliches Ereignis, auch wenn es nicht immer leicht ist, diesen Tieren im Wasser zu folgen.

WRACKS IM ROTEN MEER · Tauchführer
Das Rote Meer hat schon seit Urzeiten als Verbindungsweg zwischen dem Mittelmeer und dem Fernen Osten eine wichtige Rolle gespielt, und damals wie auch heute noch hat es sich seine Beute geholt. Dieses Buch stellt die 18 berühmtesten – und betauchbaren – Wrackstellen in dreidimensionalen Zeichnungen und mit zahlreichen Fotos vor: von DUNRAVEN und THISTLEGORM in der Straße von Suez bis zu UMBRIA und NAZARIO SAURO im Sudan und vor Eritrea.
ISBN 3-86132-167-X

SARDINIEN · Tauchführer
Dieses Buch ist ideal, um eine Tauchreise ins Ganzjahresziel Sardinien zu planen und Tauchgänge detailliert vorzubereiten. Das Buch stellt 31 klassische Tauchplätze samt Wracks, Tieren und Pflanzen vor. Mit spektakulären Fotos, prachtvollen Farbtafeln, praktischen Informationen und nützlichen Tips. Im Anhang werden über 100 Tierarten zeichnerisch vorgestellt und beschrieben.
ISBN 3-86132-223-4

ROTES MEER · Tauchführer
In diesem Buch werden die 27 besten Tauchplätze des Roten Meers mit dreidimensionalen Darstellungen sowie 157 spektakulären Fotos vorgestellt. Mit 110 Illustrationen und Kurzbeschreibungen der wichtigsten Fische.
ISBN 3-86132-119-X

MITTELMEER · LEBEN UNTER WASSER
Angelo Mojetta beschreibt die Naturgeschichte des Mittelmeers in leicht verständlicher, aber wissenschaftlich korrekter Sprache: die Formen der Küsten und Meerestiefen, die komplexen klimatischen Verhältnisse und die Geheimnisse der in ihm hausenden Lebensformen. Wesentlicher Bestandteil dieses Buches sind die Farbtafeln von Monica Falcone und ein Anhang, in dem die häufigsten Fische und Wirbellosen dargestellt und beschrieben werden.
ISBN 3-86132-181-5

FOTONACHWEIS

Kurt Arrigo: Seiten 20 C, 31 G, 71 F, 94 B, 95 D, F, 130 C, D, 131 G, 134 F, 139 F; Massimo Borchi: Seiten 7 E, F, 9 E, H, 12 B; Stefano Cellai: Seite 9 G; Anne Conway: Seiten 12 D, 13 G, E, F; Michael Darmanin: Seiten 19 D; Andrea Ghisotti: Seiten 16 A, 20 E, F, G, 22 F, 35 F, 43 F, 49 F, 63 E, 67 G, 70 D, 75 H, 78 D, 79 G, 82 D, 86 D, 87 G, 91 G, 95 E, 99 H, 103 E, 106 D, 111 G, H, 114 C, 119 I, 123 E, 131 I; Imperial War Museum: Seiten 46 A, B, 52 A; Gilles Martin/Ag. Speranza: Seiten 8 B, 12 A; M. Mastrorille/Ag. Sie: Seiten 4 A, 11 D; Mario Micallef: Seiten 17 F, 20 A, 38 D, 39 E, G, 46 D, 47, 62 B, 63 G, 71 G, 90 B, 91 E, 94 C, 110 A, 111 E, F, 114 N, D, 115 E; Ned Middleton: Seiten 5 C, D, 16 B, 18 C, 20 D, 22 B, E, 26-27, 30 A, B, C, 31 E, F, 34 A, B, C, D, 35 E, G, 38 A, B, C, 39 H, 42 A, B, E, 46 C, 48 A, 49 G, H, 52 B, C, D, 53 E, 62 A, C, D, 63 H, 66 A, B, 70 A, B, C, E, 74 A, B, C, D, 78 A, B, C, 82 A, B, 83 E, G, 86 A, B, C, 90 A, C, D, 98 A, B, C, E, 102 A, C, 106 A, B, C, 110 B, C, D, 114 A, 118, 119 E, 122, 126, 127 G, H, I, 130 A, B, E, 134, 135 E, 138, 139 H; Mauro Panci/Ag. Sie: Seiten 6 C, 8 C, 9 F; Vincenzo Paolillo: Seiten 19 G, 31 H, 35 H, 42 C, 43 G, 48 G, 49 E, 67 E, F, H, 71 H, 75 G, 79 H, 83 F, 91 F, 95 G, H, 98 D, 99 G, 102 B, 103 F, G, 107 E, 115 F, 119 F, H, 123 F, G, H, 134 G, 139 E, G; Roberto Rinaldi: Seiten 1, 2-3, 4 B, 6 A, B, 7 G, 8 A, 10 A, B, C, 11 F, 16 C, 17 D, E, 18, A, B, 19 E, F, 22 A, C, 168; Royal Air Force Museum: Seite 56 B; P. G. Sclarandis/Ag. Sie: Seiten 8 D, 11 E; Angelo Tondini/Ag. Focus Team: Seite 12 C; Vaisse/Ag. Speranza: Seite 11 G; C. Valentin/Ag. Speranza: Seite 6 D; Alberto Vanza: Seiten 22 D, 30 D, 39 F, 42 D, 43 H, 48 B, D, 53 F, 63 F, 66 C, D, 71 I, 75 E, F, 79 E, F, 82 C, 83 G, 87 E, F, 102 D, 103 H, 107 F, G, 115 G, 119 G, 127 E, F, 131 E, H, 134 H.